绩效管理

PERFORMANCE MANAGEMENT

陈岳堂　高涵 ◎ 主编

中南大学出版社
www.csupress.com.cn
·长沙·

图书在版编目(CIP)数据

绩效管理 / 陈岳堂, 高涵主编. —长沙: 中南大学出版社, 2022.11

ISBN 978-7-5487-5117-5

Ⅰ. ①绩⋯ Ⅱ. ①陈⋯ ②高⋯ Ⅲ. ①企业绩效—企业管理—教材 Ⅳ. ①F272.5

中国版本图书馆 CIP 数据核字(2022)第 178604 号

绩效管理

JIXIAO GUANLI

陈岳堂　高涵　主编

□出 版 人	吴湘华	
□责任编辑	刘　莉	
□责任印制	唐　曦	
□出版发行	中南大学出版社	
	社址: 长沙市麓山南路	邮编: 410083
	发行科电话: 0731-88876770	传真: 0731-88710482
□印　　装	长沙鸿和印务有限公司	

□开　　本	787 mm×1092 mm 1/16	□印张 13.75	□字数 340 千字
□版　　次	2022 年 11 月第 1 版	□印次 2022 年 11 月第 1 次印刷	
□书　　号	ISBN 978-7-5487-5117-5		
□定　　价	42.00 元		

前　言

　　党的二十大报告指出，我国经过接续奋斗，实现了中华民族的第一个百年奋斗目标，已经迈上了全面建设社会主义现代化国家的新征程，并提出将贯彻新发展理念，着力推进高质量发展。在这个过程中，人力资源是实现高质量发展的最重要的资源之一，更是企业发展不可替代的核心竞争力。随之而来，有效管理员工绩效、利用有限的人力资源为企业创造无限的发展潜力，不仅是企业需要探索的主题，也是实现员工个人价值与企业价值融合的着力点。十多年来，随着人力资源管理理论研究不断深入，绩效管理受到越来越多的关注，与绩效管理相关的理论、观念、技术、方法等也逐步被人们了解。基于此，编者综合吸纳近年来优秀的学术成果，编写本教材，希望此书不仅作为认识绩效管理的工具，更能启发无数学子塑造先进的绩效管理理念，建立适切的绩效管理思维模式，并建构科学的绩效管理体系。

　　本书分为三篇章，共十三章内容。这三个篇章从是什么、如何做、怎么用三个方面来全面阐述绩效管理。第一篇章分为绩效考核与绩效管理的对比、绩效管理的价值定位、绩效管理的历史演进三个章节，从概念剖析到演进过程，阐述了绩效管理的本质及意义。第二篇章从绩效的计划制定、考核指标、考核方法、管理实施、沟通与反馈、改进与提升六个层面来解析如何实施绩效管理，不仅涉及实施前的计划、实施过程中的方法，还包括实施后的反馈与改进，囊括了绩效管理的全过程。第三篇章由绩效与薪资、绩效与人事、建立绩效管理系统、绩效管理的发展趋势四个章节组成，探究如何运用绩效管理结果的问题。本书的整体特色可概括如下：

　　一是脉络清晰，重点明确。本书紧扣绩效管理的基本问题，以"是什么—如何做—怎么用"为思路，创建了绩效管理学科逻辑，从历史到现实、从理论到实际展开，脉络清晰明了，重点突出明确。

二是内容丰富，实事求是。本书既有丰富的理论知识，又兼顾实际。作为一本大学教材，我们并不愿培养"学而不思"的学生，而旨在培养"学思行"结合的新时代大学生，即如何利用所学理论解决面临的实际问题。因此，在本书每一章的后面，我们特意编制了近年来国内外企业的具体案例，以此培养学生实事求是、解决问题的能力。

三是与时俱进，科学创新。好的教材，一定不是过去的、不是陈旧的，而是现在的、是未来的。因此，编者始终坚持与时俱进、科学创新的原则，密切关注当前我国各类组织在绩效管理方面的实践，借鉴国内外最新的管理理念和管理实践，深入分析研究绩效管理系统，力争使之更具科学性与创新性。

最后，感谢中南大学出版社为本次修订工作给予的支持，感谢我的研究团队，正是大家的共同努力，才保证了本书的编写与出版圆满完成。参与本书编写工作的团队成员有：罗希贝利、苏亚茹、刘花香、黄小珍、苏小敏等。同时，本书引用了国内外众多学者的优秀成果，在此也向有关作者表示深切谢意。薄作数年得，幸遇团队人。若有知音赏，喜大甚开怀！虽然我们想要达到至臻之境，但限于能力、水平、时间等因素，在编写与修订过程中存在疏漏、差错在所难免。期盼各位同仁、专家及读者批评指正，提出宝贵意见，使本书不断完善。

编　者

2022 年 11 月

目　录

第一篇　是什么？——绩效管理的本质

第二篇　如何做？——绩效管理的实施

是什么？——绩效管理的本质

第一章 绩效考核与绩效管理

"绩效"是企业经营者关心的主要问题，也是所有员工都特别关注的话题。绩效不仅直接关系着个人的职业与前途，即薪酬的高低以及职位的升降等，而且深深影响着组织的命运、企业的发展，所以它是一个不可不认真研究的重要概念。对于一个组织而言，绩效是评价组织管理活动的有效尺度和客观标准。因此，持续地提高绩效水平是实现组织可持续发展的关键。随着经济全球化和信息技术的发展，组织管理方式不断创新，传统的绩效考评已发展成完整的绩效管理系统。

本章主要介绍绩效考核与绩效管理的相关知识内容，以及二者之间的联系和区别。

第一节 绩效考核

在当代管理实践中，绩效考核一直是一个敏感的话题，牵动着每个相关者的神经。所以，清晰界定绩效考核的内涵以及了解相关知识是很有必要的。

一、绩效考核的概念及起源

(一)绩效考核的概念

绩效考核通常也称为业绩考评或"考绩"，是针对企业中每个职工所承担的工作，应用各种科学的定性和定量的方法，对职工行为的实际效果及其对企业的贡献或价值进行的考核和评价。它是企业人事管理的重要内容，更是企业管理强有力的手段之一。绩效考核的目的是通过考核提高每个个体的效率，最终实现企业的目标。在企业中进行绩效考核工作，需要做大量的相关工作，首先必须对绩效考核的含义做出科学的解释，使得整个组织有一个统一的认识。

绩效考核是现代组织不可或缺的管理工具。它是一种周期性检查与评估员工工作表现的管理系统，是指主管或相关人员对员工的工作做系统的评价。有效的绩效考核，不仅能确定每位员工对组织的贡献或不足，还可从整体上为人力资源管理提供决定性的评估资料，从而改善组织的反馈机能，提高员工的工作绩效，更可激励士气，同时可作为公平合理地奖惩员工的依据。

绩效考核指企业在既定的战略目标下，运用特定的标准和指标，对员工的工作行为及取得的工作业绩进行评估，并运用评估的结果对员工将来的工作行为和工作业绩进行正面引导的过程和方法。

绩效考核是对部门或个人某一阶段工作成果的评估和等级确定过程，是绩效管理的核心环节。绩效考核的目的是对组织、个人绩效进行准确识别和有效区分，为激励机制的应用提供基础和依据。

（二）绩效考核的起源

绩效考核起源于西方国家文官（公务员）制度。最早的考核起源于英国，在英国实行文官制度初期，文官晋级主要凭资历，因而造成工作不分优劣，所有的人一起晋级加薪的局面，结果是冗员充斥，效率低下。1854—1870 年，英国文官制度改革，注重表现、看才能的考核制度开始建立。根据这种考核制度，文官实行按年度逐人逐项进行考核的方法，根据考核结果的优劣，实施奖惩与升降。考核制度的实行，充分地调动了英国文官的积极性，从而大大提高了政府行政管理的科学性，增强了政府的廉洁与效能。英国文官考核制度的成功实行为其他国家提供了经验和榜样。美国于 1887 年也正式建立了考核制度。强调文官的任用、加薪和晋级，均以工作考核为依据，论功行赏，称为功绩制。此后，其他国家纷纷借鉴与效仿，形成各种各样的文官考核制度。这种制度有一个共同的特征，即把工作实绩作为考核的最重要的内容，同时对德、能、勤、绩进行全面考查，并根据工作实绩的优劣决定文官的奖惩和升降。

文官制度的成功实施，使有些企业开始借鉴这种做法，在企业内部实行绩效考核，试图通过考核对员工的表现和实绩进行实事求是的评价，同时了解组织成员的能力和工作适应性等方面的情况，并作为奖惩、培训、辞退、职务任用与升降等的基础与依据。

绩效考核也是公务员制度的一项重要内容，是提高政府工作效率的中心环节。各级政府机关对国家公务员进行考核，有利于依法对公务员进行管理，优胜劣汰，有利于人民群众对公务员进行必要的监督。

二、绩效考核的分类

（一）按时间分类

（1）日常考评：指对被考评者的出勤情况、工作实绩（产量和质量）、平时的工作行为所做的经常性考评。

（2）定期考评：指按照一定的周期所进行的考评，如年度考评、季度考评等。

（二）按主体分类

（1）主管考评：指上级主管对下属员工的考评。这种由上而下的考评，由于考评的主体是主管领导，所以能较准确地反映被考评者的实际状况，也能消除被考评者心理上不必要的压力。但有时它也会受主管领导的疏忽、偏见、感情等主观因素的影响而产生考评偏差。

（2）自我考评：指被考评者本人对自己的工作实绩和行为表现所做的评价。这种考评透明度较高，有利于被考评者在平时自觉地按考评标准约束自己，但最大的问题是有"倾高"现象存在。

（3）同事考评：指同事间互相考评。这种考评体现了考评的民主性，但考评结果往往受被考评者的人际关系的影响。

（4）下属考评：指下属员工对他们的直接主管领导的考评。这种考评一般选择一些有代表性的员工，用比较直接的方法，如直接打分法等进行考评，考评结果可以公开或不公开。

（5）顾客考评：许多企业把顾客也纳入员工绩效考评体系中。在一定情况下，顾客常常是唯一能够在工作现场观察员工绩效的人，此时，他们就成了最好的绩效信息来源。

（三）按形式分类

（1）定性考评：其结果表现为对某人工作评价的文字描述，或对员工之间评价高低的相对次序，以优、良、中、及格、差等形式表示。

（2）定量考评：其结果以分值或系数等数量形式表示。

（四）按内容分类

（1）特征导向型：考核的重点是员工的个人特质，如诚实度、合作性、沟通能力等，即考量员工是一个怎样的人。

（2）行为导向型：考核的重点是员工的工作方式和工作行为，如服务员的微笑和态度、待人接物的方法等，即对工作过程的考量。

（3）结果导向型：考核的重点是工作内容和工作质量，如产品的产量和质量、劳动效率等，侧重点是员工完成的工作任务和生产的产品。

（五）按依据的考核指标体系分类

（1）客观考核方法：是对可以直接量化的指标体系所进行的考核，如生产指标和个人工作指标。

（2）主观考核方法：是由考核者根据以一定的标准设计的考核指标体系对被考核者进行主观评价，如工作行为和工作结果。

三、绩效考核的方法

常见绩效考核方法包括 BSC、PCM 及 360°考核法等，主流商业管理课程如 EMBA、MBA 等均将绩效考核方法的设计与实施作为针对经理人的一项重要人力资源管理能力要求包含在内，是人力资源部门的核心工作之一。

绩效考核的方法很重要。这里的方法是个广义的概念，包括方法、技术、工具、流程等各方面。在许多情况下，方法甚至能决定绩效管理的成败。绩效管理与绩效考核的方法、技术与工具很多，并且每天都在不断地变化、创新、完善和发展。

随着现代人力资源绩效考核与管理的不断发展，许多创新型方法被开发出来。除了注重传统的行为和结果，开始更加关注企业的发展战略、内外部竞争优势等方面，如运用 KPI（key performance indicator）对企业发展战略进行层层分解，从而实现战略落地；运用企业平衡计分卡对财务收益、市场客户、内部流程、学习成长等方面进行综合考核，以求实现平衡发展；运用 360°考评法从多个视角对被考评者进行综合绩效考核，以求实现全方位绩效管理等；重视建立严格的企业分层分类绩效考核组织体系与流程，关注企业长期发展，注重全面提升企业核心竞争力等。

（一）图尺度考核法

图尺度考核法（graphic rating scale，GRS）是最简单和运用最普遍的绩效考核技术之一，一般采用图尺度表填写打分的形式进行。

(二) 交替排序法

交替排序法(alternative ranking method，ARM)是一种较为常用的排序考核法。其原理是在群体中挑选出最好的或者最差的绩效表现者，较之于对其绩效进行绝对考核要简单易行得多。因此，交替排序法的操作步骤就是分别挑选排列得"最好的"与"最差的"，然后分别挑选出"第二好的"与"第二差的"，这样依次进行，直到将所有被考核人员排列完全为止，从而以优劣排序作为绩效考核的结果。交替排序法在操作时也可以使用绩效排序表。

(三) 配对比较法

配对比较法(paired comparison method，PCM)是一种更为细致的通过排序来考核绩效水平的方法。它的特点是每一个考核要素都要进行人员间的两两比较和排序，使得在每一个考核要素下，每一个被考核者都和其他被考核者进行了比较，所有被考核者在每一个要素下都获得了充分的排序。

(四) 强制分布法

强制分布法(forced distribution method，FDM)是在考核进行之前就设定好绩效水平的分布比例，然后将员工的考核结果安排到分布结构里去。

(五) 关键事件法

关键事件法(critical incident method，CIM)是一种通过员工的关键行为和行为结果来对其绩效水平进行考核的方法。它一般由主管人员将其下属员工在工作中表现出来的非常优秀的行为事件或者非常糟糕的行为事件记录下来，然后在考核时点上(每季度或者每半年)与该员工进行一次面谈，根据记录和共同讨论来对其绩效水平做出考核。

(六) 行为锚定等级考核法

行为锚定等级考核法(behaviorally anchored rating scale，BARS)是基于对被考核者的工作行为进行观察、考核，从而评定其绩效水平的方法。

(七) 目标管理法

目标管理法(management by objectives，MBO)是现代更多采用的方法，管理者通常很强调利润、销售额和成本这些能带来成果的指标。在目标管理法下，每个员工都确定了若干具体的指标，这些指标是其工作成功开展的关键目标，它们的完成情况可以作为评价员工的依据。

(八) 叙述法

利用叙述法(narration method，NM)进行考核时，管理人员以文字叙述的方式说明事实，包括以往工作取得了哪些明显的成果，工作上存在的不足和缺陷是什么。

（九）360°考核法

360°考核法又称交叉考核（PIV），亦即将原本由上到下，由上司评定下属绩效的旧方法，转变为360°交叉形式的绩效考核。考核时，通过同事考核、主管考核、下属考核、顾客考核以及自我考核来评定绩效水平。交叉考核，不仅是绩效评定的依据，更能从中发现问题，找出问题原因所在，并着手拟定改善工作计划，进行改革提升。

（十）平衡计分卡考核法

平衡计分卡（balanced score card，BSC）考核法，指围绕企业的战略目标，利用BSC可以从财务、顾客、内部过程、学习与创新这四个方面对企业进行全面的测评，在使用时对每一个方面建立相应的目标以及衡量该目标是否实现。

四、绩效考核的原则

（一）公平原则

公平是确立和推行人员绩效考核制度的前提。不公平，就不可能发挥绩效考核应有的作用。

（二）严格原则

绩效考核不严格，就会流于形式，形同虚设。绩效考核不严格，不仅不能全面地反映工作人员的真实情况，而且会产生消极的后果。绩效考核的严格性包括：要有明确的考核标准；要有严肃认真的考核态度；要有严格的考核制度与科学而严格的程序及方法；等等。

（三）单头考评原则

对各级职工的考评，必须由被考评者的"直接上级"进行。直接上级相对来说最了解被考评者的实际工作表现（成绩、能力、适应性），也最有可能反映真实情况。间接上级（即上级的上级）对直接上级作出的考评评语，不应当擅自修改。这并不排除间接上级对考评结果的调整修正作用。单头考评明确了考评责任所在，并且使考评系统与组织指挥系统取得一致，更有利于加强经营组织的指挥机能。

（四）结果公开原则

绩效考核的结论应对本人公开，这是保证绩效考核民主的重要手段。这样做，一方面，可以使被考核者了解自己的优点和缺点、长处和短处，从而使考核成绩好的人再接再厉，继续保持先进；也可以使考核成绩不好的人心悦诚服，奋起上进。另一方面，有助于防止绩效考核中可能出现的偏见以及种种误差，以保证考核的公平与合理。

（五）结合奖惩原则

进行绩效考核时，应根据工作成绩的大小、好坏，有赏有罚，有升有降，而且这种赏罚、升降不仅与精神激励相联系，还必须通过工资、奖金等方式同物质利益相联系，这样才能达到绩效考核的真正目的。

(六) 客观考评原则

人事考评应当根据明确规定的考评标准，针对客观考评资料进行评价，尽量避免渗入主观性和感情色彩。

(七) 反馈原则

考评的结果(评语)一定要反馈给被考评者本人，否则就起不到考评的教育作用。在反馈考评结果的同时，应当向被考评者就评语进行说明、解释，肯定成绩和进步，说明不足之处，提供今后努力的参考意见等。

(八) 差别原则

考核的等级之间应当有鲜明的差别界限，针对不同的考评评语，应在工资、晋升、任用等方面体现明显差别，使考评带有刺激性，鼓励员工的上进心。

(九) 信息对称原则

凡是信息对称，容易被监督的工作，适合用绩效考核。凡是信息不对称，不容易被监督的工作，适合用股权激励。这是经邦集团薛中行老师在多年的实战过程中得出的结论。

五、影响绩效考核的主要因素及误区

(一) 影响绩效考核的主要因素

在绩效考核中，有许多影响因素容易导致考核结果出现偏差。为了提高考核结果的信度和效度，我们要注意克服影响绩效考核的因素，尽可能减少误差的发生，使绩效考核能有效地调动员工的主观能动性和积极性，确实促进企业整体业绩的提升，达到绩效考核的目的。

1.环境因素

环境因素主要包括时间、地点因素。时间因素是在绩效考核时，应注意时间长短对绩效的影响。例如：项目的实施周期较长，而只进行短期的业绩目标考核，则容易产生短视性误差。应对方法：根据目标责任书、项目评估报告等，结合项目实际完成进度，短、中长期业绩考核有机结合。地点因素是在绩效考核时，不同的地点对绩效的影响。例如：同类产品供求饱和区域和非饱和区域的营收总额、利润、市场占有率等指标区别较大，缺乏可比性，一概而论则会产生测量性误差。应对方法：与同一区域内行业领先者或行业内的标杆企业相关指标类比，与本企业同比、环比经营数据对比等。

2.绩效标准因素

考核项目设置不严谨，考核标准模糊、不明确，缺乏整体性和系统性，将加大考核的主观随意性和无目的性。考核标准中有过多难以衡量的因素，致使员工对规则的理解不同，难以令其信服。考核者对不同被考核者使用的评价标准不一致，不同的考核者对同一被考核者的评价无法比较，即会产生偏差。考核者难以准确核定被考核者的工作强度、工作难度和工作重要性，难以合理地对其月度、季度及年度绩效表现进行评价、排序及打分。在定性指标过多，定量指标较少且指标缺乏针对性的情况下，绩效考核流程往往流于形式，考核结果容易挫伤员工的积极性和满意度。另外，如果绩效考核过程中运用了错误的标准，或对实际的工作绩效评价不准确，员工就很可能获得不公平（过高或过低）的报酬，这会导致一系列消极后果，如降低努力程度、增加缺勤率，甚至寻求其他的工作机会。应对方法：考核应基于行为指标和结果取向的标准及关键绩效指标的量化；与员工协商一致，共同参与到绩效标准的设计当中；通过加强考核者的相关培训提高不同考核者的评价信度，加深其对绩效标准的理解和绩效管理方面的认识，全面提升企业的人力资源管理水平。

3. 考核者的因素

在绩效考核的实施过程中，考核者的一些主观因素及某些心理倾向，如晕轮效应、趋中倾向、过宽或过严倾向、年资或职级倾向、盲点效应、刻板印象、首因效应、近因效应等，导致了考核结果不契合实际，也就无法得出正确合理的考核结果。

（1）晕轮效应是因对被考核者的某一特质有强烈、清晰的感知，而掩盖了该人其他方面的品质。应对方法：消除考核者的偏见，在评价中设置不同着眼点，从不同方面评价员工。

（2）趋中倾向是使员工的考核分数集中在某一固定范围内波动，评价结果无好坏的差异。应对方法：一方面，考核者要密切地与员工接触，对照评价标准全面、准确地了解被考核者的工作情况；另一方面，采取强制分配法、交替排序法等绩效考核方法，把绩效表现优秀和绩效表现差的员工控制在总数的 5%~10%。

（3）过宽或过严倾向是考核者在绩效评价过程中，有过分严厉或宽大评定员工的倾向。原因是考核者采用了主观评价标准，忽略了客观评价标准，且对绩效的判断通常是武断的、凭印象的。应对方法：选择合适的方法，逐渐建立考核者的评价自信或进行考核角色互换培训；采取强制分配法消除评价偏差。

（4）年资或职级倾向是考核者倾向于给予那些服务年资较久、担任职务较高的被考核者较高的分数（分配较高的系数）。原因在于管理者主观意识太强、惯性思维较重。应对方法：通过绩效管理知识培训、参与绩效岗位设计等方式使评价者理解绩效级差已含和考虑上述因素，逐步建立"对事不对人"的思维，引导评价者客观地针对工作完成情况、工作职责履行进行合理评价。

（5）盲点效应是考核者难于察觉员工身上存在的与其自身类似的缺点和不足。应对方法：将更多类型的考核主体纳入考核范围，化解单一考核者评价结果对员工绩效的完全决定作用，如运用部门班子的综合评价结果，而不是只利用部门负责人的评价结果。

（6）刻板印象是个人对他人的看法往往受到他人所属群体的影响，群体的某些标志已刻在个体上。应对方法：注意从员工的实际工作行为出发，而不是员工的某些显著特征出发进行考核。

（7）首因效应是根据第一印象去判断一个人。应对方法：多角度、多层次考核。

（8）近因效应是最近的或最终的印象往往是最强烈的，可以冲淡之前发生的种种因素。应对方法：考核前，先由员工进行自我评价。

(二)绩效考核的误区

1.考核目的不明确

绩效考核管理的重点不在考核,而是利用考核进行管理。很多企业考核目的不明确,有时甚至是为了考核而考核,考核者和被考核者都未能充分清楚地了解绩效考核只是一种管理手段,本身并不是管理目的。使用这个工具的管理者可以和员工明确其任务和目标,及时发现员工实现目标过程中的偏失,以便及时对员工给予必要的支持、帮助和管理。

2.考核缺乏标准

目前多数企业的绩效考核标准过于模糊,表现为标准欠缺、标准走样、难以准确量化等,因此,极易引致不全面、非客观公正的判断,很难使被考核者对考核结果感到信服。同时,考核原则混乱,自相矛盾,在考核内容、项目设定以及权重设置等方面表现出无相关性,随意性突出,常常仅仅体现领导意志和个人好恶,且绩效考核体系缺乏严肃性,任意更改,难以保证政策的连续一致性。

3.考核体系混乱

绩效考核体系要么不专业,要么追求形式主义。绩效考核体系的指标和目标设计得不合理,例如指标和目标经常被随意改变,指标分配不当,一个人无法对他自己的目标负责等。与之相反的一个错误是追求形式主义,不把时间花在实质目标和指标的讨论上,而是做很多似是而非的表格、权重计算等。

4.考核过程形式化

很多企业实施了完备的绩效考核工作,但很多员工认为绩效考核只是一种形式,出现所谓"领导说你行,你就行;说你不行,你就不行"的消极判断,没有人真正对考核结果进行认真、客观地分析,没有真正利用绩效考核过程和结果来帮助员工在绩效、行为、能力、责任等多方面得到切实地提高。此外,大部分企业的绩效考核只针对业务人员,不考核支持人员(如技术、财务、人事、服务等),其实企业的绩效考核应该是全面的。

5.考核方法选择不当

绩效考核方法有很多,如员工比较评价法、行为对照表法、关键事件法、目标管理法、行为锚定等级考核法等。这些方法各有千秋,有的方法适用于利用业绩考核结果进行职工奖金的分配,但可能难以指导被考核者识别能力上的欠缺;而有的方法则适合利用业绩考核结果来指导企业制订培训计划,但却不适用于平衡各方利益相关者。

6.激励个人主义

绩效考核体系本质上是一种激励机制,即把一个人的部分所得和他的业绩挂钩。由于绩效要细分到个人,很多公司绩效体系的根本是激励个人业绩,而不是激励一个人关心他的团队和整个公司。这样的激励可能导致错误的导向。

7.重短期,不重长期

绩效考核的另一个误区是只重短期,不重长期。若没有正确的引导,员工可能会为了短期利益而牺牲公司的长期利益。避开该误区的一个办法就是设计相应的晋升体系,把员工的长远利益和公司的长远利益结合起来。

8.考核结果无反馈

考核结果无反馈的表现形式一般有两种:第一种是考核者不愿将考核结果及其对考核

结果的解释反馈给被考核者。被考核者无从知道考核者对自己哪些方面感到满意，哪些方面需要改进。出现这种情况往往是考核者担心反馈会引起被考核者的不满，在将来的工作中采取不合作或敌对的工作态度；也有可能是考核结果本身无令人信服的事实依托，仅凭考核者意见得出结论，担心反馈会引起巨大争议。第二种是考核者无意识或无能力将考核结果反馈给被考核者。这种情况出现往往是由于考核者本人未能真正了解人力资源绩效考核的意义与目的，加上缺乏良好的沟通能力和民主的企业文化，考核者没有进行反馈绩效考核结果的能力和勇气。

9.平均主义与老好人思想

绩效考核的目的之一就是把员工工作情况通过指标客观、量化和直观地表达出来，并根据员工贡献的大小给予事先约定好的激励。激励的本质是让做得好的人得到很多，让做得不好的人得不到或得不到很多。但很多绩效体系设计上存在平均主义思想，加上管理者执行中对一些定性指标打分有老好人思想，最终结果是绩效管理变成了走过场。

10.考核频率太高或太低

考核频率过高，无法及时发现考核对象的问题并进行指导；考核频率过低，考核对象的工作无法和其工作成果对应。这两种情况的考核都没有意义。通常业务人员的考核频率应该比较高（月度考核或季度考核），支持人员的考核频率应该较低（季度考核或半年考核）。

第二节　绩效管理

绩效管理是组织人力资源管理的核心环节，对完成组织目标，实现组织持续、快速、健康发展有着非常重要的意义。随着绩效管理在我国组织管理实践中的不断开展，一大批学者开始对其进行研究，并取得了显著的成果。

一、绩效管理的含义

现代管理学认为，管理活动是一个过程，由计划、组织、领导、协调、控制等基本内容构成。绩效管理（performance management，PM）作为组织管理活动，是人力资源管理活动的重要组成部分之一。同时，它本身也是一个过程，是管理者与被管理者之间根据组织目标对被管理者的工作活动、工作技能和工作产出进行持续的沟通与评价，进而保证组织目标有效实现的过程。绩效管理中的"绩效"是全面的绩效，从层次构成上看包括员工绩效、团队绩效和组织绩效，从内容上看包括结果绩效、行为绩效和素质绩效。绩效管理是现代人力资源管理的核心职能，正确认识和理解其含义是科学使用和实施的前提。绩效管理的含义可以从以下三个方面加以理解。

1.绩效管理是一个过程

绩效管理是一个包含若干环节的系统，通过该系统在整个工作过程中的运行实现管理目的。绩效管理不仅强调绩效结果，而且重视达成绩效目标的行为和过程。绩效管理不仅仅是最后的评价，还强调通过控制绩效周期中的整个过程来达到绩效管理的最终目的。因此，绩效管理不仅是目标管理，而且是过程管理。

2.绩效管理注重持续的沟通

绩效管理特别强调通过沟通辅导实现员工能力的提高，进而达到绩效管理的目的。绩效管理不是迫使员工工作的"大棒"，也不是引诱员工工作的"胡萝卜"，而是以人本思想为指导的组织与员工双赢的策略。各级管理者都要参与到绩效管理的过程中来，各种方式的沟通辅导贯穿于整个绩效管理系统之中，进而使管理者与员工相互理解、彼此促进。

3.绩效管理的最终目的是绩效改进

绩效管理注重实现绩效改进，而不是绩效评价。在评价员工绩效的同时，绩效管理是防止员工绩效不佳和提高员工绩效水平的工具，所以它的各个环节都是围绕绩效改进这个目的进行的。具体的任务目标只是绩效管理的具体落实情况，其根本目的则是通过绩效的持续改进提高组织的核心竞争力。

二、绩效管理思想的演变

绩效管理从早期的萌芽发展到现在，经历了漫长的酝酿、产生、发展和完善的过程。对绩效管理的发展轨迹进行梳理，有利于我们更加深入、全面和准确地理解绩效管理。实际上，组织、管理和绩效是密不可分的，组织是管理活动的载体，管理是组织借以创造绩效的手段，绩效是组织实施管理的目的。纵观百年管理思想史，不论是各类组织中管理者的实践摸索，还是管理学界对管理工作的理论研究，都是围绕绩效展开的。不同时期的不同学术流派虽然各自的研究假设有别，观察和分析问题的视角不尽相同，但都是把改善组织绩效作为探索的出发点，并始终致力于促进绩效水平的提升。从这个意义上讲，管理学发展的历史就是绩效管理探索的历史，而绩效管理思想从萌芽逐步发展到绩效管理经历了一个较长的历程。

19世纪初期，被誉为现代"人事管理之父"的罗伯特·欧文（Robert Owen）进行了最早的绩效管理实验。欧文主张以人为本，强调人性化管理。他将工人的工作绩效分为恶劣、怠惰、良好和优质四个等级，并分别用黑、蓝、黄、白四个色的木块表示。每个工人的前面都有一块木块，部门主管根据工人的表现进行考核，厂长再根据部门主管的表现对部门主管进行考核。为了保证考核的公正，欧文还规定厂长需要听取他人对于规章制度的意见，且每个工人都可以查看有关自己行为方面的表现记录，如有不公正之处，可以向他提出申诉。考核结果摆放在工厂里的显眼位置，所有员工都可以看到个人木块上的颜色，从而知道对应的员工表现如何。刚开始实行这项制度的时候，工人表现不好的很多，表现良好的却很少。随后，在众人的目光中和自尊心的驱使下，表现恶劣的工人逐渐减少，表现良好的工人不断增多。欧文开创了组织建立工作绩效考核系统的先河，但是欧文的做法在当时并没有引起足够的重视。

20世纪早期，科学管理占据管理学主导地位，以弗雷德里克·泰勒（Frederick Taylor）为代表的科学管理学派秉承了亚当·斯密（Adam Smith）的"经济人"观点和大卫·李嘉图（David Ricardo）的"群氓假设"，将人看作无组织的利己主义者。这个时期提高绩效的方式是通过工作标准化和培养"第一流的工人"来实现的。

20世纪20—40年代，基于埃尔顿·梅奥（Elton Mayo）的"社会人"假设研究，人际关系学派和行为科学学派对个体的社会性需求、非正式组织的影响以及管理者的领导能力等方面进行了系统分析，对于人的心理因素对绩效的影响有了更深的认识。

20世纪50年代，彼得·德鲁克（Peter Drucker）综合科学管理学派和行为科学学派的研究成果，把"重视物"和"重视人"的观点结合起来，提出了目标管理的思想，认为员工应参与目标制订，并充分尊重员工意愿，从而激发其内在动力。德鲁克的目标管理和自我控制管理思想使目标管理发展成为一个卓越的管理工具。目标管理以制定目标为起点，以目标完成情况的评价为最重要的节点，以绩效反馈为终结。工作成果是评价目标完成程度的标准，也是评价管理工作绩效的最重要的标准。总之，德鲁克的目标管理理论为绩效管理发展做出了重要的贡献。20世纪50年代以后，激励理论、领导理论、权变理论、战略管理理论等研究成果的涌现，使个体绩效的影响因素呈现出多层次、多维度和动态性的特征，并逐渐与组织战略联系起来。

到了20世纪70年代后期，学者们在总结绩效评价局限性的基础上进一步丰富了绩效的内涵，并提出绩效管理的概念。20世纪80年代出现的关键绩效指标试图通过不同层次的绩效评价指标之间的承接和分解来建立组织战略与个人绩效的联系。虽然关键绩效指标描述了绩效评价指标的设计思路及其关键环节，但未能在个体绩效的衡量内容方面形成一个比较明确和统一的系统框架。随着管理实践的不断发展，后来形成了以投资报酬率和预算比较为核心的包括销售收入、利润、现金流量和各种财务比率的组织绩效评价体系。总之，这一时期的个体绩效仍然从组织的生产效率和经济利益出发，提炼出以财务指标为主体的结果性指标。

从科学管理运动兴起到20世纪80年代，组织内部绩效评价和控制的研究及实践主要是针对组织财务绩效的衡量、个体绩效标准及其影响因素。这种传统的绩效衡量模式产生于工业经济时代，立足于事后评价，关注组织自身状况，重视明确可见的短期绩效，并且以财务指标为主。这种模式对依靠会计信息披露进行投资决策和管理的投资者和分析家来说曾经是一个有力的工具，但是随着知识经济的兴起，无形资产对组织获取核心竞争优势的影响日益扩大，这一绩效衡量模式暴露出不少缺点。

20世纪90年代以来，由于时代特征和竞争环境发生了变化，再加上传统预算存在淡化战略意识等缺陷，组织开始重视对客户、质量、技术、品牌、文化、领导力等非财务要素进行评价，出现了把财务指标评价和非财务指标评价、过程评价和结果评价紧密结合的趋势。后来，卡普兰和诺顿发表了《平衡计分卡——驱动业绩的衡量体系》，标志着平衡计分卡作为衡量组织绩效的工具正式问世。接着，卡普兰和诺顿出版了《平衡计分卡——化战略为行动》，将平衡计分卡从绩效衡量工具转变为战略实施工具，标志着平衡计分卡理论体系的初步形成。这之后，卡普兰和诺顿又出版了一系列著作，建立起全面、科学和系统化的战略行动绩效管理体系，将绩效管理上升到了战略的高度。

三、绩效管理的过程及流程

（一）绩效管理的过程

绩效管理的过程通常被看作一个循环，而这个循环通常可分为四个环节，即绩效计划、绩效辅导、绩效实施与绩效反馈。研究者袁丽华将绩效管理重新总结为绩效计划、绩效辅导、绩效实施、绩效反馈与激励、绩效改进与提高五个环节，使之形成一个完整、高效的绩效管理体系，且整个体系是不断循环的。

1.绩效计划

绩效计划制订是绩效管理的基础环节。可以说，不制订合理的绩效计划就谈不上绩效管理。从宏观角度来讲，组织的绩效计划是基于组织的战略目标来设计的，所以在制订计划时为了避免随意性必须根据组织的战略目标分析组织现有的状况，制订详细的工作说明和工作规范。同时，这个计划还要符合科学客观的原则，使得大多数的目标是可以量化的，不要出现过多的主观因素，从而保证衡量结果的准确和客观。从微观角度来讲，组织的绩效计划需要管理者与员工共同讨论，就实现目标的时间、责任、方法和过程进行沟通，以确定员工以什么样的流程完成什么样的工作，以及达到什么样的绩效目标。好的绩效计划是好的绩效考核的起点，而且绩效计划也是一个动态、持续的过程，需要随时发现它的不合理之处，以便随时加以调整。

2.绩效辅导

绩效辅导是绩效管理的重要环节，如果这个环节的工作不到位，绩效管理就不能落到实处。绩效辅导过程要求管理者与员工进行持续不断的沟通，在此过程中就绩效目标达成共识，并且辅助员工成功地完成绩效目标。在辅助的过程中，员工也能够提高自身的素质。当然，沟通是存在于整个绩效管理的过程之中的，而不单单只是在此环节，在这里提出是为了突出这个环节的重要性。总之，组织要让员工很清楚地了解绩效考核制度的内容、制定目标的方法、衡量标准、努力与奖酬的关系、工作业绩、工作中存在的问题及改进的方法等。当然，也要聆听员工对绩效管理的期望，这样绩效管理才能达到预期的目的。绩效辅导工作的作用在于它可以更好地衔接绩效计划和绩效实施，使绩效工作可以更好地开展。

3.绩效实施

绩效实施主要是对员工的工作进行考核、测量和记录，并形成书面的文档，以方便开展绩效考核工作，并将其作为员工晋升、加薪等活动的依据。绩效实施过程中最重要的是如实地进行记录，避免主客观因素对绩效考核结果的影响。同时，绩效实施是整个绩效管理过程中最耗费时间的一环，影响着其他环节的正常运转。绩效计划能否顺利落实与顺利完成依赖于绩效实施的运行，绩效反馈与激励的基础就是绩效实施的情况。因此，绩效实施是绩效管理系统中一个非常重要的中间环节，关系着整个绩效管理的成败。

4.绩效反馈与激励

作为绩效考核的结果，它不仅能够用于衡量员工的工作效率，而且具有改进员工行为的作用，而这也是绩效考核的最终目的。因此，在绩效结果出来以后，通过绩效反馈与激励，部门主管可以使下属了解他们自身的绩效情况，认识到自己有哪些方面需要改进和提高，同时下属可以提出自己在完成任务中遇到的困难，这样也可以方便员工更加明确绩效考核的目的，从而提高绩效水平和员工对绩效结果的满意度。绩效管理强调的是面对面，而不是背靠背，因此，它既有利于个人的成长，又有利于组织的发展。综上，我们不难看出绩效反馈与激励包含两个内容，即对绩效实施结果的分析和对绩效结果的应用。

5.绩效改进与提高

绩效结果对于员工来说只是衡量其工作的标准，但对于人力资源部门来说，它还可以指导下一期的绩效考核，因此，要根据组织内部的现状以及外部的市场环境对绩效指标进行调整。当然，这些调整还要根据上期绩效考核的结果进行，针对绩效考核中存在的问题，依据具体情况采取措施进行改进，重新设定绩效指标，做好下一个绩效管理周期的准备工作。组织的绩效管理是一个系统的过程，五个环节中任何一个环节的缺失、管理的失误或理念的错误，都可能影响组织整体绩效的提高。

（二）绩效管理的流程

绩效管理流程有明确绩效管理的目的是提升个人或团队的工作绩效，促进人员或团队的发展与成长。

1.绩效诊断评估

任何管理系统的设计都有一个由初始状态到中间状态，再到理想状态的循序渐进的过程。如果管理者期望管理系统一步到位，则不仅不能将企业引向理想状态，而且有可能将企业引向毁灭。因此，绩效管理咨询的首要工作是深入、系统地诊断企业管理现状，摸清企业管理水平，才能为企业设计出科学、合理的绩效考核系统。

2.绩效目标确定

所有企业的管理系统都是为实现企业战略目标服务的。因此，明确企业目标指向，将有助于实现目标、凝聚员工，使员工们体验目标实现的成就。此外，管理者要意识到，没有目标、没有计划，也就谈不上绩效。企业目标确定具体包括企业战略目标制订与确认、企业中长期经营计划与企业工作计划系统(项目计划、部门工作计划、个人工作计划等)。

3.绩效管理方案

这是一个重要的步骤，必须根据每个岗位的特点提炼出关键绩效指标(也就是 KPI)，编制规范的考核基准书，作为考核的契约。在绩效管理方案中，要设计绩效考核的流程，对考核的程序进行明确规定，同时要对考核结果的应用做出合理的安排，主要体现为与绩效奖金挂钩，同时应用于工作改进、教育训练与职业规划。

4.绩效测评分析

这是考核的事务性工作，重点辅导绩效考核的组织管理部门学会如何进行考核的核算工作，必须培训绩效管理组织成员熟悉绩效管理工具。这是绩效考核的宣贯、试运行阶段，必须开展全员培训工作，要每个员工深刻理解绩效考核的意义以及操作办法。这是绩效考核的完善阶段，可以根据企业的实际情况和考核的实施情况，对考核的相关方案做出一定的调整，以确保考核的实效性与科学性。在这一阶段，要利用模拟实施阶段的测评核算出绩效成果，并对结果进行分析，挖掘绩效问题并组织相应的绩效面谈，以不断提升绩效。宣导员工绩效的目的是帮助低绩效者找到真正影响绩效的原因并加以改善，提升个人或团队的工作绩效，促进人员或团队发展与成长。

5.绩效辅导改善

通过上一阶段的绩效测评分析，企业各个层面的问题暴露出来，有目标问题、组织体系问题、管理流程与工作流程问题，有部门或岗位设置分工问题、员工业务能力问题。根据各方面暴露的问题，专业咨询辅导顾问进入给部门辅导改善，例如营销管理培训辅导、生产管理培训辅导、采购管理培训辅导等。

6.绩效考核实施

绩效管理的最后一阶段是企业绩效管理组织的运行，即实施绩效管理与考核，并依据绩效管理方案进行周期性分析评估，持续改进完善绩效管理及企业各方面管理。绩效考核实施的具体内容如下。

（1）选立考核实施的负责人：考核负责人需要具备专业的绩效管理知识，在企业中有管理威望，熟悉管理流程，掌握丰富的沟通技巧。

（2）试运行期内广泛收集被考核人的意见和建议：通过整个过程让被考核人感受被尊重权、参与制订权，并且能够积极配合相应的绩效考核的实施。

（3）分段收集考核数据，安排辅导：在一个考核周期内，前期要特别关注，在中期前由实施负责人安排绩效辅导。

（4）考核周期内的中期前采取沟通：沟通的过程中，最好选择非正式沟通，这样的沟通方式能够在一定程度上缓和被考核人的考核压力，从而达成有效沟通，得到好的沟通效果。

（5）考核期结束使被考核人认同考核结果：在考核结果公布前先达成共识，允许保留不同意见。

（6）绩效检讨：先让被考核人自行分析出现不足的原因及改善方案，并提出对绩效考核的意见和建议；再协助分析重点缺失。

（7）绩效计划适时修正：制订的绩效计划要注意及时、广泛吸取大家的意见，至少在3个考核周期内修正1次。

（8）对绩效考核结果的应用：例如薪酬、奖惩、福利、调职等。

四、绩效管理的典型模式

通过对国内企业绩效管理现状的调查和研究，我国企业绩效管理可以总结为以下几种典型模式。

（一）"德能勤绩"式

"德""能""勤""绩"等方面的考核具有非常悠久的历史，曾一度被国有企业和事业单位在年终考评中普遍采用，仍然有不少企业还在沿用这种思路。

"德能勤绩"式的本质特征：业绩方面的考核指标相对"德""能""勤"方面比较少；大多数情况下考核指标的核心要素并不齐备，没有评价标准，更谈不上设定绩效目标。本书借用"德能勤绩"的概念，因为这类考核实质是没有"明确定义、准确衡量、评价有效"的关键绩效考核指标。

"德能勤绩"式除了上述典型特征外，往往还具备如下特点：

第一，很多企业是初始尝试绩效管理，绩效管理的重点往往放在绩效考核上。

第二，没有部门考核的概念，对部门负责人的考核等同对部门的考核，没有对部门考核与部门负责人考核进行明确区分。

第三，考核内容更像是对工作要求的说明，这些内容一般来源于公司倡导的价值观、规章制度、岗位职责等。

第四，绩效考核指标比较简单粗放，大多数考核指标可以适用同一级别岗位，甚至适用所有岗位，缺少关键绩效考核指标。

第五，绩效考核不能实现绩效管理的战略目标导向。

刚刚起步发展的企业，通常基础管理水平不是很高，绩效管理工作没有太多经验。在这种情况下，"德能勤绩"式绩效管理是有其积极作用的。这种模式对提高基础工作管理水平，增强员工责任意识，督促员工完成岗位工作有积极的促进作用。但"德能勤绩"式绩效管理是简单粗放的绩效管理，对组织和个人绩效的提升作用有限，虽然表面上看来易于操作，其实绩效考核过程随意性很大。企业发展后，随着公司基础管理水平的提高，公司绩效管理将对精细性、科学性提出更高要求，"德能勤绩"式绩效管理就不符合企业实际情况了。

(二)"检查评比"式

国内绩效管理实践中"检查评比"式还是比较常见的，采用这种绩效管理模式的公司通常情况下基础管理水平较高，公司决策领导对绩效管理工作比较重视，绩效管理已经进行了初步的探索实践，已经积累了一些经验教训，但对绩效管理的认识在某些方面还存在问题，绩效管理的公平目标、激励作用不能充分发挥，绩效管理战略导向作用不能得到实现。

"检查评比"式的典型特征：按岗位职责和工作流程详细列出工作要求及标准，考核项目众多，单项指标所占权重很小；评价标准多为扣分项，很少有加分项；考核项目众多，其考核信息除个别定量指标信息外，绝大多数考核指标信息来自检查抽查；大多数情况下，公司组成考察组，对下属单位逐一进行监督检查，颇有检查评比的味道，不能体现对关键绩效方面的考核。

"检查评比"式考核对提高工作效率和质量是有很大作用的，通过定期、不定期的检查考核，员工会感受到压力，自然会在工作要求及标准方面尽力按着公司要求去做，对提高业务能力和管理水平有积极意义。

这种模式的考核，有两个重大缺陷：一是绩效考核结果没有效度，也就是说，考核结果好的不一定就是对组织贡献最大的，绩效水平低的不一定考核结果差，这样自然制约着公平目标和激励作用的实现；二是由于考核项目众多，缺乏重点，实现不了绩效管理的导向作用，员工会感到没有发展目标和方向，缺乏成就感。

"检查评比"式考核中，考核没有效度以及不能实现战略导向作用大致有以下几个方面的原因：

第一，由于考核项目众多，员工感觉不到组织发展方向和期望的行为是什么，同时由于每项指标所占权重很小，因而即使很重要的指标，员工也不会过于在意。

第二，考核操作实施过程中，检查抽查是普遍采用的方式。对于检查抽查中发现的问题，被考核者往往不从自身工作本身找原因，往往认为自己倒霉而坚持认为别人考核结果好，是因为别人运气好，存在的问题没有被发现，被考核者从心里就不会接受这样的考核结果。

第三，考核者对被考核者工作的认识和理解往往存在偏差，这样会导致绩效考核出现"无意识误差"；另外，考核者往往不是被考核者的直线上级，不必对被考核者业绩负责，会导致绩效考核的随意性，这样会导致绩效考核出现"有意识误差"，这两种情况都会使绩效考核者的公平公正性受到质疑。

(三)"共同参与"式

在绩效管理实践中,"共同参与"式绩效管理在国有企业和事业单位中比较常见,这些组织的显著特征是崇尚团队精神,公司变革动力不足,公司领导往往从稳定发展的角度看问题,不愿冒太大风险。"共同参与"式绩效管理有三个显著特征:一是绩效考核指标比较宽泛,缺少定量硬性指标,这给考核者留出了很大余地;二是崇尚360°考核,上级、下级、平级和自我都要进行评价,而且自我评价往往占有比较大的权重;三是绩效考核结果与薪酬发放联系不紧密,绩效考核工作不会得到大家的极力抵制。

"共同参与"式绩效管理对提高工作质量、对团队精神的养成是有积极作用的,可以维系组织稳定的协作关系,约束个人的不良行为,督促个人完成各自任务以便团队整体工作的完成。它在以绩效提升为主要目标、以团队协作为主要特征的组织中是适用的。但这种绩效管理有其适用范围,如果采用不当会带来严重负面效果,主要表现在以下方面:

第一,大部分考核指标不需要过多的考核信息,一般被考核者根据自己的印象就能打分,考核随意性较大,人情分现象严重,容易出现"有意识误差"和"无意识误差"。

第二,在自我评价占有太大的分量的情况下,考核结果由人的本性决定,在涉及个人利益关系的情况下,个人对自己的评价不可能公正客观,"吃亏"的往往是"实在"人。

第三,这种评价一般与薪酬联系不太紧密,薪酬的激励作用有限。

第四,表面氛围和谐,实则是对创新能力的扼杀,这对创新要求高的组织是非常致命的。最终结果往往是最有思想、最有潜力的员工要么被迫离开组织,要么被组织同化不再富有创造力。

(四)"自我管理"式

"自我管理"式是世界一流企业推崇的管理模式,这种管理模式的基础是对人性的假设坚持"Y"理论:认为员工视工作如休息、娱乐一般自然;如果员工对某些工作做出承诺,他们会进行自我指导和自我控制,以完成任务;一般而言,每个人不仅能够承担责任,而且会主动要求承担责任;绝大多数人具备做出正确决策的能力,而不是只有管理者才具备这一能力。

"自我管理"式的显著特征:通过制定激励性的目标,让员工自己为目标的达成负责;上级赋予下属足够的权利,一般很少干预下属的工作;很少进行过程控制考核,大都注重最终结果;崇尚"能者多劳"的思想,充分重视对人的激励作用,绩效考核结果除了与薪酬挂钩外,还决定着员工岗位升迁或降职。

"自我管理"式绩效管理的激励效应较强,能充分调动人的主动性和积极性,能激发有关人员尽最大努力去完成目标,对提高公司效益是有好处的。但这种模式应注意适用条件,如果适用条件不具备,可能会产生严重的问题和后果,不能保证个人目标和组织目标的实现。"自我管理"式绩效管理有如下特点:

第一,由于"自我管理"推崇的是"Y"理论人性假设,在我国现有的社会发展水平下,如果缺乏有效监督检查,期望员工通过自我管理来实现个人目标有时是不现实的。因为有的员工自制能力差,不能有效约束自己,如果不实行严格管理将不能达成其个人目标。

第二,"自我管理"式绩效管理缺乏过程控制环节,对目标达成情况不能及时监控,不能及时发现隐患和危险，等发现问题时可能已经太迟，没有挽回余地了，因此可能会给组织带来较大损失。

第三，绩效辅导实施环节比较薄弱，上级领导往往不能及时对被考核者进行绩效辅导，也不能及时给予下属资源上的支持，因此绩效管理提升空间有限。

第四，被考核者通常小集体意识严重，不能站在公司全局角度看问题，其绩效目标与组织目标往往不一致，不能保证公司战略发展目标的实现。

五、绩效管理的影响因素及误区

(一) 绩效管理的影响因素

绩效管理要达到组织的预期目的，实现组织的最终目标，往往受到多种因素的影响。因此，管理者只有充分认识到各种影响因素给组织绩效带来的影响及程度，才能够做好绩效管理工作。一般来讲，影响组织绩效管理有效性的因素如下。

1. 管理者的理念

管理者对绩效管理的认识是影响绩效管理效果的重要因素。如果管理者能够深刻理解绩效管理的最终目的，更具前瞻性地看待问题，并在绩效管理的过程中有效地运用最新的绩效管理理念，便可很好地推动绩效管理有效实施。

2. 高层领导支持的程度

绩效管理作为人力资源管理的重要组成部分，是实现组织整体战略管理的一个重要手段。要想有效地进行绩效管理，必须得到高层领导的支持，因为高层领导对待绩效管理的态度决定了绩效管理的效果。

3. 人力资源管理部门的尽职程度

人力资源管理部门在绩效管理的过程中主要扮演组织协调者和推动者的角色。绩效管理是人力资源管理工作中的重要组成部分，如果人力资源管理部门能够对绩效管理加大投入力度，加强对绩效管理的宣传，组织必要的绩效管理培训，完善绩效管理的流程，就可为绩效管理的有效实施提供有力保证。

4. 员工对绩效管理的态度

员工对绩效管理的态度直接影响着绩效管理的实施效果。如果员工认识到绩效管理的最终目的是使他们改进绩效而不是单纯地接受惩处，绩效管理就能很好地发挥作用。

5. 绩效管理与组织战略的相关性

个人绩效、部门绩效应当与组织的战略目标一致。只有个人绩效和部门绩效都得到了实现，组织战略才能够得到有效的执行。因此，它要求组织管理者在制定各个部门的目标时，不仅要考虑部门的利益，也要考虑组织的整体利益，只有个人、部门和组织整体的目标一致，才能确保组织的绩效管理卓有成效。

6. 绩效目标的设定

一个好的绩效目标要满足具体、可衡量、可实现及与工作相关等要求。只有这样，组织目标和部门目标才能得到有效的执行，绩效考核的结果才能够公正、客观而且具有说服力。

7. 绩效指标的设置

每个绩效指标对于组织和员工而言，都是战略和文化的引导，是工作的方向。因此，清晰明确、重点突出的指标非常重要。好的绩效指标可以确保绩效考核重点突出，与组织的战略目标匹配，便于实施绩效管理。

8. 绩效管理系统的时效性

绩效管理系统不是一成不变的，需要根据组织内部、外部的变化进行适当调整。当组织的战略目标、经营计划发生改变时，组织的绩效管理系统也要发生动态的变化，从而保证其不会偏离组织战略的发展方向。

（二）绩效管理的误区

对绩效管理的错误认识是企业绩效管理效果不佳的最根本原因，也是最难突破的障碍。企业管理者对绩效管理往往存在如下的误解甚至错误认识。

1. 未真正明确绩效管理的主要目的

很多组织负责人认为绩效管理的主要目的就是发奖金、处罚员工、让员工有压力以及使其更听话，实际上这并不是绩效管理的主要目的。绩效管理最主要的目的是提高员工绩效，提高部门绩效，提高组织绩效。

2. 将绩效管理等同于绩效考核

很多组织负责人认为绩效管理就是绩效考核，把很多心思放在各种绩效考核方法的应用上，并思考如何让绩效考核更加量化、全面。实际上，如果只注重绩效考核，即使绩效考核做得再好，也不能做好绩效管理工作，因为绩效考核只是绩效管理中的一个环节——只看到了一部分，而没有看到全部，是不能解决问题的。

3. 在绩效管理中多采取负面激励，而不是正面激励

很多组织负责人在绩效管理中更多采用负面激励，而不是正面激励。因此，很多人误认为搞绩效管理就是为了变相地扣员工的工资，使很多员工甚至中层干部都不支持组织搞绩效管理。这是造成组织绩效管理失败的主要原因之一。

4. 绩效考核结果没有很好地得到应用

组织在实施绩效管理时存在一个普遍问题，即做了很多绩效管理工作，但忽视了一个很重要的环节——结果应用。因为没有很好地与薪酬、福利、职位变动、培训等结合在一起，未建立起相应的制度做支撑，绩效考核结果没有很好地得到应用，从而大大降低了绩效管理的效果。

5. 没有考虑到组织中绝大多数人的利益

对于一个组织来说，组织中有代表不同利益的各个阶层，有大股东、小股东，也有高层管理者、中层管理者、基层管理者、研发人员、市场人员、生产人员等。不同的阶层代表着不同的利益，如果组织在推行绩效管理工作时没有考虑周全，就很容易失败。组织要想顺利、成功地推行绩效管理工作，就要团结一切可以团结的力量，使绝大多数人能够理解、支持绩效管理工作。这样才会大大增加绩效管理工作成功的机会，促使更多的人为了组织的整体绩效而愿意推行绩效管理，而不会把推行绩效管理工作当作负担。

6. 没有看到绩效管理的实质

很多组织在大力开展绩效管理时，只看到其表象，没有看到其实质。绩效管理的实质不在于采用什么样的方式方法来开展绩效管理工作，而在于要采用符合本组织实际情况的方式方法，从而更好地解决组织中存在的问题，提高组织的整体绩效，并通过提高组织绩效让更多的人得到实惠。

7. 不重视绩效改进

很多组织不重视绩效改进，没有把在绩效考核中发现的重要问题放入下一个绩效考核周期的绩效计划中，使这些重要问题没有在下一个绩效考核周期内得到应有的重视和解决，从而使绩效结果没有得到改善。

8. 不重视绩效辅导

很多组织在推行绩效管理工作时并不重视绩效辅导，甚至不知道要进行绩效辅导。事实上，一些员工、职业经理人并没有达到很高的水平，没有达到上级领导一下命令就能把事情做好的程度，而很多组织恰恰忽视了这个重要的现实问题，即员工不具备做好工作的能力，而各级管理者又没有进行层层辅导，导致很多工作没有得到很好地执行。实际上，有时并不是员工不想做好这些工作，可能是其能力达不到。没有绩效辅导的绩效管理不可能取得成功，这也是目前很多绩效管理并不成功的最主要的原因。

第三节　绩效考核与绩效管理的比较

绩效考核和绩效管理，无论是从基本理念、目标体系还是从具体的实际操作上，都存在很大的差别。对这些差别加以正确的区分，可以帮助我们树立正确的绩效观和考核观，有效地运用绩效管理的体系、方法和工具，提高组织的管理，改善员工的绩效能力，从而获得比较满意的绩效，达到绩效管理的目的。

一、绩效考核与绩效管理的区别

绩效考核与绩效管理的主要区别，可以用表 1-1 来表示。

表 1-1　绩效考核与绩效管理的区别

方面	绩效考核	绩效管理
假设前提的区别	假定人们不会也不知道采取主动的行为以实施组织的目标，战略目标的制定和实施与一般员工无关	假定人们都愿意与组织同舟共济，会主动采取必要的行为以努力达到事先确定的组织目标和个人目标
出发点的区别	以控制为中心，绩效考核是为了更有效地控制部门和员工个人的行为	以战略为中心，绩效管理体系的设计和运用都是为战略服务的
对象的区别	对某一时间段或时间点的考核	对整个过程的监控与管理
	仅仅是事后的考核评估	事前、事中、事后相结合
	主要评估过去的表现，向后看	关注过去，更关注未来的发展

续表1-1

方面	绩效考核	绩效管理
方法的区别	主要手段就是考核,自上而下地单向考核,被考核者只是被动接受	计划、监控、考核、沟通、反馈相结合,被考核者主动参与,全员参与
目的的区别	主要目的是为实施奖惩提供依据；主要是薪酬调整和奖励	主要目的是促进企业战略的落实、绩效的改进和员工的共同成长

通过表1-1我们可以看到,绩效考核与绩效管理的区别主要表现在以下方面。

(1)绩效管理是一个有关企业战略、绩效、竞争力和人力资源管理,以及计划、促进、考核、反馈、结果应用等各环节的完整系统；绩效考核则是这个系统中的一个环节、一个部分。

(2)绩效管理是一个过程,它不仅关注结果,更关注过程；绩效考核则是一个阶段性的总结,关注的是一段时期工作完成的结果。

(3)绩效管理具有前瞻性,由于它关注过去的同时也未来,因而能帮助企业和管理者前瞻性地看待问题,以有效地规划企业和员工未来的发展；而绩效考核则只关心过去一个阶段的工作绩效,不具备前瞻性。

(4)绩效管理是一套从计划、促进、监督、控制到考核、反馈、沟通的完整的体系和方法；绩效考核则是一种简单、被动地接收与提取信息的手段。

(5)绩效管理注重组织竞争力和员工能力的培养,实现的是企业和员工的双赢；绩效考核则只关注员工的考核结果,以一时的得失论英雄,以简单的结果论成败。

(6)绩效管理能够促进管理者与员工之间建立互信合作的伙伴关系,有利于双方朝着共同的目标努力；绩效考核则可能使管理者和员工处于对立的状态,甚至造成考了还不如不考的负面影响。

(7)绩效管理是一种绩效导向的管理思想,其最终目标是建立企业特有的绩效文化,形成具有激励作用的工作氛围；绩效考核则是为了监督员工工作、督促员工改进绩效,并没有把绩效考核上升到企业文化的高度。

当然,绩效管理与绩效考核也不是截然分开的,它们之间既有区别,也有联系。绩效管理是人力资源管理体系的核心内容,绩效考核则是绩效管理体系中的关键环节,绩效考核在绩效管理体系中起着承前启后的作用,既能够检验绩效管理前期的计划和促进工作的成果,也能够为今后的绩效沟通与改进工作提供参考的依据。因此,不能因为绩效管理与绩效考核的种种区别而忽视了绩效考核在绩效管理甚至人力资源管理中的关键地位和基础作用。

二、绩效考核与绩效管理的联系

绩效考核和绩效管理是紧密联系的两个概念。

(一)绩效考核是绩效管理的组成部分

绩效管理概念的提出本身就是源自绩效考核的片面性和孤立性,绩效考核是绩效管理的组成部分。因此，绩效考核始终是绩效管理过程中的一个十分重要的环节，也是代表着绩效管理的核心技术。绩效管理是对绩效考核的补充，包括行为计划、行为标准、行为目的、行为反馈。以往的绩效考核过于片面和孤立，在使用中难以真正做到公平，不利于企业掌握职工的真实情况，也不利于凝聚职工能力。但又不可否认绩效考核具有的激励作用，在考核向管理的转变过程中，将原本孤立的程序发展为较为全面的系统，也代表了绩效管理的核心技术和水平。从另一层面来说，绩效考核在实施环节上与绩效管理息息相关，上联考评，下联面谈，可以说所有考评行为都在为考核做准备。

（二）绩效管理是绩效考核的改进与发展

绩效管理是绩效考核的改进与发展，是制定职工行为标准、定位岗位责任与能力的管理过程。与绩效考核相比，绩效管理更加强调过程的实施准则、制度与改进措施，通过开放式的沟通交流，促使职工做出有利于企业的行为，上行下效，满足组织期望，并综合提升职工的整体职业素质与能力。绩效考核的成功与否不仅取决于评估本身，在很大程度上还依赖于与评估相关的整个绩效管理过程，即有效的绩效考核必须依赖于管理系统开展，而高效的绩效管理则离不开科学、有效的绩效考核。因此，二者是相互依存、相辅相成的关系。

三、从绩效考核过渡到绩效管理

20世纪80年代以来，经济全球化的步伐越来越快，市场竞争日趋激烈。在这种竞争激烈的经营环境中，企业要想取得持续的竞争优势，就必须不断地提高整体绩效水平和能力。莱文森（Levinson，1976）曾指出："多数正在运用的绩效评价系统都有许多不足之处，这一点已得到广泛的认可。绩效评价的明显缺点在于：对绩效的判断通常是主观的、凭印象的和武断的；不同管理者的评定不能比较；反馈延迟，这会使员工因好的绩效没有得到及时的认可而产生挫折感，或者为根据自己很久以前的不足做出的判断而恼火。"实践证明，提高绩效的有效途径是进行绩效管理。绩效管理是一种提高组织与员工的绩效，开发团队、个体的潜能，使组织不断获得成功的管理思想和具有战略意义的、整合的管理方法。

组织绩效可以表现为数量和质量两个方面。近年来，质量已经成为组织绩效的一个重要方面，质量管理已经成为人们关注的热点。凯斯琳·吉恩（Kathleen Guin，1992）指出："实际上，绩效管理过程可以加强全面质量管理。因为绩效管理可以给管理者提供管理的技能和工具，使管理者能够将全面质量管理看作组织文化的一个重要组成部分。"可以说，一个设计科学的绩效管理过程本身就是一个追求"质量"的过程——达到或超过内部、外部客户的期望，使员工将精力放在质量目标上。

此外，随着战略目标与组织结构的调整和变化，组织需要采用新的管理绩效的措施，这也促使企业必须从绩效考核过渡到绩效管理。

组织的多数结构调整是对社会经济状况的一种反应，其表现形式多种多样，比如减少管理层级（de-layering），缩小规模（downsizing），增强适应性（flexibility），提升团队工作（team-working），强化高绩效工作系统（high performance work systems），改善战略性业务组织（strategic business units），增加授权（empowering），等等。组织结构调整后，管理思想和风格也要相应地改变，比如给员工更多的自主权，以便更好更快地满足客户的需求；给员工更多参与管理的机会，促进他们对工作更加投入，提高他们的工作满意度；给员工更多的支持、指导和帮助，不断提高他们的工作胜任特征等。所有这一切，都必须通过建立绩效管理系统，从绩效考核过渡到绩效管理，才能得以实现。

20世纪80年代后半期特别是90年代以来，绩效管理先进企业特别是跨国公司绩效管理的发展进程表明，从绩效考核过渡到绩效管理是完全可能的，也是大势所趋。跨国公司绩效管理的发展过程大致可以分为三个阶段：在20世纪80年代晚期和90年代早期，从事绩效管理的管理者意识到他们所评价的对象发生了变化，原来以财务绩效为核心的评价指标引导他们走入了一个短视的误区，使绩效管理之路越走越狭窄。为了避开这一短视误区，从20世纪90年代开始，很多企业管理者引进了一种新的绩效管理系统，比如KPI和平衡计分卡，从而开创了绩效管理的新阶段。但是进入21世纪，在引入KPI和平衡计分卡以后，企业人力资源管理者又面临如何更加合理地将绩效评价与企业实际和企业文化相结合的问题，于是他们开始关注有效地收集和使用通过新绩效评价系统得到的数据资料。

分析当代跨国公司绩效管理的发展进程，我们可以看到以下几个主要特点及其发展趋势。

第一，把绩效管理作为企业管理的核心。跨国公司对如何提高企业的劳动生产率是非常关注的，尤其是在外部竞争日趋激烈和内部劳动生产率的提升速度日趋减缓的情况下。现代企业的生产效率不仅要靠资金和技术，更要靠人力资源。那么，如何开发和管理人力资源，使其发挥最大效益？绩效管理是一种有效的管理方法。绩效管理的实施对于企业的发展、战略的实现，以及人力资源开发等都是非常重要的。由于绩效管理是将企业的战略目标分解到各个业务单元，并分解到每个人，因此对每个员工的绩效进行管理、改进和提高，可以提高企业整体的绩效，企业的生产力和价值随之提高，企业的竞争优势也就由此而获得。

第二，强调员工的努力方向与企业目标的一致性。从企业整体经营的角度来看，绩效管理是企业生存发展的需要。企业的兴衰，关键在于员工的努力程度，但二者之间并非只是简单的比例关系。在努力程度和公司绩效之间，有一个关键的中间变量，那就是努力方向与企业目标的一致性。当员工的努力程度比较高，而且努力的方向与企业目标相一致时，是有助于提高公司绩效的。而如果努力方向与企业目标背道而驰，即使员工工作再努力，也不会提高公司绩效，相反，还会造成绩效的下降。因此，在激发员工努力工作的同时，一定要使他们的努力方向与企业目标保持一致。这就要借助完善的绩效管理系统。通过设定与企业目标一致的考核内容，并将考核结果反馈给员工，他们就可以知道自己的行为是正确的还是错误的，与企业的要求有多大差距，从而采取相应的措施。员工个人绩效的提高能促进企业达到既定的经营目标，实现企业的良性发展。

第三，重视财务指标的同时越来越强调以人为本。以人为本，即不管是考核指标的设计还是考核体系的实施都要从员工出发，激发员工的积极性。惠普重视员工的绩效考核，将员工考核与经理的考核相结合，绩效指标的设计也侧重于员工个人能力的评价，不再以绩效的高低为主要标准。研究者认为，企业绩效管理者运用绩效评价的结果数据是为了影响次级管理者和员工的行为。由于有效地改进组织中个体的行为是绩效管理的一个重要目标，因此我们要更加关注组织中人的特性和行为，实现以人为本的经营理念。

第四，强调绩效管理各项相关配套制度的建设。企业中绩效考核的开展不是哪个经理个人行为的结果，他们考核的指标、程序等都是事先制定好的，依据制度开展绩效考核。比如 IBM 实施的是以个人业务承诺(PBC)为中心的绩效考核体系，这个体系包括指标设计、考核流程设计、考核结果汇总等。

第五，强调绩效管理指标的全面性和综合平衡。跨国公司在运用平衡计分卡、KPI、360°考评法方面的比例是比较高的，为什么？原因就在于它们强调绩效指标的全面性。跨国公司一般实力雄厚，多元化经营，担负较大的社会责任，战略目标远大，经营目标多样，工作内容丰富，对绩效管理指标的全面性有其内在的要求。

第六，重视绩效管理的客观性和定量化。跨国公司注重向所有考核者和被考核者提供明确的工作绩效标准，完善企业的工作绩效评价系统，把员工能力与成果的定性考察和定量考核结合起来，建立客观、明确的管理标准，用数据说话，以理服人，改变了过去员工考核中定性成分过大、评价模糊、易受主观因素影响等不足。

第七，强调绩效管理要在一个稳定的基础上进行。要使考核工作规范、有序、高效，必须建立科学的绩效考核体系。绩效考核体系的构建是一项系统工程，包括计划、实施、考核、考核结果的反馈及考核结果的处理和应用。跨国公司特别是世界 500 强企业一般具备扎实稳健的管理基础，这使得绩效管理系统能够在企业日常管理工作中比较顺利地运行。

第八，重视信息系统在绩效管理中的导入和应用。当今世界瞬息万变，网络技术的普遍应用正使地球成为一个"村落"。而在绩效管理中如何有效地运用最新的科学技术也成为管理者、专家们研究的方向。因为企业之间特别是高科技公司之间激烈的竞争，要求战略得以更好地执行，对市场影响力的反应更加敏感。为此必须通过将科技应用到企业管理的各个环节，尤其是人力资源管理之中，促进绩效管理自动化，从而实现人力资本最大化。

绩效管理是一个不断开发人力资源的方法，包括评估、开发和提升人员绩效等。虽然至今在很多公司里，绩效管理的主要部分依然是"纸质化"的，但是情况正在发生变化，在线绩效管理越来越成为主流。许多跨国公司已经从绩效管理所采用的组织化的、在线的方法中获益。高级软件使得绩效计划、跟踪和管理进程自动化，这样可以帮助公司有效地应对挑战。而结构化的工作流程也使得这一过程中的每项关键任务能在清除快速发展的障碍方面变得容易、可行。更重要的是，在绩效管理中，一个高质量的信息系统可以确保最佳绩效管理方案的应用前后一致，促进所有员工更加勤奋并且有动力。这使绩效管理从过去那种"吃力不讨好"的职能性活动转变成为企业一个必不可少的竞争优势。

本章小结

绩效考核通常也称为业绩考评或"考绩"，是针对企业中每个职工所承担的工作，应用各种科学的定性和定量的方法，对职工行为的实际效果及其对企业的贡献或价值进行考核和评价。

对于绩效管理的含义可以从以下几方面加以理解：首先，绩效管理是一个过程；其次，绩效管理注重持续的沟通；最后，绩效管理的最终目的在于绩效改进。绩效管理中的"绩效"是全面的绩效，从层次构成上看，包括员工绩效、团队绩效和组织绩效；从内容上看，包括结果绩效、行为绩效和素质绩效。绩效管理是现代人力资源管理的核心职能，正确认识和理解其含义是科学实施的前提。

绩效管理与绩效考核相比，其区别主要体现在假设前提、出发点、对象、方法和目的方面。但同时二者又是具有紧密联系的两个概念：绩效管理概念的提出本身就是源自绩效考核的片面性和孤立性，从一种孤立的手段发展到了系统的管理过程。因此，绩效考核始终是绩效管理过程中的一个十分重要的环节，也是代表着绩效管理水平的核心技术。绩效管理是对绩效考核的补充，包括行为计划、行为标准、行为目的、行为反馈。此外，绩效管理是绩效考核的改进与发展，是制定职工行为标准、定位岗位责任与能力的管理过程。

思考与讨论

1. 什么是绩效考核？
2. 绩效考核有几种类型，分别是什么？
3. 什么是绩效管理？
4. 简述绩效管理的典型模式。
5. 简述绩效考核和绩效管理之间的区别与联系。

案例分析 1

是绩效考核还是绩效管理？

A 经理最近情绪糟糕透了，临近年末，除了要做好销售总冲刺，公司年中才开始推行的绩效管理还要做。

A 经理叹了一口气："天天讲管理，市场还做不做？管理是为市场服务的，不以市场为主，管理还有什么意义！又是规范化，又是考核，我们哪有精力去抓市场？不过还得应付，否则公司一个大帽子扣过来，吃不了还得兜着走。"

好在也是轻车熟路了。A 经理给每位员工发了一份考核表，要求他们尽快完成自评工作，同时自己根据员工一年来的总体表现，利用排队法将所有员工进行排序。排序是件非常伤脑筋的工作，时间过去那么久了，下属又那么多，自己不可能都那么了解，谁好谁差确实难以区分。不过，好在公司没有什么特别的比例控制，特别好与特别差的，自己还是可以把握的。

做好排序，员工的自评差不多也结束了，A 经理随机选取 6 名下属进行了 5~10 分钟的考核沟通。问题总算解决了，考核又是遥远的下个年度的事情了，每个人又回到"现实工作"中去。至于考核的报表，交给其他人去处理吧……

A 经理一年一年地应付着，至于是绩效考核，还是人力资源部 B 经理说的绩效管理，他不关心，只要全身心把市场搞上去就可以。

案例来源：林新奇.绩效管理[M].2 版.大连：东北财经大学出版社，2013.

思考题

1. 请说明绩效考核和绩效管理的区别。

2. A 经理应如何将绩效考核上升到绩效管理?

案例分析 2

B 公司的绩效考核出错了

最近,B 公司总经理很苦恼。前些天,公司人力资源部刚刚与其他业务部门共同完成了全公司一年一度的绩效考评工作。从考评结果看,部门和员工整体绩效水平比较高,这与实际状况也吻合。因为在过去的一年里,全公司各部门和员工都非常努力,其工作状态和工作热情有目共睹。对于这样的考评结果,应该说皆大欢喜,总经理也应该感到欣慰才是。但是为什么却让总经理苦恼了呢?

原来,公司董事会在对全公司过去一年的经济目标完成情况进行考核时,发现企业的整体绩效状况居然欠佳,没有达到预期的目标,董事会很不满意。为此,董事长找总经理进行沟通,责令其查找原因所在。总经理十分尴尬,也十分困惑:各部门和员工明明都干得好好的,为什么企业整体绩效状况就不佳呢? 问题到底出在哪里?

没有办法,总经理连夜召开了部门经理会议,共同分析原因,查找问题所在。会上大家七嘴八舌,还找出原来的绩效考评表和年初各部门与员工签署的绩效目标责任书,进行了认真的解读,终于发现:原来员工的绩效目标和部门的绩效目标脱钩,而部门的绩效目标又与企业的绩效目标偏离! 这是什么问题? 不难看出,当初大家签署绩效目标责任书时太不认真了,可能时间也太仓促了,所以就出现了"脱钩"和"偏离",而这种"脱钩"和"偏离"又导致个人、部门、公司三个层次的绩效目标不能互相促进,公司绩效目标缺乏有效的驱动力。辛辛苦苦一年,白干了?

案例来源:林新奇. 绩效管理[M]. 2 版. 大连:东北财经大学出版社,2013.

思考题

1. 试分析 B 公司绩效管理究竟出了什么问题。

2. 这一问题的症结在哪里? B 公司应该如何改进?

案例分析 3

福特公司的绩效考评变革为什么夭折了

福特公司的首席执行官雅克·纳赛尔(Jacques Nasser)希望福特公司能成为世界上最优秀的大公司之一,但是他很清楚,要想做到这一点,就必须采取一种新的方法来对公司的 1.8 万名管理人员进行评价。他希望通过新的评价程序来向员工传递这样一个信息,即绩效是非常重要的,那些绩效不良的人在世界级的新福特公司中将没有立足之地。

他根据在 IBM 和通用电气公司等这样一些企业长期采用的绩效评价方法,建立起自己新的绩效评价体系。根据这样的计划,管理人员将得到 A,B,C 三个等级之一的评价。据说纳赛尔起初想让绩效考核等级为 C 级的管理人员占到 10%，但不久之后就将这一比例降低到了 5%。那些被评为 C 级的高层管理者很有可能失去奖金，也不能得到提升。如果一名高层管理人员在绩效评估中连续两年被评为 C 级，那么他就会面临被降职或解雇的处置。

新的绩效评价体系在福特公司内部引起了轩然大波。高层管理人员宣称，这种做法是不公平的，其中还有几个人甚至向法院提起了诉讼。有些人说，福特公司的这种做法实际上是针对男性中年高层管理人员的，目的只不过是借机将他们扫地出门。福特公司对待诉讼的最初反应是"新的绩效评价体系将会继续实施下去"，但是公司对"整个推行过程会持续不断地改进"。

一位外部专家指出，变革在一开始总是会遇到抵制的，而纳赛尔所做的事情"本身是没有错的。没有哪一家企业可以在不拥有世界一流员工的前提下，成为一流的企业"。

这种说法也许是对的，但是福特公司很快就中止了这一计划的实施。有人说，在通用电气公司发挥了积极作用的绩效评价体系未必适合福特公司，因为福特公司 40% 的股权由一个家族控制着，或许这个家族成员并不希望看到这一评价体系对他们产生什么不利影响。与此同时，福特公司将欧洲公司的董事会主席尼克·谢勒拉进了公司总部，协助纳赛尔来经营公司以及推行企业的战略。此后不到一年，纳赛尔离开了福特公司。

案例来源：加里·德斯勒.人力资源管理[M].10 版.北京：中国人民大学出版社，2007.

思考题

1. 纳赛尔绩效考核改革失败的原因是什么？
2. 纳赛尔该如何做才能成功？

第二章　绩效管理的目标与价值

企业管理的核心是人力资源管理，人力资源管理的核心是绩效管理，绩效管理已经成为企业获取可持续竞争优势的关键所在。随着人力资源管理理论与实践的发展，绩效管理越来越重要，并且成为研究者和经营者关注的一个焦点问题。

本章主要从绩效管理的重要作用、绩效管理在人力资源管理中的定位以及绩效管理对组织战略的意义三方面介绍绩效管理的价值定位。

第一节　绩效管理的目标

绩效目标管理是人事决策的重要依据。近年来，为了找寻更科学、有效、客观、公正的考核方法，业内人士进行了诸多艰苦的探索。然而，由于绩效的多因、多维、动态等特点及考核者的情感等因素，考核难以取得令人满意的效果。审视当前绩效目标管理的成败得失，建立科学的绩效管理体系是克服绩效目标管理弊端的根本出路，是绩效目标管理的生命线。

一、绩效管理目标的概念、意义与分类

(一)绩效管理目标的概念

绩效管理目标是设计绩效管理系统的首要环节。它是组织目标与绩效管理实践之间的纽带，在具体的绩效管理实践中得以贯彻和体现。绩效管理目标为考核者和被考核者提供基本的评价标准，便于讨论和衡量。

(二)绩效管理目标的意义

现实中，一些组织提出了很响亮的战略目标，并有一套实现战略目标的规划，但这些目标和规划往往与具体的管理活动，特别是人力资源管理活动相脱节。在这些组织人员绩效考核活动中，组织并未将考核的绩效管理目标与组织目标有机地联系起来。因此，出现如下现象：规划是一套，做的又是一套。所以，建立一个明确的、与组织目标相一致的绩效管理目标是非常重要的。这种重要性具体表现为以下几点：

(1)为衡量和讨论绩效提供可理解和接受的基本依据。绩效管理目标可细化为具体的评估指标和标准，便于操作，也减少了考核者与被考核者之间的矛盾。

(2)有利于员工明确自己的工作对组织的贡献。与组织目标相一致的绩效管理目标可以使员工明白自己的工作对组织的贡献，并了解自己在组织中的角色。

(3)有利于员工进行自我管理和自我发展。明确的绩效管理目标能够帮助员工实现自我管理和监督，增强自我发展的意识和能力。

(三)绩效管理目标的分类

在绩效考核中,员工从事不同的工作,其绩效管理目标也因此而有所不同。尽管现实的绩效管理目标多种多样,但一般来说,绩效管理目标可分为以下几种不同的类别。

1. 短期绩效管理目标与长期绩效管理目标

根据绩效完成的时间长短可分为短期绩效管理目标与长期绩效管理目标。短期绩效管理目标可在几个星期或几个月内完成,一般来说不跨年。长期绩效管理目标完成的时间则更长一些,可能要二到三年,甚至更长的时间,也可能把绩效管理目标分成几个关键阶段来完成。

2. 组织绩效管理目标与个体绩效管理目标

绩效具有不同的层面,这里的组织绩效管理目标强调的是一种集体绩效管理目标,包括组织的、部门的、团队的。个体绩效管理目标指落实到员工个人的目标。在组织绩效管理系统中,组织绩效管理目标一般层层分解为个体绩效管理目标,而且组织绩效管理目标与个体绩效管理目标互为一体。此外,个体绩效管理目标还包括员工个人的发展和成长等。

3. 常规绩效管理目标与创新绩效管理目标

常规绩效管理目标指绩效维持在组织可接受的范围内。它一般可分为五个层次,即杰出、优秀、良好、合格、可接受但需要改进。创新绩效管理目标一般指为特定工作而设立的绩效管理目标,目的是激发员工的创造力,或者鼓励员工采取新方法或新思路,大多是一种探索性的绩效管理目标。

二、建立绩效管理目标

(一)绩效管理目标的建立过程

将组织目标分解转化为绩效考核中可操作的、明确的绩效管理目标,是一个从"软目标"到"硬目标"的过程。"软"目标更多的是面向未来某个时间而不是现在要实现的目标,因而,它是一个比较宽泛的、模糊的目标,往往表现为意图或蓝图。例如,一个组织希望在两三年内销售额翻一番,这是一个组织的发展目标,也是一个较宽泛的目标。为了实现这一目标,需要确定一些具体可行的目标,再把这些目标作为员工工作的方向,即工作绩效目标,从而推动组织实现销售额翻一番的目标。从组织目标到员工工作绩效目标,是一个从"软目标"到"硬目标"的过程。所谓"硬目标"是指明确而专注的目标。在国外,这种明确的目标又称为"犀利目标"。"犀利"(sharp)是由 specific(具体的)、hard(硬的)、actionable(可行动的)、realistic(现实的)、plan(计划)五个单词的首字母构成的。

换言之,"犀利目标"指具体的、硬的、可行动的、现实的计划。明确的绩效管理目标也就是"犀利目标"。

(二)绩效管理目标的设计原则

在绩效管理系统中,绩效管理目标一旦确立,则成为正式的文件,需要书面化。正式确立的绩效管理目标需要符合 SMART CAKE 原则,具体如下:

strategic —— 战略性的，与组织战略相适应的。绩效管理目标首先来源于组织战略，同时必须服从于组织战略。这条原则要求在制定绩效目标时应对组织战略有清晰明确的界定，同时在分解、衍生过程中，要避免制定出看似宏大但于组织战略无益甚至适得其反的绩效目标。

measurable —— 可衡量的，可测定的。绩效管理目标是否达成或达成程度如何，必须有可以准确判定的与不易产生争议的尺度、标准和办法。

ambitious —— 富有挑战性和激励意义的。绩效管理目标应该是积极进取的，具有成长突破性，体现出超越对手、超越自我的竞争意识，这是现代商业社会的必然要求。

realistic —— 现实的，可实现的。这一条和上一条挑战性原则互为补充，互相制约。脱离市场环境和自身基础的不切合实际的绩效管理目标非但不能起到引导和激励作用，反而可能影响员工士气。

time-bounded —— 有时间限定的。任何一个绩效管理目标都必须有明确的时间要求。没有时间要求的目标，等于没有设定目标。

consistent —— 一致性的，一贯性的。绩效管理目标的一致性包括上下一致、左右一致和前后一致，这是对战略性原则的补充和强调。上下一致，指的是下级目标要服从上级目标；左右一致，指的是同级或相关联岗位的目标要相互关联，彼此配合；前后一致，指的是目标设计的延续性和相对稳定性。

agreed —— 共同讨论的，协商一致的。绩效管理目标必须有一个相关主体相互讨论、共同认可的过程。实际上，这种沟通不仅可以使绩效管理目标更加准确合理，而且可以为更好地达成绩效目标起到积极的促进作用。可见，这一点对绩效管理目标的最终达成极其关键。

key —— 关键的，重要的。绩效管理目标的设计和选择，应在战略性原则下遴选出起关键作用的、对组织目标达成起主要作用的部分，避免目标设置过多，因为目标过多等于没有目标。

each —— 个人的，个体的。这条原则首先要求所有的绩效管理目标必须落实到具体的岗位和人员。同时，要考虑不同岗位、不同人员之间权责的不同、资源条件的不同以及经验能力的不同，在设置目标时要区别对待。

可见，绩效管理目标是对一定时间内按照数量和质量衡量的、需要实现的具体结果的陈述。绩效管理目标提供了一种行动的方向和责任，是对行动的一种承诺。同时，绩效管理目标不是一成不变的，需要根据组织业务和竞争环境的变化而进行修改和完善。因此，绩效管理目标既具有相对稳定性，又具有灵活性，二者之间要平衡和适度。

(三) 绩效管理目标的设定与分解

1. 绩效管理目标的设定

目标绩效来源于对组织经营目标的分解，即一种为完成战略而将组织经营目标逐层分解到各个部门及相关人员的指标设计方法。

从管理学上说，目标是比现实能力范围稍高一点的要求，也就是蹦一蹦就够得着的那种。目标是指有尺度的目标，没尺度的目标叫幻想、空想或异想天开。目标不是凭空吹出来的，不是虚构出来的，也不是闭门造车想出来的，而是组织上下一心，大家一起创造出来的，要有翔实的数据，要经过精确的预算和计划。目标设立后，组织一定要想办法把它变成大家的梦想，要让每一位员工都认同它。只有当员工和组织拥有共同的信念时，员工才能更加努力。通过目标分解所得到的指标，其考核的内容是每个岗位、每个人最主要的且必须完成的工作。绩效考核必须是由上至下的，管理层要以身作则，若只对普通员工做考核则不能形成良好的组织考核文化。

2.绩效管理目标的分解

目标分解是一个由上至下的过程，先由总经理到各部门负责人，再由各部门负责人到各相应岗位。

通过目标分解，会发现组织内部所有的考核指标都是相辅相成的。一般来说，一个大指标的实现需要多个部门共同配合完成。例如，销售收入指标可分解为销售合同签订额和回款额。要签订更多的销售合同，则需要拥有大量的客户，也就是要开发新客户，维护老客户。客户是由业务员开发的，也就是要有足够的新老业务员，而这需要人力资源部和销售部共同完成。签订了合同，还有合同履约率要求，这就对业务系统的完善度提出了要求。回款额是由财务部门提供数据并实施监督的，销售部门负责催款。于是，销售额要提高，就得多签订销售合同，同时提高回款率；要多签订销售合同，就得增加新老客户的数量；要增加新老客户的数量，就得有足够的业务人员；要有足够的业务人员，就要去市场上招聘。经过推演发现，今天从市场上招业务员和未来销售额的提高是有必然联系的。综上可知，员工的招聘与培训至关重要。组织要建绩效管理系统，必须要有理论和方法。另外，有了理论和方法后，还要对员工做培训。

3.绩效管理目标制定与分解的关键点

除了要注意目标制定、分解的流程与方式方法外，还应当在绩效目标制定与分解的过程中抓住以下关键点。

第一，不同层级人员的绩效管理目标制定的原则不同。对于高层管理人员，可以使用平衡计分卡从四个维度进行个人绩效目标的制定；对于一般的基层人员，则可以更多地从具体的岗位职责方面制定绩效目标。

第二，绩效管理目标不同于工作计划，需要严格遵循 SMART CAKE 原则。不论是组织、部门还是个人的绩效目标，目标的数量为 5~8 项最为适宜，太多就会成为具体的工作计划，也会减弱绩效目标的导向作用。

第三，绩效管理目标背后支撑的是组织的相关制度、规范，是制度、规范的综合体现。许多管理者在制定目标时试图把所有的工作要求、规范逐项体现在绩效目标中，这是一种认识上的误区。一定要记住：绩效管理不是唯一的，不是万能的，不能代替一切，必须与制度管理、团队管理、计划管理等结合起来。

第四，绩效管理目标的建立是先建立后完善的过程。组织建立战略指标、部门及个人绩效目标时，应先要求各级主管掌握，然后以此为基础逐步优化绩效管理目标，尽量做到简洁、有效。

第五，绩效管理目标一定是双方沟通后确认的指标。在分解与建立目标时，上级主管一定要与下属进行充分的沟通，使下属认同个人绩效管理目标。如果缺少双方沟通以及确认绩效管理目标的环节，绩效管理也就失去了意义。另外，业绩类指标有一定的特殊性，指标下达时虽然也需要双方相互沟通，但是沟通的内容不应当是指标值的大小（销售类指标是硬性下达的），而是达成指标的方式、方法。

总之，在绩效管理的过程中，要注意绩效管理目标是否按照规定流程进行制定与分解，注意方式、方法是否合理以及是否能够将组织的战略指标顺利地落实到部门、个人，还要考虑是否注意到了一些关键控制点。只有通过这种方式建立起来的绩效考核指标才能真正使绩效管理具有导向性和真实性，才能保证最终考核结果的有效性。

第二节　绩效管理在人力资源管理中的定位

随着社会的发展与企业的发展，我们发现绩效考核与绩效管理的地位已经不容小视，其意义和作用已经开始为众多管理者所共识。随着企业管理和人力资源管理的发展，特别是经济全球化和知识经济的发展，绩效管理在人力资源管理中的地位将会大大提升。

一、落实企业战略目标及提升竞争力

为了说明这个价值，我们首先要深刻理解一个企业的战略目标是如何从无到有，从抽象到具体，从制定到执行的。关于这一点，卡普兰、诺顿在其最新"平衡积分卡"系列著作中提出的战略执行六阶段理论给出了经典的诠释。

(一) 制定战略

通过宏观环境分析、行业标杆企业分析以及内部能力分析等战略分析过程，明确企业的使命、愿景、价值观，明确企业的战略定位和战略目标。这个阶段的战略目标还是比较抽象的，难于理解和执行，很难在企业负责人和经理层以及员工之间进行有效的沟通。

(二) 规划战略

为了做到在各层级管理者和员工中有效沟通战略目标，企业需要进行第二个步骤，就是规划战略。所谓规划战略，就是借助平衡计分卡战略地图的思想，对战略目标进行财务层面、客户层面、内部流程层面、学习与成长层面四个层面的解读，明确每个层面的细化目标，对战略目标的实现路径进行详细的逻辑分析，最终形成更容易理解的战略地图。在细化战略目标的基础上，明确每个目标的衡量指标、目标值和行动计划、资金预算以及战略性预算，这就形成了企业级平衡计分卡。

注意，这里有一个很清晰的思考脉络：首先，企业规划一个宏观的战略定位和终极的战略目标；然后，利用框架性战略分解工具——战略地图，把企业的战略定位分解为四个层面的战略目标，在战略目标分解的基础上，形成针对每个目标的衡量指标；接着，进一步对衡量指标进行界定，明确目标值和衡量标准；最后，针对每个衡量指标制订具体的行动计划。

(三) 组织协同

在企业级平衡计分卡基础上，下一步工作就是组织协同。所谓组织协同，是指把企业的目标与部门的目标以及部门与部门之间的协作协同起来，形成部门级平衡计分卡，其中又分成业务部门的平衡计分卡、支持部门的平衡计分卡以及员工的平衡计分卡。注意，在这个阶段绩效管理就出现了。从战略目标到衡量指标，形成了经理层和员工的绩效计划（也叫平衡计分卡或业绩合同），然后以此为基础进入绩效管理环节。这就是绩效管理帮助企业落实战略目标，把企业的目标和员工的目标相关联的过程。绩效考核指标向上支撑企业的战略目标实现和经营业绩，向下指导员工的工作，把员工的目标和企业的目标完美地结合起来。这是绩效管理最大的价值所在。

（四）规划运营

企业级、部门级、员工级的绩效考核指标确定后，下一步就是规划运营，对支撑考核指标的流程和行动计划进行优化。这实际上就进入了绩效管理执行环节，进入了绩效辅导环节。在这个环节，经理和员工保持"持续的对话"，帮助员工提升技能，排除障碍，双方共同探讨如何才能更好地完成考核指标。关于如何对员工进行有效的辅导，经理如何成为员工的绩效教练的步骤、方法和技巧，在第五章将进行详细的阐述。

（五）监控与学习

绩效管理运营到一定阶段的时候，企业需要对近期目标和远期目标进行回顾质询，即监控与学习，运营分析和战略分析。在绩效管理体系中，这个阶段和绩效面谈、绩效诊断结合得非常紧密，经理通过绩效面谈、绩效诊断对员工的绩效表现进行总结，帮助员工找出不足，在下一个周期内提升，对于企业整体绩效，通过绩效分析会的形式进行。

（六）检讨与调整

到一定时间，比如年终的时候，企业需要结合环境的变化和对未来的思考，对战略定位进行调整，这就进入了检讨与调整环节。根据战略的调整，对下一年的战略目标和衡量指标体系进行调整，进入下一年的绩效管理体系循环。

至此，战略执行的六个阶段就形成了一个有效的闭环，而绩效管理在其中居于重要位置，起着承上启下的作用。

从这个角度看绩效，它的作用就是提升组织绩效，促进战略执行。如果企业的管理者能从这个角度看待绩效管理，就不会眉毛胡子一把抓，把什么指标都往里装了，有效地避免了做无用功，把绩效管理提升到战略层面来思考和运作。

二、构建经理与员工的绩效合作伙伴关系

（一）管理是一种通过他人之力，将事情完成的互动过程

管理是一个互动增值的过程。它是经理和员工之间高效互动，不断提升绩效的过程。管理者一定要不断激发员工的积极性，通过员工自身的努力，完成部门或团队的绩效。实际上，这就是我们前面所讲的"管理者和员工是绩效合作伙伴"的含义所在。

自己把工作做得很完美的人，还不能称为管理者，充其量只是一个技术员，而通过他人把事情完成的人才是一个管理者。

看看我们身边的经理，有多少拥有经理岗位却做着亲力亲为的技术员性质的工作？很

多经理是从一些技术骨干、业务明星、积极分子的层面上提拔上来的。被提拔之前，他们都是企业的明星员工，在专业领域做得很好。由于自身工作做得好，企业发现了他们，给他们提供更好的发展平台，授予相应的管理岗位，希望通过他们带动整个团队业绩提升。

但是，经理人被提拔之后，企业没有提供良好的培训，没有教会他们如何做管理者，如何从业务高手转型为管理高手，企业往往只是把他们放在管理的位置上，任由其发展。于是，这些曾经的明星员工，现在的经理人，在管理中经常忽略一个事实，这个事实是"经理的价值不在于自己做了什么，而在于带动团队做了什么，达成了哪些目标"。

如果一味地按照自己的兴趣做自己喜欢做的事情，经理的效能会大大降低。所以，要提醒经理的是："做你们该做的事情，别再做你们感兴趣的事"。经理们感兴趣的事正在成为阻碍自身成长的最大障碍，而经理该做的事情就是成为员工的绩效合作伙伴，在绩效目标的指引下，帮助员工成长。

(二)经理对员工的需要，远远大于员工对经理的需要

关于这一点，举一个例子就明白了。假设一个经理管理一个由 267 个员工组成的部门，有一个月经理出差不在公司，那么这个月部门的业绩会怎么样？部门的业绩肯定会受到一定的影响。但是由于经理比较善于规划，对这一个月的工作做了提前的预测和计划，制定了明确目标，员工在目标和计划的指引下，最终业绩即便达不到 100%，60%～70% 的业绩还是可以保障的。

我们换位思考一下，假设这个月 267 个员工都出差了或者集体休假了，整月部门一个员工都没有，只剩经理一个光杆司令，那么这个部门的业绩会怎么样？最终的结局是可以想象的，就算经理是规划大师，凭其一己之力，纵有三头六臂，恐怕也只能完成 10%～20% 的业绩。

这就是"经理对员工的需要，远远大于员工对经理的需要"的意思。因此，经理要想办法照顾好员工，想办法发挥员工的作用，通过绩效目标的设定与绩效辅导帮助员工持续提升，这才是经理的管理之道。

(三)经理的价值来自员工做了什么，而不是经理做了什么

经理被提拔之前，企业考核他们的依据是他们自己做了什么。所以，当经理还是一个岗位员工的时候，他们自己做得越多，做得越好，个人的绩效就越好，因而得到激励就越多。而晋升为经理之后，企业考核他们的角度就发生了变化，企业不再考核他们自己做了什么，而是考核他们所带领的团队做了什么。如果这个时候经理还是按照以前的兴趣做他们自己喜欢做的事，就会忽视团队的整体业绩表现和团队成员的成长，就会造成团队业绩的下滑。

从以上三点我们可以清晰地得出一个结论——"经理的唯一价值就是帮助员工成长"。帮助员工成长的最好途径就是绩效管理，就是成为员工的绩效合作伙伴，充分理解公司的战略目标，有效调动员工的积极性，把员工的绩效和组织的绩效紧密结合起来。在组织大目标的引领下，高效工作，高速成长，在提升员工能力的同时实现自己的价值。

第三节　绩效管理对组织战略的意义

绩效管理在组织战略管理中有着极其重大的意义。绩效管理的目的不仅仅在于评价执行者的任务、完成度，更重要的是保障组织战略的成功实施。绩效管理操作不好，不但无助于组织战略管理，反而会在一定程度上对组织战略造成影响。

一、绩效管理具有战略导向作用

绩效管理可以通过特定的指标体系将总体战略目标转化为具体的阶段目标，并自上而下逐层分解，使得各个层级的部门和人员能够在战略的统一指导下协调配合，实现企业整体利益最大化，真正服务于组织战略。绩效管理系统不仅可以反映企业前一阶段的经营活动成果，还能反映企业现状以及未来发展趋势，及时发现并解决问题，保障战略目标的实现，发挥绩效管理的战略导向性作用。

二、绩效管理反映了战略利益相关者的需要

随着经济全球化和一体化进程的不断加快，市场的深度和广度得到扩展，企业的发展与员工、顾客、供应商、监管方等之间的关系也随之加强。这些利益相关者对企业的关系成了最重要的战略资源，被视为企业的构成要素之一且被纳入企业管理范畴中，成为企业战略管理研究的新领域。绩效管理可以从多角度综合考虑各个利益相关者的需求，有助于战略的实施。

三、绩效管理有助于实现组织战略绩效管理效用的最大化

企业内部财务指标侧重于观察财务因素对组织战略的影响，而企业外部财务指标则重视顾客满意度、产品的市场份额、技术和产品创新等非财务指标对组织战略运行的影响。财务指标数据取自会计报表，具有固有的滞后性。而非财务指标常常能够反映企业未来的发展趋势，具有预示作用，可以在一定程度上弥补单一财务指标易导致短期行为的缺陷。绩效管理可以从全面管理出发，将财务指标和非财务指标结合使用，有助于实现组织绩效管理效用的最大化。

四、绩效管理有利于组织和个人绩效的提升

绩效管理通过设定科学合理的组织目标、部门目标和个人目标，为企业员工指明了方向。管理者通过绩效辅导沟通及时发现下属工作中存在的问题，给下属提供必要的工作指导和资源支持；下属通过工作态度以及工作方法的改进，保证绩效目标的实现。

在绩效考核环节，管理者对个人和部门的阶段工作进行客观公正的评价，明确个人和部门对组织的贡献，通过多种方式激励高绩效部门和员工继续努力提升绩效，督促低绩效部门和员工找出差距并改善绩效。

在绩效反馈面谈过程中，考核者与被考核者进行面对面的交流沟通，帮助被考核者分析工作中的长处和不足，鼓励被考核者扬长避短，促进个人发展；对绩效水平较差的组织

和个人，考核者应帮助被考核者制订详细的绩效改善计划和实施举措。

在绩效反馈阶段，考核者应和被考核者就下一阶段工作提出新的绩效目标并达成共识，被考核者承诺完成目标。在企业正常运营的情况下，部门或个人的新目标应超出前一阶段目标，从而激励组织和个人进一步提升绩效。经过这样的绩效管理循环，组织和个人的绩效就会得到全面提升。

五、绩效管理有助于推动组织整体的战略业务流程管理

判断企业优劣的传统依据是财务指标，但在经济全球化的时代，企业之间竞争的核心已经逐渐转变为供应链系统的效能，即谁能够以最快的速度和最低的成本满足顾客个性化的产品需求。为了在竞争中得以生存和发展，企业必须从以成本为中心转向以顾客为中心。企业与竞争对手之间价值链的差异是其竞争优势的关键来源，有效的绩效管理应当是对整个供应链系统的现实评价，有利于推动组织整体的战略业务流程管理。

本章小结

绩效管理的目的是进行绩效改进。作为组织管理的工具之一，绩效管理的重要作用主要表现在以下几个方面：第一，绩效管理有助于组织达成战略目标；第二，绩效管理有助于提升员工的工作意愿和动机；第三，绩效管理有助于组织文化建设和组织内部沟通；第四，绩效管理有助于提高员工绩效和组织绩效。

绩效管理在人力资源管理中的定位：落实企业战略目标及提升竞争力以及构建经理与员工的绩效合作伙伴关系。

绩效管理对组织战略的意义：第一，绩效管理具有战略导向作用；第二，绩效管理反映了战略利益相关者的需要；第三，绩效管理有助于实现组织战略绩效管理效用的最大化；第四，绩效管理有利于组织和个人绩效的提升；第五，绩效管理有助于推动组织整体的战略业务流程管理。

思考与讨论

1. 绩效管理的重要作用是什么？
2. 简述绩效管理在人力资源管理中的定位。
3. 简述绩效管理对组织战略的意义。

案例分析

摩托罗拉的成功

关于管理与绩效管理，摩托罗拉有一个观点，就是"企业＝产品＋服务""企业管理＝人力资源管理""人力资源管理＝绩效管理"。由此可见，绩效管理在摩托罗拉的地位是多么

重要。正是因为重视，绩效管理才开展得好；正是因为定位准确，摩托罗拉的业绩才越来越好，员工才越来越有干劲，企业的发展才越来越有希望。

摩托罗拉将绩效管理上升到了战略管理的层面，并给予高度的重视，这给许多企业做出了榜样，树立了学习的典范。企业的发展就是要"走出去，引进来"。不断学习先进的管理经验并应用于本企业，企业才会兴旺发达，员工才会努力工作，与企业共兴亡。

摩托罗拉对绩效管理的定义：绩效管理是一个不断进行的沟通过程，在这个过程中员工和主管以合作伙伴的形式就下列问题达成一致：(1)员工应该完成的工作；(2)员工所做的工作如何为组织目标的实现做出贡献；(3)用具体的内容描述怎样才算把工作做好；(4)员工和主管怎样共同努力才能帮助员工改进绩效；(5)如何衡量绩效；(6)确定影响绩效的障碍并予以克服。

从这个并不烦琐的定义里可以看出绩效管理在摩托罗拉的地位，绩效管理关注的是员工绩效的提高，而员工绩效的提高又是为组织目标的实现服务的，这就将员工和企业的发展绑在了一起，同时也将绩效管理的地位提升到了战略的层面，要求用战略性的眼光看待绩效管理，制定绩效管理的策略并予以执行。

另外，这一定义还特别强调了员工和主管是合作伙伴的关系，这种改变不仅是观念的改变，而且是更深层次的观念创新，给了员工更大的自由和民主，也在一定程度上解放了管理者的思维。随着这种观念的深入，员工和主管的关系将更加和谐，员工和主管之间将会有更多的互助，互补提高，共同进步。这也正是绩效管理要致力做好的工作和完成的任务。

同时，这一定义也强调了具体的可操作性，工作内容的描述要具体，衡量的标准要具体，影响绩效的障碍要具体。只有有了具体的东西，才有问题解决的可操作性，因此，"具体"两个字有着极其深刻的内涵。

沟通也是需要特别强调的，没有沟通的绩效管理无法想象，没有沟通的管理也不能给我们希望，因此，强调沟通、实施沟通在绩效管理中尤其重要。这些都是摩托罗拉给我们的启示，是我们必须学习和借鉴的地方。

在这一定义之外，摩托罗拉进一步强调绩效管理是一个系统，用系统的观点看待绩效管理，将绩效管理置于系统之中，使其各个组成部分互相作用，并以各自独立的方式一起工作去完成既定的目标。

摩托罗拉认为绩效管理：(1)是一个公司总体人力资源战略的一部分；(2)是评价个人绩效的一种方式；(3)是重点放在提高员工个人综合技能上的一个过程；(4)是将个人绩效与公司的任务与目标相联系的一种工具。

摩托罗拉认为绩效管理有如下五个组成部分。

一、绩效计划

在绩效计划中，主管与员工就下列问题达成一致：(1)员工应该做什么？(2)工作应该做得多好？(3)为什么要做该项工作？(4)什么时候要做该项工作？(5)其他相关的问题，如环境、能力、职业前途、培训等。

在这个过程中，主管和员工就上述问题进行充分的沟通，最终形成双方签字认可的记录，这就是员工的绩效目标。它是整个绩效管理循环的依据和绩效考评的依据，非常重要，需要花费时间和精力来完成。在摩托罗拉，第一个日历季度就是绩效目标制定季度。

摩托罗拉的绩效目标由两部分组成：一部分是业务目标（business goal）；另一部分是行为标准（behavior standard）。这两部分组成了员工的全年绩效目标，两部分相辅相成，互为补充，共同为员工的绩效提高和组织绩效目标的实现服务。

二、持续不断的绩效沟通

沟通应该贯穿绩效管理的整个过程，而不是仅仅进行年终的考核沟通。仅仅一两次的沟通是远远不够的，也是违背绩效管理原则的，因此，摩托罗拉强调全年的沟通和全通道的沟通。这一点在摩托罗拉的广告词中也有体现：沟通无极限。

这主要包括如下几个方面：（1）沟通是一个双向的过程，目的是追踪绩效的进展，确定障碍，为双方提供所需的信息；（2）防止问题出现或及时解决问题（前瞻性）：（3）定期或非定期、正式或非正式地就某一问题专门对话。

在这个过程中也要形成必要的文字记录，必要时经主管和员工双方签字认可。

三、事实的收集、观察和记录

为了为年终的考核做准备，主管需要在平时注意收集事实，注意观察和记录必要的信息。其内容主要包括以下两点：（1）收集与绩效有关的信息；（2）记录好的以及不好的行为。收集信息时应该全面，好的、不好的都要记录，而且要形成书面文件，必要时要经主管与员工双方签字认可。

以上两个过程一般在第二、三季度完成。进入第四季度，也就进入了绩效管理的收官阶段，即到检验一年绩效的时候了。

四、绩效评估会议

摩托罗拉的绩效评估会议是非常讲究效率的，一般选定一个时间，所有的主管集中在一起进行全年的绩效评估。它主要包括以下四个方面：（1）做好准备工作（员工自我评估）；（2）对员工的绩效达成共识，根据事实而不是印象；（3）评出绩效的级别：（4）既是评估员工，也是解决问题的机会。

最终形成书面的讨论结果，并以面谈的形式将结果告知员工。考核结束，并不意味着绩效管理就到此为止，还有一个非常重要的诊断过程。

五、绩效诊断和提高

这个过程是用来诊断绩效管理系统的有效性、改进和提高员工绩效的，主要包括以下四个方面：（1）确定绩效缺陷及原因；（2）通过指导解决问题；（3）绩效不只是员工的责任；（4）应该不断进行。

关于这一点，摩托罗拉也有一种非常有效的衡量工具，包括以下十个方面：（1）我有针对工作的具体、明确的目标；（2）这些目标具有挑战性，但合理（不太难，也不太容易）；（3）我认可这些目标，它们对我有意义；（4）我明白我的绩效（达成的目标是如何评估的）；（5）我觉得哪些绩效标准是恰当的，因为它们测量的是我应该做的事情；（6）在达到目标方面我做得如何，我能得到及时的反馈；（7）我觉得我能得到足够的培训，同时能得到及时、准确的反馈；（8）公司给我提供了足够的资源（例如资金、仪器、帮手等），使我达到目标成为可能；（9）当我达到目标时，得到赞赏和认可；（10）奖励体系是公平的，我因为自己的成功而得到奖励。

每一项都有五个评分标准，这样通过打分可以得知一年以来绩效管理的水平如何，差距在哪里，从而做到拾遗补阙，提高绩效管理的水平。

此外，摩托罗拉的绩效考核表里没有分数，而是运用等级法，实行强制分布，这样既能分出员工绩效的差别，又尽可能地避免了在几分之差上的无休止的争论。

在与薪酬管理挂钩上，摩托罗拉也采取了简单的强制分布，而不是绞尽脑汁地去精确关联，因为后者既耗费时间，也偏离了绩效管理的方向——绩效管理致力于员工绩效的提高，而不仅仅是为薪酬管理服务。

案例来源：许金晶.摩托罗拉的绩效管理：实现公司与员工的共同成功[J].培训，2008(11).

思考题

1.摩托罗拉绩效管理的理念和做法是什么？

2.摩托罗拉绩效管理的理念和做法给我国的管理者带来了哪些启示？

第三章　绩效管理的历史演进

在人类漫长的进化发展历史中，人们通过分工协作与管理实践，逐步发现了绩效考核与绩效管理。但是世界上不同国家、不同文化、不同民族的绩效考核与绩效管理又各有其渊源和特点，呈现出自己独特的发展进程。

根据对主要国家的研究，本章主要介绍中国绩效管理的发展历程，以及近代欧洲的绩效评估与考核、现代美国的绩效考核与管理和日本的人事查定与业绩评价三个国家和地区绩效管理的发展历程。

第一节　中国绩效管理的发展历程

中国绩效管理的发展历程是什么？中国绩效管理的发展历程可以划分为四个阶段：人事考核、绩效考核、绩效管理和战略绩效管理。

中国在1970年末才开始进行市场经济体制改革，市场经济体系建立比较晚，从而导致中国人力资源管理理论与实践发展也比较晚。中国人力资源管理体系大部分是引进国外发达国家的理论建立起来的，但随着市场体制机制的成熟和完善，中国的人力资源管理发展也很快。就绩效管理来说，近年来发展相当迅速。回顾中国绩效管理的发展历程，大致可以分为人事考核、绩效考核、绩效管理和战略绩效管理四个发展阶段。

一、人事考核阶段

"德、能、勤、绩"是对人事考核的高度概括。"德""能""勤""绩"等方面的考核具有非常悠久的历史。我国历史上为绩效考核而制定的标准很多，包括德、能、勤、绩等各个方面，各朝各代总是依据其当时的社会实际状况和需要来制定绩效考核的标准，所以各朝各代绩效考核标准的侧重点不同。总的来说，从先秦到明清，绩效考核标准的发展呈现出这样的趋势，即在内容上由主要看官吏的工作实绩转向工作实绩与德行表现相结合，而且德行的成分越来越重；形式上则由繁杂逐渐简化，甚至形成某种概念化的东西。这种趋势与古代皇权专制主义的发展以及绩效考核对象的变化，即由重视考核地方官转向既重视地方官又重视京官这一变化特点，是密切联系在一起的。

在1997年以前，中国大部分企业实行的是人事考核。人事考核的内容主要分为三个方面：工作态度考核、工作能力考核和工作业绩考核。在人事考核中，业绩考核不是考核的主要方面，人事考核主要是以人为中心，强调对人的品格或特征的评估。在人事考核中，德是第一位的，其次是能、勤，最后才是绩。人事考核更多的是定性指标，评价标准相对模糊，主观性强，考核的公平性、精确性差，往往受考核者的喜好、心情影响。从考核机构看，人事考核的考核者主要以人事部门人员为主，被考核者的上级主管一般考核权力较少。

对于刚刚起步发展的企业，通常基础管理水平不是很高，在绩效管理方面没有太多经验，在这种情况下，"德能勤绩"式绩效管理是有其积极作用的。这种模式对加强基础工作管理水平，增强员工责任意识，督促员工完成岗位工作有积极的促进作用。但"德能勤绩"式绩效管理是简单粗放的绩效管理，对组织和个人绩效提升作用有限，虽然表面上看来易于操作，其实绩效考核过程随意性很大。企业发展后，随着公司基础管理水平的提高，公司绩效管理将对精细性、科学性提出更高要求，"德能勤绩"式绩效管理就不符合企业实际情况了。现在除了部分国有企业、偏远落后地区还采用人事考核之外，已经很少有企业单独采用这种绩效管理模式。

二、绩效考核阶段

国内最早的绩效考核起源应该是秦汉时期的考课制度。考课是对官员政绩的考核，用于将职位责任同官员的能力行为联系起来，以考绩的标准来约束和激励官员，以考课结果的优劣来决定对官员的赏罚制度，以便劝善戒恶使考绩得以发挥作用。秦代的考课是通过上计制度进行的。上级官吏对下级官吏的考课也采取同样的办法。考课后分列等级、宣明优劣，决定升迁还是处罚。

现代意义上的绩效考核指企业在既定的战略目标下，运用特定的标准和指标，对员工的工作行为及取得的工作业绩进行评估，并运用评估的结果对员工将来的工作行为和工作业绩进行正面引导的过程和方法。

现代意义上的绩效考核最早进入中国应该是20世纪90年代。1998年以后，中国经济与国际进一步接轨，迫于全球企业竞争的压力，中国企业逐步从人事考核迈入绩效考核阶段。绩效考核不再以人为中心，而是以工作为中心，绩效考核比较强调工作任务、工作事项的考核，而对人的品德、态度、能力的考核已经退居次要地位。

绩效考核强调工作的结果，对工作任务、工作事项要分出好坏，并强调对绩效结果的运用，对高绩效给予薪酬、提升等奖励，并对低绩效给予适当的惩罚。从考核机构看，考核者已经由原来的人事部门人员转移至上级主管。绩效考核比较偏重事后奖惩，而忽视绩效沟通、改进，经过几年的实践，弊端逐步显现。

三、绩效管理阶段

2002年以后，经过几年的绩效考核实践，中国不少企业逐步认识到绩效考核的弊端。在国外发达国家一些先进绩效理论的指引下，中国部分企业逐步引入绩效管理体系，逐步从绩效考核迈入绩效管理阶段。绩效管理的重点不再是工作任务，而是工作目标，是基于工作职责提炼的关键绩效指标（KPI）。

绩效管理是一个循环体系，它以绩效目标为中心，强调目标的引导作用，强调绩效辅导、沟通与反馈，并强调绩效的进一步改进。绩效管理推动员工在目标指引下自我管理，形成自我激励和约束机制，不断提高工作效率，提高自我绩效，从而提高企业绩效。现在，更多的企业加入建设企业绩效管理体系的队伍中来。在绩效管理阶段，绩效管理已经成为每一个管理者的核心工作。

严格来讲，人事考核和绩效管理都不是绩效管理。许多企业做的绩效管理其实是绩效考核，这些企业把绩效考核误认为绩效管理。绩效管理与绩效考核的区别是明显的。简单而言，绩效考核是以强调绩效评估为核心的管理方式，它的内涵与绩效评估差不多。而绩效管理不同，它是指从绩效计划制订，到绩效辅导，再到绩效评估，最后到绩效运用的整个循环过程，它不只强调绩效评估，更强调绩效的引导、绩效的诊断、绩效的改进等环节。绩效管理的范畴比绩效考核宽广得多。绩效考核的核心内容——绩效评估只是绩效管理中的一个环节。

四、战略绩效管理阶段

虽然绩效管理相对绩效考核来说是一种飞跃式的进步，但基于职责提炼出来的关键绩效指标与目标的绩效管理模式仍是一种面向日常事务的绩效管理，绩效目标的完成只有助于维持现有绩效，对企业的提升和发展作用相对有限，对企业的战略发展帮助相对有限。

如何使绩效管理与企业战略结合起来，使绩效管理能有效帮助企业实施战略，成为企业战略落地的工具，一直是中国企业绩效管理的一个难题。随着美国管理学家卡普兰和诺顿的《平衡计分卡——驱动业绩的衡量体系》《平衡计分卡——化战略为行动》《战略地图——化无形资产为有形成果》《战略中心型组织》等著作的翻译出版，平衡计分卡和战略地图战略绩效管理方法引入中国，部分企业开始尝试战略绩效管理，中国进入战略绩效管理萌芽阶段。

战略绩效管理相对基于职责提炼的关键绩效指标的绩效管理是一大突破，它使绩效管理真正从事务管理走向战略管理，它强调绩效管理为实现企业战略服务，它通过企业战略目标与规划的分解，转化成企业自上而下各层级的目标与计划，并通过目标与计划的有效管理，使个人绩效、部门绩效和企业绩效有效达成，从而保证企业战略的实施。

如前所述，中国已经经历了人事考核、绩效考核与绩效管理三个绩效管理阶段。目前我国已经处于第四代绩效管理——战略绩效管理的萌芽期，一些比较超前的企业已经开始了战略绩效管理的探索，使绩效管理与企业战略有效联系起来，推动企业战略的实施。

第二节 国外绩效管理的发展历程

绩效管理从早期的萌芽发展到现在，经历了漫长的酝酿、产生、发展和完善的过程。对国外绩效管理的发展轨迹进行梳理，有利于我们更加深入、全面和准确地理解绩效管理。

一、近代欧洲的绩效评估与考核

19世纪初期，苏格兰有一位杰出的纺织工厂主叫罗伯特·欧文，他是一位著名的空想社会主义者。他在经营管理纺织企业的过程中，为了考评工人的劳动效果，创造了一种简单而有效的绩效考评方法。他把一小块涂有不同颜色的四方木块挂在每个雇员的劳动岗位上，管理者每天按照自己的评价来旋转木块的色彩面，以表示雇员前一天的劳动效果：黑色表示劣等，蓝色表示一般，黄色表示良好，白色表示优秀。这就是近代西方国家企业早期的绩效考评。

当然，今天的企业员工已经无法忍受这样的考核制度，各种考评方法也极大地丰富和更加科学。但是从这里我们可以看到，从欧洲工业革命开始，直到1911年泰勒制科学管理兴起，世界范围的绩效管理的发展已经从东方转移到了西方，从政治领域转移到了经济领域，从对官吏的考核与管理转移到了对产业工人的考核与管理。这是一个全新的时代，一个全新的方向和趋势。从那时起，绩效考核与绩效管理就进入了企业管理的范畴。

所以，分析近代欧洲的绩效评估与考核，虽然相关的资料和研究很少，但是我们至少可以看到以下特点。

第一，近代欧洲的绩效评估与考核是建立在近代工业革命的大背景下的，所以这是以制造业、机械化大生产为基础的一种新型生产方式，但是同时又处于从原来的手工作坊甚至农耕小生产方式向近代先进生产力和生产方式过渡的过程之中。

第二，近代欧洲的绩效评估与考核是以民主政治、市场经济和自由竞争为基础的一种经济管理方式，所以表现为在企业管理之中更多地引入市场与竞争的一些因素，建立一种新的管理机制。

第三，近代欧洲的绩效评估与考核是建立在对产业工人人力资源管理的基础上的。也就是说，其绩效评估与考核的主要对象是产业工人，是以制造业第一线员工即"蓝领"为主体的。这与古代以官吏为主体，现代以"白领"即非制造业第一线员工为主体是大不相同的。

第四，近代欧洲的绩效评估与考核是与其人力资源管理方式联系在一起的，而欧洲各国的人力资源管理又是世界各国中最复杂的一种。学者们的研究认为，世界上没有哪一个地区能像欧洲这样在这么小的范围中集中那么多不同的历史、文化和语言，每一个欧洲国家都有自己的法律，自己的工会、教育，自己的人力资源管理方式、培训体系，以及自己的管理文化。另一方面，相对于世界其他地区而言，欧洲各国又存在许多共同的特点，欧洲国家企业的人力资源管理有许多相似之处，自成一体。欧洲对人力资源管理的理论研究一开始就充分考虑自身的政治、经济和文化特点，并一贯力求基于已有的社会基础，谋求人力资源与企业战略的结合，寻求欧洲特色的人力资源管理。

第五，包括绩效评估与考核在内的近代欧洲的人力资源管理一直在选人上强调内部以招聘为主；在育人上重视为员工提供各种培训，强化优质劳动力的培养；在用人上强调劳资双方的双向选择、自由雇用、长期雇佣；在留人上偏好采用薪酬留人和文化留人；在裁人上强调政府参与劳资关系协调，建立劳动关系协调机制，禁止突然解雇等。这些人力资源管理特点深深地影响着近代欧洲的绩效评估与考核。

具体而言，近代欧洲的绩效评估与考核呈现出许多不同于美国和东方式绩效评估的特点。

(1)绩效评估主要为人岗匹配提供依据。研究显示，欧洲在选人方面，主要方式是内部招聘，外部招聘只是辅助形式。因此借绩效评估检验核查人岗匹配情况成为人力资源管理的主要任务。

(2)绩效评估主要为人员培训提供依据。欧洲企业为员工提供各种培训，强化优质劳动力的培训。尤其以德国为代表，完善的初级职业培训以及各类再教育和再培训必须有所依托，而绩效管理的作用就在于此。

(3)绩效评估主要为晋升、降级提供依据。因为欧洲的高层主管多从内部提升，因此必须做好候选人的绩效考核，为员工晋升铺平道路，为内部提升提供依据。

从以上内容不难看出，近代欧洲企业整合了各种人力资源管理工具，在其独特的、多元的文化环境中，形成了具有独特风格的绩效考评制度，长久以来发挥了巨大的作用，奠定了近代世界各国企业绩效管理的基础。

二、现代美国的绩效考核与管理

与泰勒制科学管理的兴起同步，现代美国的绩效考核与管理应该说也是从 1911 年开始的，并从那时起就取代欧洲成为绩效管理的一个方向标、一个新时代。

现代美国的绩效考核与管理是建立在美国人力资源管理模式基础上的。要了解现代美国的绩效考核与管理，必须首先了解美国人力资源管理模式的内容、特征与发展历程。

美国人力资源管理模式是几种管理模式中产生最早、发展最完善的一种，其影响是巨大的，可以说在其他几种模式中都可以找到美国人力资源管理模式的影子。

所谓美国人力资源管理模式，是指以注重劳动力资源的市场配置、自由就业政策、实行制度化的管理、对抗性的劳资关系和强调物质刺激的工资制度为特征的人力资源管理模式，它是现代企业制度、资本主义的大规模生产和精细严密分工的产物。

具体来讲，美国人力资源管理模式有以下特点。

（1）强调发达的劳动力市场在调节人力资源配置过程中的作用。作为一个典型的信奉自由主义的国家，美国的劳动力市场非常发达，劳动力市场的竞争极为激烈，美国企业对人力资源的需求几乎都是从劳动力市场上得到满足。

（2）详细的职业分工的制度化管理。

（3）以强烈物质刺激为基础的工资福利制度。

（4）对抗性的劳资关系。

被称为"科学管理之父"的泰勒是美国的管理学家，主要著作有《计件工资制》《科学管理原理》，他的理论成果对 20 世纪的管理实践具有重大的影响。他提出的管理思想有以下几个方面：科学确定劳动定额，科学培训员工，科学选拔和合理配置员工，差别计件工资制，人员素质等。

泰勒适应了那个时代的要求。德鲁克认为，正是由于美国把泰勒的方法系统地运用于工人培训，它才能在第二次世界大战时打败日本和德国。

霍桑实验之后，人本管理开始兴起。以泰勒为代表的科学管理学派虽然做出了重要贡献，但其仅侧重于劳动力的生产技能和管理方法方面的培训与提高，只是为了服务于劳动生产力的提高，对劳动力本身的社会和心理的开发却注重不够或忽视了，甚至将人当作工作机器，激起了人们的反抗，使人力资源的开发受到限制。行为科学从认识人的本质出发，提出人性假设，并把它作为人力资源开发与管理的基础和前提，大大丰富了人力资源开发与管理的内容。

美国管理学家梅奥指出，工人是从社会的角度被激励和控制的，效率的提高和士气的高昂主要是由于工人的社会条件和人与人之间关系的改善，而不是物质环境的改善。因而企业管理者必须既要考虑到工人物质技术方面的问题，又要考虑到其他社会心理因素等方面的问题。他提出：企业员工是"社会人"，而不仅仅是"经济人"；企业中存在非正式组织；作为一种新型的企业领导者，其能力体现在提高员工的满足程度，提高员工的士气，从而提高劳动生产率。

因此，"社会人"人性假设的基本观点如下：人的工作积极性主要由社会性需要引起；

人际关系是影响工作效率的最主要因素，工作效率主要取决于士气，而士气又取决于组织成员在家庭、群体及社会生活中各方面人际关系的协调程度；非正式组织是影响组织成员行为的一种潜在力量；管理者的领导方式与领导风格对激励组织成员有着不可忽视的影响。

人本管理提倡的管理措施包括：满足组织成员的社会性需要，关心员工，鼓励员工参与；建立融洽的人际关系；因势利导做好非正式组织的工作；提高管理者的素质，协调人际关系，运用激励鼓舞士气。

第二次世界大战之后，由于国际国内经济形势的变化，美国人力资源管理进入了快速发展时期，产生了许多具有革命性的管理思想。比如20世纪80年代的三大管理变革，即全面质量管理、提高员工工作生活质量、工作团队。其中提高员工工作生活质量标志着人力资源管理的新发展。20世纪90年代，美国率先推动了技术管理和营销管理的创新，并且开始发展文化管理、企业流程再造、学习型组织、战略性人力资源管理等。纵观这些管理思想的发展可以发现，第二次世界大战后各种人力资源管理的发展方向是一致的，即由对工作的关心转向对人的关心，开始注重人和工作的匹配，重视员工在工作中其他需求的满足。人力资源成为企业的第一资源，并逐渐形成如下人力资源管理体系：以详细的职位分析为基础，重视进行系统科学的人力资源规划，重视进行严格科学的员工招聘和甄选，重视评价中心的作用，员工的录用既灵活又规范，强调员工的社会培训，实行以社会教育为主的专业知识与技能培训制度、以能力为核心的人才竞争机制，注重多途径进入和快速提升的人力资源使用政策，实行以职位分析和职位评价为基础的职位工资制度，重视以物质刺激为主的薪酬福利政策，重视以工作绩效考评为基础的员工优胜劣汰制度，突出个人的作用，提倡个人主义、英雄主义和理想主义。

美国人力资源管理模式既具有积极的一面，又具有消极的一面。其升降机制、工资政策可以充分调动人的积极性，特别是挖掘人的潜力；其高刺激、高激励可以网罗一大批精英。与此同时，任意就业政策、详细的职务分工等对于提升企业的竞争力、发挥员工的潜力和降低企业的成本都有重要的作用。但是短期行为倾向严重，员工流失率也较高。

在美国人力资源管理模式下，其绩效考核与管理以科学管理理念为基本理念，以详细的职位分析为制度基础，以考核结果作为录用、薪酬以及职务提升的参照，具体呈现出以下若干特征。

（1）持续对员工进行业绩监督和指导，定期对员工进行工作业绩考核与评价，考评结果与培训、薪酬、晋升等密切联系。

（2）绩效考核支持快速的升降机制。

（3）定期绩效考核支持奖励性报酬和晋升。

（4）定期绩效考核支持企业裁人需要。

（5）绩效考核与管理和企业战略相接轨。

（6）绩效考核与管理的范围扩大，参与人员增多，例如360°考核法、企业流程再造的引进。

（7）绩效管理成为企业基本理念。

三、日本的人事查定与业绩评价

日本的人事查定和业绩评价体系带有浓厚的东方色彩，体现了东西方人力资源管理理念的差异。

日本的人力资源管理模式是在第二次世界大战以后日本经济复苏和高速发展的时期形成的，它的基本特点是以人为本，强调所谓的终身雇佣制和年功序列制，不注重市场调节，规范化和制度化程度比较低。

日本传统上是一个农耕民族，种族单一，受中国儒家传统文化影响较深，崇尚仁、义、礼、智、信的文化价值观，以和谐、安定为首，强调忠诚。日本的家族主义渗透到企业文化中，形成了年功序列制的文化基础。企业依据员工的年龄、工龄、学历等条件决定工资的多少，使得员工比较稳定，有利于减少人员的流动。

在长期的经济高速发展过程中，日本企业一方面实行比较稳定的用工制度，一般不轻易辞退员工，代之以企业内部劳动力市场的活跃；另一方面比较注重对员工的培训与能力开发，使其适应多方面的工作需要，增强就业能力。更加值得注意的是，日本企业实行的是一种固定或核心员工与非固定工并举的灵活的用工机制，特别是低端的劳动力市场以及业务量变动很大的中小企业，非固定工的比例非常高。这种非固定工的大量使用，使公司可以很好地面对不断变化的市场，同时也为流动劳动力提供了就业机会。

具体而言，日本人力资源管理在选人上重视以毕业生选拔为主的招聘制度，在用人上强调以长期雇佣为主的用人制度（主要适用于大型企业），在育人上注重以能力开发为目标的企业内部培训制度，在留人上强调体现年功和能力相结合的薪酬制度，一般不轻易裁人，但是正在变化。

目前，由于日本就业竞争加剧，年轻一代不再局限于这种传统，企业也面临不断加剧的竞争趋势，终身雇佣制和年功序列制受到前所未有的排挤。目前废除年功序列制的企业已经占40%以上，它们开始引进能力工资制，其中以松下公司为典型。

日本的人事查定和业绩评价深深地植根于其人力资源管理模式中，在人力资源管理的大环境下，其人事查定与业绩评价的目的主要是为内部转岗提供依据，为再培训提供依据，为提高绩效提供反馈。相对于美国绩效考核主要为薪酬激励提供依据的特点，日本的人事查定与业绩评价在这方面的作用很小，而更多地为培训提供依据，致力于绩效改进。

但是随着时代的发展和企业经营环境的变化，日本企业人力资源管理模式在发展过程中越来越暴露出其不合理和不足的地方，同时企业竞争的压力也迫使日本企业对其以终身雇佣制为基础的人力资源管理模式进行变革。当代企业所需人才比以往更加多样化，市场配置资源的作用更加突出，而这恰恰是日本企业最为薄弱的环节。目前许多日本企业取消了终身雇佣制，年功序列制也逐渐被打破，所以原有的人事评定和业绩评价模式也开始悄然改变。

本章小结

中国绩效管理发展历程可以划分为四个阶段：人事考核、绩效考核、绩效管理和战略绩效管理。

近代欧洲的绩效评估与考核最早可以追溯到 19 世纪初期，罗伯特·欧文在经营管理纺织企业的过程中，为了考评工人的劳动效果，创造了一种简单而有效的绩效考评方法。从欧洲工业革命开始，直到 1911 年泰勒制科学管理兴起，世界范围的绩效管理的发展已经从东方转移到了西方，从政治领域转移到了经济领域，从对官吏的考核与管理转移到了对产业工人的考核与管理。这是一个全新的时代，一个全新的方向和趋势。从那时起，绩效考核与绩效管理就进入了企业管理的范畴。

现代美国的绩效考核与管理也是从 1911 年开始的，并从那时起就取代了欧洲成为绩效管理的一个方向标、一个新时代。但是，现代美国的绩效考核与管理是建立在美国人力资源管理模式基础上的。要了解现代美国的绩效考核与管理，必须首先了解美国人力资源管理模式的内容、特征与发展历程。

日本的人力资源管理模式是在第二次世界大战以后日本经济复苏和高速发展的时期形成的，它的基本特点是以人为本，强调所谓的终身雇佣制和年功序列制，不注重市场调节，规范化和制度化程度比较低。

思考与讨论

1. 简述中国绩效管理发展历程的四个阶段。
2. 近代欧洲的绩效评估与考核有什么特点？
3. 现代美国企业绩效考核与管理的主要内容是什么？
4. 对比分析近代欧洲、现代美国的绩效评估与考核。
5. 日本的人事查定与业绩评价有什么特点？

案例分析 1

绩效主义毁了索尼

正当许多管理顾问公司向企业倾力推销绩效管理模式，许多企业把绩效管理当作提高企业效率的灵丹妙药，许多企业通过绩效管理把每一个员工塑造成工作流程中的工具或机器时，几乎没有人认为我们的管理从此泯灭了人性，与"以人为本"的基本原则背道而驰。

2006 年索尼公司迎来了六十华诞。过去它像钻石一样晶莹璀璨，而今却变得满身污垢、暗淡无光。因笔记本式计算机锂电池着火事故，世界上使用索尼产锂电池的约 960 万台笔记本式计算机被召回，估计更换电池的费用将达 510 亿日元。

PS3 游戏机曾被视为索尼的"救星"，在上市当天就销售一空。但因为关键部件批量生产的速度跟不上，索尼被迫控制整机的生产数量。PS3 是尖端产品，生产成本也很高，据说卖一台索尼就亏损 3.5 万日元。索尼的销售部门当时预计，2007 年 3 月进行年度结算时，游戏机部门的经营亏损将达 2000 亿日元。

多数人觉察到索尼不正常恐怕是在 2003 年春天。当时索尼公布，一个季度就出现约 1000 亿日元的亏损。市场上甚至出现了"索尼冲击"，索尼公司股票连续两天跌停。坦率地说，作为索尼的前员工，我当时也感到震惊。但回过头来仔细想想，从发生"索尼冲击"

的两年前开始，公司内的气氛就已经不正常了。身心疲惫的员工急剧增加。回想起来，索尼是在长期内不知不觉慢慢地退化的。

一、"激情集团"消失了

我是1964年以设计人员的身份进入索尼的。因半导体收音机和录音机的普及，索尼那时实现了奇迹般的发展。当时企业的规模还不是很大，但是"索尼神话"受到了社会的普遍关注。从进入公司到2006年离开公司，我在索尼愉快地度过了40年的岁月。

进入公司第二年，奉井深大总经理的指示，我到（日本）东北大学进修。其间我提出了把天线小型化的理论并因此获得了工学博士学位。其后我带领项目小组，参与了CD技术以及上市后立即占据市场头把交椅的商用计算机的开发工作，最近几年还参加了机器狗"爱宝"的开发工作。

我46岁就当上了索尼公司的董事，后来成为常务董事。因此，对索尼近年来发生的事情，我感到自己也有很大的责任。伟大的创业者井深大的影响为什么如今在索尼荡然无存了？索尼的辉煌时代与今天有什么区别？

首先，"激情集团"不存在了。所谓"激情集团"，是指我参与开发CD技术时期，公司中那些不知疲倦、全身心投入开发的集体。在创业初期，这样的"激情集团"接连不断地开发出了具有独创性的产品。我认为，索尼当初之所以能做到这一点，是因为有井深的领导。

井深最让人佩服的一点是，他能点燃技术开发人员心中之火，让他们变成为技术献身的"狂人"。在刚刚进入公司时，我曾和井深进行激烈争论。井深对新人并不是采取高压态度，他尊重我的意见。

为了不辜负他对我的信任，我当年也同样潜心于研发工作。比我进公司更早，也受到井深影响的那些人，在井深退出第一线后的很长一段时间，仍以井深的作风影响着全公司。当这些人不在了，索尼也就开始逐渐衰败。

从事技术开发的团体进入开发的忘我状态时，就成了"激情集团"。要进入这种状态，其中最重要的条件就是"基于自发的动机"的行动。比如"想通过自己的努力开发机器人"，就是一种发自自身的冲动。

与此相反，就是"基于外部的动机"，比如想赚钱、升职或出名，即想得到外部回报的心理状态。如果没有发自内心的热情，而是出于想赚钱或升职的世俗动机，是无法成为"开发狂人"的。

二、"挑战精神"消失了

今天的索尼，职工好像没有了自发的动机。为什么？我认为是因为实行了绩效主义。绩效主义就是"业务成果和金钱报酬直接挂钩，员工是为了拿到更多报酬而努力工作"。如果外在的动机增强，那么自发的动机就会受到抑制。

如果总是说"你努力干我就给你加工资"，那么以工作为乐趣这种内在的意识就会受到抑制。从1995年左右开始，索尼公司逐渐实行绩效主义，成立了专门机构，制定了非常详细的评价标准，并根据对每个人的评价确定报酬。

但是井深的想法与绩效主义恰恰相反，他有一句口头禅："工作的报酬是工作。"就是说，如果你干了件受到好评的工作，下次你还可以再干更好、更有意思的工作。在井深的时代，许多人是为追求工作的乐趣而埋头苦干。

但是，因实行绩效主义，员工逐渐失去工作热情。在这种情况下是无法产生"激情集团"的。为衡量业绩，首先必须把各种工作要素量化。但是工作是无法简单量化的。公司为统计业绩，花费了大量的精力和时间，而在真正的工作上却敷衍了事，出现了本末倒置的倾向。

因为要考核业绩，几乎所有人都提出容易实现的低目标，可以说索尼精神的核心即"挑战精神"消失了。因实行绩效主义，索尼公司内追求眼前利益的风气蔓延。这样一来，短期内难见效益的工作，比如产品质量检验以及老化处理工序都受到忽视。

老化处理是保证电池质量的工序之一。电池制造出来之后不能立刻出厂，需要放置一段时间，再通过检查剔除不合格产品。这就是老化处理。至于老化处理程序上的问题是不是上面提到的锂电池着火事故的直接原因，现在尚无法下结论。但我想指出的是，不管是什么样的企业，只要实行绩效主义，一些扎实细致的工作就容易被忽视。

索尼公司不仅对每个人进行考核，还对每个业务部门进行经济考核，由此决定整个业务部门的报酬。最后导致的结果是，业务部门相互拆台，都想方设法从公司的整体利益中为本部门多捞取好处。

三、团队精神消失了

2004年2月底，我在美国见到了"涌流理论"的代表人物奇凯岑特米哈伊教授，并聆听了他的演讲。演讲一开始，大屏幕上放映的一段话是我进入索尼公司后多次读过的，只不过被译成了英文。

"建立公司的目的：建设理想的工厂，在这个工厂里，应该有自由、豁达、愉快的气氛，让每个认真工作的技术人员最大限度地发挥技能。"这正是索尼公司的创立宗旨。索尼公司失去活力，就是因为实行了绩效主义。

没有想到，我是在绩效主义的发源地美国，聆听到用索尼公司的创建宗旨来否定绩效主义的"涌流理论"。这使我深受触动。绩效主义企图把人的能力量化，以此做出客观、公正的评价。但我认为事实上做不到。它的最大弊端是搞坏了公司内的气氛。上级不把部下当有感情的人看待，而是一切都看指标、用"评价的目光"审视部下。

不久前我在整理藏书时翻出一份令我感慨不已的信稿。那是我为开发天线到（日本）东北大学进修时给上级写信打的草稿。有一次我逃学跑去滑雪，刚好赶上索尼公司的部长来学校视察。我写那封信是为了向部长道歉。

实际上，在我身上不止一次发生过那类事情，但我从来没有受到上级的斥责。虽然这与我取得了研究成果有关，但我认为最根本的原因是他们信任我。上级相信，虽然我贪玩，但对研究工作非常认真。当时我的上级不是用"评价的眼光"看我，而是把我当成自己的孩子。对企业员工来说，需要的就是这种温情和信任。

过去在一些日本企业，即便部下做得有点出格，上级也不那么苛求，工作失败了也敢于为部下承担责任。另外，尽管部下在喝酒的时候说上级的坏话，但在实际工作中仍非常支持上级。后来强化了管理，实行了看上去很合理的评价制度。于是大家都极力逃避责任。这样一来就不可能有团队精神。

案例来源：天外伺郎.绩效主义毁了索尼[J].中国企业家，2007(3,4)

思考题

1. 绩效主义有何弊端？
2. 索尼应该如何将索尼精神与绩效主义相结合？

案例分析 2

索尼中国有限公司的绩效管理做得怎么样？

索尼公司前董事天外伺郎先生所发表的那篇《绩效主义毁了索尼》的文章影响很大，它说明索尼公司在日本的绩效管理没有做好。那么索尼中国公司的绩效管理做得怎么样？它在中国是如何进行绩效管理的？

根据索尼中国公司人力资源部负责人的介绍，在中国，索尼采用 5P 评价体系全面评估员工的业绩。5P 是指个人（person）、职位（position）、过去（past）、现在（present）、潜力（potential）。

索尼认为，一个人在一个岗位上就应该有业绩，在这个位置上就要符合这个位置的要求。员工是否能得到晋升，索尼要考察其业绩。业绩本身由三部分构成：过去的业绩；现在的业绩；将来的业绩看不到，但是可以预测他的潜力。实际上，在管理上公司看的是业绩，股东看的是整个股票的业绩。作为个体的员工，也会对自己的业绩进行自我评估：公司有没有给我晋升？有没有给我奖金或者其他奖励？这是公司给的回报。回报最终的决定性因素就是个人的业绩、部门的业绩、公司的业绩，业绩最终决定了公司最后能够拿出多少钱来发奖金。公平一点讲，应该完全按照业绩来发放薪金和奖金。很多公司强调以人为本，索尼认为人固然重要，但是归根结底业绩才是公司运作的核心。业绩管理好了，人就很好管理了。人人都追求公平、公正、公开，如果业绩管理能够做到公平、公正、公开，每个人在公司就会感到比较舒畅。

索尼是怎么具体开展绩效管理的？索尼做每件事情都有一套体系，这被称为"360°管理"。有人因为"计划赶不上变化"就不做计划，但这不是索尼的风格。计划在实施的过程中，肯定会发生一些变化，因此一定要去核查行动的结果；同时事前要对各种情况进行预测，这需要不断地观察。索尼的工作计划是在网上公开的，细节方面是一定在变化的；核查是每天都要做的事情，这在索尼已经形成了惯例。不断调整方案，才能保证有效地完成工作。

索尼认为，应该教会员工怎样管理。目标管理也好，时间管理也好，员工都要掌握方式、方法。这是一个周期性的制度，索尼实行的是年度考核制。到年末每个员工首先自我评估，评估考核的标准都在网上公布；然后上级会与员工谈话。沟通的程序和内容包括：对员工的工作内容进行分析；对方式、方法进行评估，评估员工的工作态度、团队合作精神等。

一些很难用具体标准去衡量的指标，比如员工的工作态度，索尼是怎样评估、考核的？在索尼，所有的东西必须量化，量化的方法就是给出很多问题，类似于问卷调查，回答完问题，量化的结果也就出来了。例如，某个员工第一次做某项工作，缺乏必要的技能，但是态度很好。由于没有必要的技能，因此工作做得不是很理想；或者有必要的技能，态度也很好，但是在管理上欠缺，不善于通过分工把大家调动起来；或者管理也不错，但是控制能力比较差。对于管理者来说，最关键的还是执行能力，控制能力也很重要。

索尼认为，在评估的过程中，就会发现员工的不足与优秀之处。第二年的目标也会在评估的过程中确定下来，这样就能够确定明年具体到每个员工的培训方向。做完个人的评估，还要对团队进行评估。每个分公司的总经理要陈述对下级的评估，说明打分的原因。比如，人力资源部负责人要给本部门的人打分。作为管理者要帮助下属完成任务，帮助下属发展、提高技能，如果管理者的技能需要提高，在陈述的过程中也要给他提出目标。另外，要对各部门进行评估，这样就可以做好各个分公司、各个部门之间的平衡。

索尼的整个评估体系，就是这样周而复始的。评估完成后，实际上第二年的目标也就设定好了。做完公司的评估，就知道整个公司在哪些方面是需要尽快改善的。

员工的资历在整个评估体系中是无足轻重的。资历越深，公司对你的期望越高；资历浅但做出业绩，评价一样会高。公司看的是你的业绩，而不是你在公司待了多少年。

在索尼的5P评价体系中，员工的过去与现在比较容易衡量，对于员工的潜力，怎样测评与分析呢？索尼认为，潜力实际上是一个结果。人都有一定的连续性，公司会对员工3年的业绩进行综合考评。一人的评价分为几个独立因素，尽可能地做到几个因素互不干扰，不能因为上级喜欢，你就得到晋升机会。过去几年，可能你换过好几个上级，不会因为一个上级喜欢你、另一个不喜欢你，对你的评价就会有很大的改变，公司会有一个较为全面、客观的评估。

所有主管级以上的员工，公司会要求他们写自己的素质报告。素质报告会考察很多方面，比如职业精神是不是很专注、富有激情，是不是了解外界的知识。不同的上级对员工会作出各自的评价。

员工写完小结，还会有一个评估，这个评估是由不同的人匿名进行的，其中会有非业务部门人员。而员工要获得晋升，要由目前的上级进行提名。过了这关以后，进行书面考试，对员工的常识、观点进行考核。书面考核完后，公司高层领导再对员工进行全面考核。员工要面对5个公司高层领导陈述自己的想法、建议，公司高层领导将据此评估，看看作为将来的领导，这名员工有没有优秀的发展思路。通过这样一系列综合评估，才能证明一名员工有没有潜力。有时会发现员工存在误解，认为过去3年业绩很好，自然就应该得到晋升；或者今年很努力，业绩比去年提高了很多，就应该得到晋升。但是索尼认为，过去的东西只能是一方面，有些人可能是一个很好的主管，但已经到达了他能力的极限；有些人可能有巨大的爆发力，你没有看到；有些人可能只想做好目前的工作，不想要更高的职位，因为他们不想承担更多的责任。现在的岗位对有些人来说已经发挥到了极限；对有些人而言，却只发挥了他5%的力量，还有95%没有发挥出来，索尼要寻找的是那些还有发展潜力的，当然也不惩罚已经发挥到极限的人。

索尼认为，有个故事讲得很好：耶稣给每个人的能力是不一样的，他给了甲10分的能力，给了乙5分的能力，给了丙1分的能力。耶稣认为，丙把1分能力全部发挥出来，就应该给他100分；但是甲只拿出1分能力，就只能得到10分；乙只拿出1分能力，就只能得到20分。有些员工确实尽心尽力，也只能做到目前的状况，公司应该鼓励和奖励，但不能晋升。因为他可能达不到要求，如果晋升他，公司就要承担他所不能胜任的后果。潜力和过去的表现不一样，要把二者明确区分开来：过去是一方面，但是绝不等于员工的发展潜力。在这方面公司要给员工做咨询、职业指导工作，要让他们学会自己对自己进行测评，了解自己，这是人力资源部一项非常重要的工作。

索尼在业绩管理方面，有哪些需要进一步改善呢？索尼认为，就目前的情况来看，需要改善的就是公司绩效管理者的反应速度。索尼的高层领导在中国开会，要追加 2 亿美元的在华投资，扩大业务范围。作为人力资源部负责人，其第一反应会是：我要干什么？从哪里能够拿到这个业务计划？到哪里去招聘相应的人员？怎样编排队伍？扩大的业务和对人员的要求与原来是否一致？新领域的人事结构有什么特点？如果他不掌握这些情况，可能就会延误战略的实施。只有了解到战略以后，才能够实施。如果公司做战略之前就与他们商量的话，工作效率会更高。比如公司决定在中国追加投资时，让人力资源部部长知道能做什么的话，可能会更理想。竞争是残酷的。索尼现在已经发布了战略，其他公司知道后，立刻也会做同样的事情，如果其他公司的新产品都已经上市了，索尼还没有把队伍整合好，人力资源部就要承担很多责任。索尼认为，企业做战略时要考虑到人力资源，不能把它仅仅看作纸张管理。大家都在讲"战略伙伴"，但是"战略伙伴"不是那么简单的。你要把功夫练得很强，才能够成为伙伴。所谓伙伴，是出谋划策的，否则你连跟班都不是。

案例来源：林新奇.绩效管理[M].2 版.大连：东北财经大学出版社，2013.

思考题

1. 索尼中国公司是如何进行绩效管理的？

2. 索尼中国有限公司可以进行哪些改进？

第二篇

如何做？——绩效管理的实施

第四章 绩效计划制订

绩效计划是被考核者和考核者双方对员工应该实现的工作绩效进行沟通的过程,并将沟通的结果落实为正式的书面协议,即绩效计划和评估表。可以说,它是双方在明晰责、权、利的基础上签订的一个内部协议。绩效计划的设计从组织的最高层开始,将绩效目标层层分解到各部门,最终落实到个人。

第一节 绩效计划

绩效计划是由管理者与员工根据既定的绩效标准共同制订并修正绩效目标以及实现目标的过程,是管理者和员工共同沟通,对员工的工作标准和目标达成一致,并形成协议的过程。

一、绩效计划简述

绩效计划是指管理者和被管理者在既有组织战略和组织目标的指导下,设定统一的阶段性目标和一致的绩效标准,并据此建立包含承诺的计划或契约的过程。在这一过程中,管理者和被管理者根据组织目标、工作的业务重点及工作职责进行讨论,以确定被管理者在考核期内应该完成什么工作和达到什么样的绩效目标。制订绩效计划的主要依据是组织目标以及工作职责,最关键的是管理者与被管理者在绩效问题上应达成共识,并在达成共识的基础上使被管理者对自己的工作做出承诺。

在绩效管理循环中绩效计划制订是非常重要的一个环节,科学合理地制订绩效计划对绩效管理的成功实施具有重要的意义。许多公司绩效考核工作难以开展的原因在于绩效考核计划制定的不合理,有的部门目标定得太高,员工无论如何努力,都完不成目标,而有的部门目标定得比较低,员工很容易完成了目标,因此这种内部事实上的不公平,会对员工的积极性造成很大的影响。

绩效管理循环各环节中,绩效计划制订是最开始的一个环节,如果这个环节做得不好,绩效管理不可能取得成效,绩效计划是绩效管理的基础。

可以从两个角度来理解绩效计划。从"名词"角度来看,绩效计划是考核期间内关于工作目标和标准的契约;从"动词"角度来看,绩效计划是领导和下属就考核期内应该完成哪些工作以及达到什么样的标准进行充分讨论,形成契约的过程。

二、绩效计划的分类

划分绩效计划类型的最普遍的方法是根据计划的时间界限(短期相对于长期)、广度(战略性相对于作业性)和明确性(具体性相对于指导性)对计划进行分类。但是,用这些分类方法划分出的绩效计划类型不是各自独立的,比如短期绩效计划和长期绩效计划之间就存在紧密的关系。具体示例如表 4-1 所示。

表 4-1 绩效计划的类型

分类原则	绩效计划类型
按计划的时间界限划分	长期绩效计划 中期绩效计划 短期绩效计划
按计划制定者的层次划分	战略性绩效计划 作业性绩效计划
按计划的明确性划分	具体性绩效计划 指导性绩效计划

(一)长期绩效计划、中期绩效计划和短期绩效计划

按计划时间的长短可以把绩效计划划分为长期绩效计划、中期绩效计划和短期绩效计划，其中 1 年或 1 年以下的为短期绩效计划，1 年以上、5 年以下的为中期绩效计划，5 年或 5 年以上的为长期绩效计划。但是，这种划分不是绝对的。

(二)战略性绩效计划和作业性绩效计划

应用于组织的并且为组织设立总体目标的计划为战略性绩效计划。规定总体目标如何实现的详细的计划为作业性绩效计划。战略性绩效计划与作业性绩效计划在时间、范围和组织目标方面是不同的。作业性绩效计划趋向于覆盖较短的时间间隔，如月度绩效计划、周绩效计划、日绩效计划就属于作业性绩效计划；战略性绩效计划趋向于持久的时间间隔，通常为 5 年甚至更长。此外，战略性绩效计划的一个重要的任务是设立目标，而作业性绩效计划则假定目标已经存在，它只是提供实现目标的方法。

(三)具体性绩效计划和指导性绩效计划

具体性绩效计划具有明确规定的目标，不存在模棱两可的情况，没有容易引起误解的问题。例如，组织要提高部门员工的整体素质，就要制订有关培训的详细的计划表，这就是具体性绩效计划。指导性绩效计划只规定一些一般的方针，它指出重点但不把管理者限定在具体的目标或是特定的行动方案上。例如，一个关于培训的具体性绩效计划不仅列出了详细的计划表，还明确规定在 3 个月内完成，而指导性绩效计划只提出了在 2~4 个月内完成，对具体时间不做规定，只起指导性的作用。

三、绩效计划的特点

(一)绩效计划具有明确的目标性

所有工作都是围绕目标进行的。实际上，任何组织或个人制订计划都是为了有效地达

到某种目标。但是，在计划实施之前，这种目标可能还不十分具体。因此，在计划的最初阶段制定具体的明确的目标是首要任务。

(二) 绩效计划是具有首要地位的

为什么说绩效计划在绩效管理中具有首要地位呢？这是因为计划职能是唯一需要完成的管理工作，管理过程当中的其他职能都是为了支持、保证计划职能的实现。因此，这些职能只有在确定了绩效目标之后才能进行。事实上，没有绩效计划，其他工作就无从谈起。

(三) 绩效计划是具有普遍性的

制订绩效计划是各级管理人员的一个共同的职能。同时，由于这些人所处的位置和所拥有的职权不同，他们在计划工作中会有不同的侧重点。例如，为了完成组织制定的目标，哪些指标是最重要的？哪些是次要的？各占多少权重？指标值设置为多少才合适？跨部门的目标该如何处理？研发体系中的很多东西很难量化，应如何设定目标？类似的问题有很多，而这些问题都需要各级管理人员依据实际情况去制订工作计划，这样才能有条不紊地开展工作，才能更好地提高工作效率，从而完成组织制定的目标。

(四) 绩效计划是具有效益性的

绩效计划的效益性可用计划的效率来衡量。计划的效率是指实现目标所获得的利益与执行计划过程中所有耗损之和的比率，即制订计划与执行计划时所有的产出与投入之比。在制订计划时要考虑计划的效率，不但要考虑经济方面的利益和耗损，还要考虑非经济方面的利益和耗损。如果一个计划能够达到目标，但因此而付出的代价太大，那么这个计划的效率就很低，就不是一个好的计划。

四、绩效计划的作用

(一) 绩效计划是绩效管理系统中最为重要的环节

绩效计划为绩效管理流程中的第一个环节，是绩效管理实施的关键。可见，绩效计划制订得科学与否直接影响着绩效管理的实施效果。绩效计划的内容建立在管理者和员工共同接受的基础上，既使员工明确了工作目标，又使管理者有了检查和监督员工工作的依据。因此，绩效计划是整个绩效管理工作的基础与前提，是绩效管理系统中最为重要的环节。

(二) 绩效计划是一种重要的前馈控制手段

绩效管理系统本质上是一种动态的管理控制系统，如果把管理控制系统和绩效管理系统进行比较，就不难看出二者的一致性。可以说，绩效管理系统中的绩效计划环节对应管理控制系统中的前馈控制环节。因此，把组织目标层层分解后落实到每一个岗位，就使整个绩效管理过程有了明确的目标。通过绩效计划，可以事先预测绩效实施过程中可能存在的问题和碰到的困难，并提前作出相应的对策。由此可见，绩效计划是一种强有力的前馈控制手段。

(三)绩效计划是一种重要的激励员工的手段

根据弗隆姆的期望理论,组织中激励作用的发挥取决于三个关系:一是努力与绩效的关系(成功的可能性),二是绩效与奖励的关系(奖励的可能性),三是奖励与目标的关系(奖励的吸引力)。因此,员工事先得出的判断是在当前情况下努力工作能够获得认可的绩效结果的可能性有多大。另外,因为绩效具有多因性,所以员工的工作绩效不仅取决于工作积极性,还受能力水平、工作条件等因素的影响。在现有的条件下,员工经过努力能够实现的目标是最具激励性的目标,过高或过低的目标都不利于员工积极性的发挥。同时,因为绩效计划中的绩效目标是通过上下级的充分沟通,并根据员工的能力水平制订的具有一定挑战性的工作目标,所以这是一种重要的激励员工的手段。

(四)绩效计划能够促进员工的职业生涯发展

职业生涯是指一个人在其工作中经历的一系列职位、职业以及与之相关的价值观、工作态度、工作动机变化过程的总称。绩效计划有助于员工个人的职业生涯发展。制订绩效计划,首先要对组织内的工作岗位进行分析,但这并不是一成不变的。针对不同能力和潜力的员工,在组织战略目标的框架下,可以提出不同的目标要求和绩效标准,给员工一个适合自己的发展空间。同时,员工在绩效计划的指引和激励下会不断进步,从而促进个人职业生涯的发展。

管理者要以绩效计划为契机,帮助员工制订职业规划。另外,对已有打算的员工,管理者则要善于将其与组织目标结合起来,完善员工的职业生涯规划和组织绩效计划。

第二节　绩效计划的内容及原则

不论是对公司进行经营业绩计划,还是员工进行绩效计划,在制订绩效计划时应就考核期内应该完成哪些工作以及达到什么样的标准进行充分讨论,并形成契约,同时要了解在制订绩效计划时应该注意的原则。

一、绩效计划的内容

绩效计划的主要内容有绩效考核目标体系的构建及绩效考核周期的确定。

(一)绩效考核目标

绩效考核目标也叫绩效目标,是对员工在绩效考核期间工作任务和工作要求所做的界定,是对员工进行绩效考核的参照。绩效目标由绩效内容和绩效标准组成。

1.绩效内容

绩效内容规定了员工的工作任务,也就是说,规定了员工在绩效考核期间应当做什么事情。它包括绩效项目和绩效指标两个部分。绩效项目是指绩效的维度,也就是说,要从哪些方面来对员工的绩效进行考核。绩效项目有三个,即工作业绩、工作能力和工作态度。

绩效指标是指绩效项目的具体内容。它可以理解为对绩效项目的分解和细化，例如对于某一职位，工作能力这一考核项目就可以细化为分析判断能力、沟通协调能力、组织指挥能力、开拓创新能力、公共关系能力以及决策行动能力六项具体指标。

对于工作业绩，设定指标时一般要从数量、质量、成本和时间这四个方面进行考虑；对于工作能力和工作态度，则要具体情况具体分析，并根据各个职位的不同工作内容来设定不同的指标。绩效指标的确定有助于保证绩效考核的客观性。确定绩效指标时，应当注意以下几个问题：

（1）绩效指标应当有效。绩效指标应当涵盖员工的全部工作内容，这样才能够准确地评价员工的实际绩效。这包括两个方面的含义：一是指绩效指标不能有缺失，员工的全部工作内容都应当包括在绩效指标中；二是指绩效指标不能有溢出，职责范围以外的工作内容都不应当包括在绩效指标中。

（2）绩效指标应当具体。绩效指标要明确地指出到底要考核什么内容，不能过于笼统，否则就无法进行考核。例如，在考核教师的工作业绩时，"授课情况"就是一个不具体的指标，因为授课情况涉及很多方面的内容，如果使用这一指标进行考核，那么考核主体就会无从下手。因此，应当将它分解成几个具体的指标，即上课的准时性、讲课内容的逻辑性、讲课方式的生动性。这样考核时才会更有针对性。

（3）绩效指标应当明确。当对绩效指标有多种不同的理解时，应当清晰地界定其含义，不能让考核主体产生误解。例如，对于"工程质量达标率"这一指标就有两种不同的理解：一是指质量合格的工程在已经完工的工程中所占的百分比，二是指质量合格的工程在应该完工的工程中所占的百分比。这两种理解就有很大的差别，因此应当指明到底是按照哪种理解来进行考核。

（4）绩效指标应当具有差异性。这包括两个层次的含义：一是指对于同一个员工来说，各个指标在总体绩效中所占的比重应当有差异。例如，对于总经理办公室主任来说，其公关能力在总体绩效中所占的比重就比计划能力的高。另外，这种差异性可以通过各个指标的权重来体现。二是指对于不同的员工来说，绩效指标应当有差异。例如，销售经理的绩效指标就应当和生产经理的不完全一样。又如，相较于对法律事务部经理，计划能力对组织策划部经理来说更重要。

（5）绩效指标应当具有可变性。这包括两个层次的含义：一是指在不同的绩效周期内，绩效指标应当随着工作任务的变化而有所变化。例如，组织在下个月没有招聘的计划，但是有对新员工进行培训的计划，那么人力资源部门经理在下个月的绩效指标中就不应当设置有关招聘的指标，而应当增加有关培训的指标。二是指在不同的绩效周期内，各个指标的权重也应当根据工作重点的不同而有所区别，而且职位的工作重点一般是由组织的工作重点决定的。例如，组织在下个月准备重点提高产品的质量，那么在整个绩效指标中，质量指标所占的比重就应当相应地提高，以引起员工对质量的重视。

2.绩效标准

设定了绩效指标之后，就要确定绩效标准。绩效标准进一步明确了员工的工作要求，对员工的绩效内容做出了明确的界定，例如产品的合格率达到90%、接到投诉后两天内给客户以满意的答复等。绩效标准的确定有助于保证绩效考核的公正性，否则就无法确定员工的绩效到底是好还是不好。确定绩效标准时，应当注意以下几个问题：

（1）绩效标准应当明确。按照目标激励理论的解释，目标越明确，对员工的激励效果就越明显。因此，在确定绩效标准时应当具体、清楚，不能含糊不清，这就要求应尽可能地使用量化的标准。量化的绩效标准主要有以下三种类型：一是数值型的标准，二是百分比型的标准，三是时间型的标准。绩效标准量化的方式可以分为两种：一种是以绝对值的方式进行量化，另一种是以相对值的方式进行量化。这两种方式本质是一样的，只是表现形式不同而已。

（2）绩效标准应当适当。就是说制定的绩效标准要具有一定的难度，但员工经过努力是可以实现的。这同样源自目标激励理论，如果目标太容易或者太难，对员工的激励效果就会大大降低。

（3）绩效标准应当可变。这包括两个层次的含义：一是指对于同一个员工来说，在不同的绩效周期，随着外部环境的变化，绩效标准有可能也要发生变化。例如，对于空调销售员来说，由于销售有淡季和旺季之分，因此淡季的绩效标准就应当低于旺季的。二是指对于不同的员工来说，即使在同样的绩效周期，由于工作环境的不同，绩效标准也有可能不同。

（二）绩效考核周期

绩效考核周期也叫绩效考核期限，是指多长时间对员工进行一次绩效考核。因为绩效考核需要耗费一定的人力、物力，所以考核周期过短会增加组织的管理成本，但绩效考核周期过长又不利于员工工作绩效的改进，从而影响绩效管理的效果。因此，在准备阶段，组织还应当确定恰当的绩效考核周期。在确定绩效考核周期时，组织要考虑以下几个因素：

1. 职位的性质

不同的职位，工作内容是不同的，因此绩效考核的周期也应当不同。首先，一般来说，职位的工作绩效比较容易考核，考核周期相对要短一些。例如，工人的考核周期就应当比管理人员的短。其次，职位的工作绩效对组织整体绩效的影响比较大的，考核周期相对要短一些，这样有助于及时发现问题并进行改进。例如，销售人员的绩效考核周期就应当比后勤人员的短。

2. 指标的性质

不同的绩效指标，其性质是不同的，考核的周期也应当不同。一般来说，性质稳定的指标，考核周期相对要长一些，相反，则考核周期就要短一些。例如，员工的工作能力比工作态度稳定一些，因此工作能力指标的考核周期比工作态度指标的要长一些。

3. 标准的性质

在确定考核周期时，还应当考虑绩效标准的性质，就是说在考核周期内应当保证员工经过努力能够实现这些标准。实际上，这一点其实是与绩效标准应当适度联系在一起的。例如，某部门"销售额为50万元"这一标准，按照经验需要2周左右的时间才能完成，如果将考核周期定为1周，员工根本就无法完成；如果定为4周，又非常容易实现。可见，在这两种情况下，员工的绩效考核是没有意义的。

二、绩效计划的原则

在制订绩效计划时应该注意以下原则。

1. 价值驱动原则

绩效计划要与提升组织价值和追求股东回报最大化的宗旨相一致，突出以价值创造为核心的组织文化。

2. 流程系统化原则

绩效计划要与战略规划、资本计划、经营预算计划、人力资源管理等管理程序紧密相连，配套使用。

3. 一致原则

制订绩效计划的最终目的是保证组织总体发展战略和年度生产经营目标的实现，所以在考核内容的选择和指标值的确定上，一定要紧紧围绕组织的发展目标，自上而下逐层进行分解、设计和选择。

4. 突出重点原则

员工担负的工作职责越多，相应的工作成果也越多。但是，在设定关键绩效指标和工作目标时，切忌面面俱到，而是要突出关键，突出重点，选择那些与组织价值关联度较大、与职位职责结合更紧密的绩效指标和工作目标。通常，员工绩效计划的关键指标最多不能超过 6 个，工作目标不能超过 5 个，否则就会分散员工的注意力，影响其将精力集中在最关键的绩效指标和工作目标上。

5. 可行性原则

关键绩效指标与工作目标一定是员工能够控制的，要在员工职责和权利范围之内，也就是说，要与员工的工作职责和权利相一致，否则就难以实现绩效计划所要求的目标任务。同时，确定的目标要有挑战性，有一定难度，但又可实现。目标过高，无法实现，不具备激励性；目标过低，不利于组织的发展。另外，在整个绩效计划的制订过程中，要认真学习先进的管理经验，结合组织的实际情况，解决好实施中遇到的问题，使关键绩效指标与工作目标符合实际情况，切实可行。

6. 全员参与原则

在绩效计划的制订过程中，一定要坚持员工、各级管理者多方参与的原则。这种参与可以使各方潜在的利益冲突暴露出来，便于通过一些政策性程序来解决这些冲突，从而确保绩效计划制订得更加科学、合理。

7. 足够激励原则

制订绩效计划时要使考核结果与薪酬等激励机制紧密相连，拉大绩效突出者与其他人的薪酬比例，打破分配上的平均主义，要奖优罚劣，奖勤罚懒，激励先进，营造一种突出绩效的组织文化。

8. 客观公正原则

要想在绩效管理过程中保持绩效的透明性，实施公正公平的、跨越组织等级的绩效审核和沟通机制，做到系统地、客观地评估工作绩效，那么首先应确保在制订绩效计划的过程中，对工作性质和难度基本一致的员工的绩效标准的设定，应该保持大体相同，确保考核过程的公正性，使考核结果准确无误。

9. 综合平衡原则

绩效计划是对职位整体工作职责的唯一考核手段，因此必须通过合理分配关键绩效指标与工作目标完成效果评价的内容和权重分配，实现对职位全部重要职责的合理衡量。

10. 职位特色原则

与薪酬系统不同，绩效计划针对每个职位而设定，而薪酬体系的首要设计思想之一便是将不同职位纳入有限的职级体系。因此，相似但不同的职位，其特色完全由绩效管理体系来反映。这要求绩效计划内容、形式的选择和目标的设定要充分考虑不同业务、不同部门中类似职位各自的特色和共性。

第三节　绩效计划的制订

绩效计划的制订者是管理者与员工，而绩效计划的制订过程既是管理者经营业绩目标的层层分解的过程，又是管理者与员工之间就关键绩效指标、权重和目标值等进行沟通并达成一致的过程。

一、绩效计划制订中的组成要素

制订绩效计划时需要管理者和员工之间进行充分沟通，明确关键绩效指标、工作目标及相应的权重，参照过去的绩效表现及组织当年的业务目标设定每个关键绩效指标，并以此作为被考核者浮动薪酬、奖惩、升迁的依据。同时，还应帮助员工设计能力发展计划，以保证顺利地实现员工的绩效目标。

在绩效计划的制订中，主要有以下几种组成要素：

1. 被考核者信息

通过填写被考核者的职位、工号及级别，可将绩效计划及考核表格与薪酬职级直接挂钩，便于了解被考核者在组织中的相对职级及对应的薪酬结构，有利于建立一体化的人力资源管理体系。

2. 考核者信息

填写考核者信息便于了解被考核者的直接负责人和管理部门。通常，考核者是按业务管理权限来确定的，常常为上一级正职或由正职授权的副职。

3. 关键职责

关键职责是设定绩效计划及考核内容的基本依据，提供查阅、调整绩效计划及考核内容的基本参照信息。

4. 绩效计划及考核内容

包括关键绩效指标与工作目标完成效果考核两大部分，用以全面衡量被考核者的重要工作成果，是绩效计划及考核表格的主体。

5. 权重

列出按照绩效计划及考核内容划分的大类权重，以体现工作的可衡量性及对组织整体绩效的影响程度。

6. 指标值的设定

对关键绩效指标设定目标值和挑战值，从而确定指标实际完成情况与指标所得绩效分值的对应关系。对工作目标设定的完成效果的考核，则主要按照工作目标设定中的评价标准及时间进行判定。

7.绩效考核周期

绩效计划及考核表格原则上以年度为周期。但是，对于销售人员、市场人员等，则既可以根据其职务和应完成的工作目标等具体工作特点设定相应指标，又可以以月度或季度为考核周期设定相应指标。

8.能力发展计划

制订能力发展计划应以具体技能知识的方式，将组织对个人能力的要求落实到人，让员工明确了解为实现绩效指标需要发展什么样的能力等，从而实现组织和员工的持续成长与发展。

二、绩效计划制订的流程

1.准备

我们知道，绩效计划通常是通过管理人员与员工双向沟通的绩效计划会议得到的，那么为了使绩效计划会议取得预期的效果，事先必须准备好相应的信息。这些信息主要可以分为三种类型。

（1）关于企业的信息。为了使员工的绩效计划能够与企业的目标结合在一起，管理人员与员工将在绩效计划会议中就企业的战略目标、公司的年度经营计划进行沟通，并确保双方对此没有任何异议。因此，在进行绩效计划会议之前，管理人员和员工都需要重新回顾企业的目标，保证在绩效计划会议之前双方都已经熟悉企业的目标。

（2）关于部门的信息。每个部门的目标是根据企业的整体目标逐渐分解而来的。不但经营的指标可以分解到生产、销售等业务部门，而且对于财务、人力资源等业务支持性部门，其工作目标也与整个企业的经营目标紧密相连。

假如公司的整体经营目标包括：将市场占有率扩展到60%；在产品的特性上实现不断创新；推行预算，降低管理成本。那么，人力资源部作为一个业务支持性部门，在上述的整体经营目标之下，就可以将自己部门的工作目标设定如下：建立激励机制，鼓励开发新客户、创新、降低成本的行为；在人员招聘方面，注重在开拓性、创新精神和关注成本方面的核心胜任素质；提供开发客户、提高创造力、预算管理和成本控制方面的培训。

（3）关于个人的信息。关于被考核者个人主要有两方面的信息，一是工作描述的信息，二是上一个绩效周期的考核结果。在员工的工作描述中，通常规定了员工的主要工作职责，以工作职责为出发点设定工作目标可以保证个人的工作目标与职位的要求联系起来。工作描述需要不断地修订，在设定绩效计划之前，对工作描述进行回顾，重新思考职位存在的目的，并根据变化了的环境调整工作描述。

2.沟通

绩效计划是双向沟通的过程，绩效计划的沟通阶段也是整个绩效计划的核心阶段。在这个阶段，管理人员与员工必须经过充分的交流，对员工在本次绩效期间内的工作目标和计划达成共识。绩效计划会议是绩效计划制定过程中进行沟通的一种普遍方式。以下是绩效计划会议的程序化描述。但是绩效计划的沟通过程并不是千篇一律的，在进行绩效计划会议时，要根据公司和员工的具体情况进行修改，主要把重点放在沟通上面。

管理人员和员工都应该确定一个专门的时间用于绩效计划的沟通。并且要保证在沟通的时候最好不要有其他事情打扰。在沟通的时候气氛要尽可能宽松，不要给人太大的压力，把焦点集中在开会的原因和应该取得的结果上。

在进行绩效计划会议时，首先往往需要回顾一下已经准备好的各种信息，在讨论具体的工作职责之前，管理人员和员工都应该知道公司的要求、发展方向以及对讨论具体工作职责有关系和有意义的其他信息，包括企业的经营计划信息，员工的工作描述和上一个绩效期间的评估结果等。

3. 沟通的原则

在沟通之前，员工和管理人员都应该对以下几个问题达成共识。

第一，管理人员和员工在沟通中是一种相对平等的关系，他们共同为了业务单元的成功而做计划。

第二，我们有理由承认员工是真正最了解自己所从事的工作的人，员工本人是自己的工作领域的专家，因此在制定工作的衡量标准时应更多地发挥员工的主动性，更多地听取员工的意见。

第三，管理人员主要影响员工的领域是在如何使员工工作目标与整体业务单元乃至整个组织的目标结合在一起，以及员工如何在组织内部与其他人员或其他业务单元中的人进行协调配合。

第四，管理人员应该与员工一起做决定，而不是代替员工做决定，员工自己做决定的成分越多，绩效管理就越容易成功。

4. 审定和确认

在制订绩效计划的过程中，对计划的审定和确认是最后一个步骤。在这个过程中要注意以下两点：

第一，在绩效计划制订过程结束时，管理人员和员工应该能以同样的答案回答几个问题，以确认双方达成了共识。这些问题是：员工在本绩效周期内的工作职责是什么？员工在本绩效期内所要完成的工作目标是什么？如何判断员工的工作目标完成得怎么样？员工应该在什么时候完成这些工作目标？各项工作职责以及工作目标的权重如何？哪些是最重要的，哪些是次要的？员工的工作绩效好坏对整个企业或特定的部门有什么影响？员工在完成工作时可以拥有哪些权利？可以得到哪些资源？员工在达到目标的过程中会遇到哪些困难和障碍？管理人员会为员工提供哪些支持和帮助？员工在绩效周期内会得到哪些培训？员工在完成工作的过程中，如何去获得有关他们工作情况的信息？在绩效周期内，管理人员将如何与员工进行沟通？

第二，当绩效计划制订结束时，应达到以下的结果：员工的工作 El 标与企业的总体 El 标紧密相连，并且员工清楚地知道自己的工作目标与企业的整体 El 标之间的关系；员工的工作职责和描述已经按照现有的企业环境进行了修改，可以反映本绩效周期内主要的工作内容；管理人员和员工对员工的主要工作任务、各项工作任务的重要程度、完成任务的标准、员工在完成任务过程中享有的权限都已经达成了共识；管理人员和员工都十分清楚在完成工作目标的过程中可能遇到的困难和障碍，并且明确管理人员所能提供的支持和帮助；形成了一个经过双方协商讨论的文档，该文档中包括员工的工作目标、实现工作目标的主要工作结果、衡量工作结果的指标和标准、各项工作所占的权重，并且管理人员和员工双方要在该文档上签字确认。

三、员工绩效计划的设计

员工绩效计划及评估表格的主要组成要素如下：

(1)被评估者信息：通过填写职位、工号及级别，可将绩效计划及评估表格与薪酬职级直接挂钩，便于了解被评估者在公司中的相对职级及对应的薪酬结构，有利于建立一体化人力资源管理体系。

(2)评估者信息：便于了解被评估者的直接负责人和管理部门。通常，评估者是按业务管理权限来确定的，常常为上一级正职(或正职授权的副职)。

(3)关键职责：是设定绩效计划及评估内容的基本依据，提供查阅、调整绩效计划及评估内容的基本参照信息。

(4)绩效计划及评估内容：包括关键绩效指标与工作目标完成效果评价两大部分，它用以全面衡量被评估者的重要工作成果，是绩效计划及评估表格的主体。

(5)权重：列出按绩效计划及评估内容划分的大类权重，以体现工作的可衡量性及对公司整体绩效的影响程度，并便于查看不同职位类型在大类权重设置上的规律及一致性。

(6)指标值的设定：对关键绩效指标设定目标值和挑战值两类，以界定指标实际完成情况与指标所得绩效分值的对应关系。对工作目标设定的完成效果评价则主要按照工作目标设定中设置的评估标准及时间进行判定。

(7)绩效评估周期：绩效计划及评估表格原则上以年度为周期。针对某些特定职位，如销售人员、市场人员等，根据其职务和应完成的工作目标等具体工作特点，也可以月度或季度为评估周期，设定相应指标。

(8)能力发展计划：制订能力发展计划，是以具体技能知识的方式，将企业对个人能力的要求落实到人，让员工明了为实现其绩效指标需要发展什么样的能力，如何发展，形成持续不断、协调一致的发展道路。

本章小结

绩效计划是由管理者与员工根据既定的绩效标准共同制订并修正绩效目标以及实现目标的过程，是主管和员工共同沟通，对员工的工作标准和目标达成一致意见，并形成协议的过程。本章对什么是绩效计划进行了简述，并且阐述了绩效计划的类型、绩效计划的特点以及绩效计划的作用。

绩效计划的主要内容有绩效考核目标体系的构建及绩效考核周期的确定。绩效考核目标也叫绩效目标，是对员工在绩效考核期间工作任务和工作要求所做的界定，是对员工进行绩效考核的参照。绩效目标由绩效内容和绩效标准组成。绩效考核周期也叫绩效考核期限，是指多长时间对员工进行一次绩效考核。

在制订绩效计划时应该注意以下原则：价值驱动原则、流程系统化原则、一致原则、突出重点原则、可行性原则、全员参与原则、足够激励原则、客观公正原则、综合平衡原则以及职位特色原则。

绩效计划的制订者是管理者与被管理者，而绩效计划的制订过程既是管理者经营业绩目标的层层分解过程，又是管理者与被管理者之间就关键绩效指标、权重和目标值等进行沟通并达成一致的过程。绩效计划的制订要经过准备阶段、沟通阶段和制订阶段。员工绩效计划及评估表格主要包括被评估者信息、评估者信息、关键职责、绩效计划及评估内容、权重、指标值的设定、绩效评估周期、能力发展计划 8 个要素。

思考与讨论

1. 为什么要制订绩效计划？你认为绩效计划应包含哪些内容？
2. 简述绩效计划的特征。
3. 简述绩效计划中绩效标准与绩效目标的区别和联系。
4. 简述制订绩效计划的主要步骤。
5. 简述制订绩效计划应遵循的原则。

案例分析

A 公司绩效经理的烦恼

作为家电行业的领导厂家之一，A 公司长期依靠对产品质量、销售（包括广告）和生产的投入取得成功。随着竞争的加剧，近年来 A 公司在新产品研发上的投入也不断加大，构建了一定规模的研发队伍，并引入经过不同行业验证的 IPD 研发模式。但是，在绩效管理上，A 公司还是继续采用以前的模式……

每年的年底和次年的年初，都是公司绩效经理石先生最紧张和头疼的时期，总经理将绩效管理工作完全授权给人力资源部下属的绩效管理科。在 2~3 个月内，石先生要根据总经理对下年度总体目标的指示，经过自己的理解加工，将公司目标分解为市场体系、研发体系、生产体系、财经体系等的分目标，并要和这些体系的主管副总、各个职能部门经理分别进行一对一沟通，达成一致，最后总经理拍板。在各大主要体系的绩效目标制定中，市场体系、生产体系和财经体系的分目标制定相对容易，研发体系的分目标制定是最难的。

为了达成公司目标（公司目标没有书面文件，有时候也不是太明确）哪些指标是最重要的哪些是次要的各占多少权重指标值设定多少才合适跨部门的目标如何处理研发体系很多东西很难量化，如何设定目标很多部门对石先生提出的指标有异议，甚至以人力资源部门不懂业务为由拒绝接受。

这些都是整天萦绕在石先生脑子中的问题。虽然这几年石先生花了不少时间来了解各个部门的业务，包括产品和技术、IPD 研发管理体系、市场营销、供应链等业务知识，但还是被各个部门主管认为是行。绩效目标的达成率影响部门的考评，并直接和各个部门的工资、奖金挂钩，所以各个主管副总和部门经理对选取什么指标以及目标值设定都非常重视，都从自己部门的角度出发对指标的合理性进行"可行性研究"，尽量避免设定过高的绩效目标从而导致本部门最终的绩效考核分数不高。

但是，这些指标最终要石先生来综合衡量，以便和公司最终目标一致。虽然总经理有一些指示，但都是零散和不系统的，指标全靠石先生和各部门的"诸侯"经讨价还价确定。有时候明明知道研发部门避重就轻地选择一些好量化、容易达到的指标，比如"出勤率""客户问题解决率""新产品开发周期"等，而将一些指标以不好衡量、难以量化、不确定性程度太高为由推掉，比如"关键技术掌握程度""员工能力培养""产品领先度""新产品竞争力"等，但苦于自己专业知识不足，拿不出足够的理由来反驳。

还好，绩效目标终于定下来。对于这份自己都不太满意的计划，各个主管副总、部门经理总算没有意见。总经理公务缠身，没有太多实践参与绩效计划的制订，在各主管副总和各部门都达成一致情况下，大笔一挥签字同意，由人力资源部门下达给各部门执行。各个部门再根据同样的方法往下传递。各大部门都有自己的行政管理办，他们会用各自的方法搞定，和公司绩效管理部门的关系不大。

每到季度考核和年度考核，石先生的工作是采集各种绩效数据，计算出各大系统和部门的绩效考核结果，和目标对比打分。通常情况下，各个部门都能达到目标，相应地每年的工资和奖金都稳步增长。一切都表明，绩效管理制度似乎运行得不错，指标完成率为90%~110%，并且每年的计划准确率都在提高。但是公司总体目标却总是达不到，总经理非常不满意。一些目标，比如技术积累、新产品竞争力、竞争地位等"软性目标"，反倒感觉和竞争对手的差距越来越大。

思考题

1. 为什么A公司各个部门绩效都不错，都达到或超额完成绩效目标，而A公司却没有达到目标呢？在哪些环节出了问题？

2. 在绩效计划阶段我们应当做好哪些工作？

第五章　绩效考核指标

绩效考核在人力资源管理和绩效管理中都起着不容忽视的作用。一般意义上的绩效考核是指考核主体在既定的战略目标下，对照工作目标和绩效标准，采用科学的考核方式评定员工的工作任务完成情况、员工的工作职责履行程度和员工的发展情况，再将评定结果反馈给员工的过程。

在人力资源管理中，绩效考核扮演着对员工工作绩效进行考核的重要角色。在绩效管理中，绩效考核是实施绩效管理的前提和基础。而在绩效考核中，绩效考核指标与标准是重中之重。绩效考核指标与标准是衡量员工工作成果的重要因素，也是一个公开、客观的评价过程。因此，采取科学的绩效考核方式有助于组织的健康发展。

本章主要介绍绩效考核指标的定义、绩效考核指标设计以及绩效考核指标的作用和要求三个方面的内容。

第一节　绩效考核指标的定义

绩效考核指标是指通过明确绩效考核目标的单位或者方法，对承担企业经营过程及结果的各级管理人员完成指定任务的工作业绩的价值创造的判断过程。

一、绩效考核指标的内涵

绩效考核指标又称绩效考核因素或绩效考核项目，是指绩效考核过程中被具体化的可以测定的被考核对象的各个方面或各个要素。绩效考核指标是对被考核对象绩效的表征形式，所以只有设定了考核指标，绩效考核工作才具有可操作性。

绩效考核指标一般包括四个构成要素：

（1）指标名称。指标名称是对考核指标的内容做出的总体概括。

（2）指标定义。指标定义可用于揭示考核指标的关键可变特征。

（3）标志。考核结果通常表现为将某种行为、结果或特征划归到某个级别中。

（4）标度。标度是用于揭示各级别之间差异的规定。

具体示例如表 5-1 所示。

表 5-1　绩效考核指标的构成要素

指标名称	工作效率				
指标定义	工作中对工作时间的利用效率				
标志	S	A	B	C	D
标度	工作效率高	工作效率较高	工作效率正常	工作效率不高	工作效率很低

表5-1中，绩效考核指标的标志和标度是一一对应的。

二、绩效考核指标的分类

绩效考核指标有很多种，对绩效考核指标进行分类，便于人们有效地把握各种绩效考核指标的本质特征，有利于指导人们有效地制订绩效考核指标。

1.根据绩效考核内容进行分类

根据前面的内容我们了解了绩效的定义，知道了绩效包括工作业绩、工作能力与工作态度。因此，绩效考核的内容应该涉及工作业绩考核、工作能力考核和工作态度考核三个方面。我们按照绩效考核的内容，将绩效考核指标分为工作业绩指标、工作能力指标和工作态度指标。

（1）工作业绩指标。工作业绩是工作行为所产生的结果。一般情况下，工作业绩是员工对组织做出的贡献的主要表现形式。因此，组织应重点考核员工的工作业绩。工作业绩指标可以表现为某职位的关键工作职责或一个阶段性的项目，也可以是年度的综合业绩。工作业绩指标可具体表现为所完成职位工作的数量指标、质量指标、工作效率指标以及成本费用指标。

（2）工作能力指标。组织中的不同职位对于员工工作能力的要求是不同的，而工作能力指标是根据被考核职位对任职者所必须具备能力的要求而制定的。受工作环境、工作难易程度等因素的影响，员工的工作业绩往往不能如实地反映员工对组织的实际贡献。多数情况下，员工工作业绩具有多因性、滞后性、难以测量性等特点。一方面，员工所表现出的工作业绩可能只是其为组织做出的实际贡献的一部分，甚至是其中很少一部分，所以仅仅考核工作业绩远远不足以反映员工对组织的贡献；另一方面，某员工的工作业绩可能是组织其他成员甚至是整个团队共同努力的结果，或者与以前任职者的行为结果密切相关。

（3）工作态度指标。在工作中我们常常可以看到这样一种情况，一个能力很强的员工由于出工不出力而业绩平平，另一个能力一般的员工却由于兢兢业业而做出了令人瞩目的好业绩。两种不同的工作态度产生了两种截然不同的工作结果。实际上，工作态度不仅对工作业绩有较大的影响，还会影响组织其他成员工作能力的发挥与工作业绩的实现，也会通过影响组织的效率、风气而最终影响组织的整体绩效。为了对员工的行为进行引导，从而达到绩效管理的目的，绩效考核指标中必须包括对工作态度进行考核的指标。

2.根据指标量化程度进行分类

（1）硬指标。硬指标是指那些可以以统计数据为基础，把统计数据作为主要考核信息，以数学手段求得考核结果，并以数量表示考核结果的考核指标。使用硬指标进行绩效考核能够摆脱个人经验和主观意识的影响，具有较高的客观性和可靠性。但是，当考核指标所依据的数据不够可靠，或者当考核的指标难以量化时，如果还要追求以硬指标的方式进行，那么，考核结果就难以保证客观和准确了。另外，硬指标考核的过程往往较为死板，在考核的过程中缺少人的主观性对考核过程的影响，所以也有缺乏灵活性的弊端。

（2）软指标。软指标指的是需要通过人的主观判断而得出考核结果的考核指标。在行为科学中，人们用专家考核来取代这种主观考核过程，由考核专家直接对被考核对象的绩效状况进行打分或做出模糊评判，最后得出诸如"很好""好""一般""不太好"或"不好"的判断。之所以把软指标考核看作专家考核，是因为这种主观考核在客观上要求考核者必须对被考核对象所从事的工作相当内行，能够通过不完整的数据资料看到事物的本质，并得出正确的考核结果。

运用软指标的优点有：第一，这类指标不受统计数据的限制，可以充分发挥人的智慧。在这个主观考核的过程中，考核者往往能够综合更多的因素，把问题考虑得更加全面，减少或避免统计数据可能产生的片面性或局限性。第二，当数据不充分、不可靠或考核指标难以量化的时候，考核者可以通过软指标考核做出更有效的判断。综上可知，软指标考核能够更广泛地运用于考核各种类型员工的绩效。随着科学的发展和模糊数学的应用，软指标考核技术获得了迅猛的发展。通过软指标考核并对考核结果进行科学的统计分析，我们能够将软指标考核结果与硬指标考核结果共同运用于实际工作中，从而提高绩效考核结果的科学性和实用性。

运用软指标的局限性有：这类指标很大程度上依赖于考核者的知识和经验，容易受各种主观因素的影响。所以，软指标考核通常由多个考核主体共同进行，有时甚至由一个特定的群体共同做出考核结论，彼此相互补充，从而产生一个比较合理的结论。

（3）软指标与硬指标结合。在实际考核工作中，往往不会单纯使用硬指标或软指标进行考核，而是将两种方法加以综合应用，以弥补各自的不足。在数据比较充分的情况下，以硬指标考核为主，辅以软指标考核；在数据比较缺乏的情况下，以软指标考核为主，辅以硬指标考核。在绩效考核中，组织对于硬指标的考核往往也需要一个定性分析的过程，对于软指标考核的结果也可以利用模糊数学进行量化的换算。

综上可知，在建立绩效考核指标体系的时候，应尽量将指标进行量化，收集相关的统计资料，进而提高考核结果的准确性。

3. 根据模块化的指标构建思路进行分类

人们在构建绩效考核指标体系时往往沿用一种思路：首先，会从"特质""行为""结果"三个模块着手，并进行绩效考核指标体系的框架设计；其次，确定各模块的具体指标。因此，特质指标、行为指标与结果指标是较为常见的绩效考核指标，具体如表5-2所示。

表5-2　特质指标、行为指标和结果指标三类绩效考核指标特点

方面	特质指标	行为指标	结果指标
使用范围	适用于对未来的工作潜力做出预测	适用于考核可以通过单一的方法或程序化的方式实现绩效标准或绩效目标的职位	适用于考核那些可以通过多种方法达到绩效标准或绩效目标的职位
局限性	不能有效地区分实际工作绩效，员工易产生不公正感。将注意力集中在短期内难以改变的人的特质上，不利于改进当期绩效	需要对那些同样能够达到目标的不同行为方式进行区分，从而选择真正适合组织需要的方式，但这一点是十分困难的。同时，当员工认为其工作重要性较小时意义不大	结果有时不完全受被考核对象的控制。另外，容易诱使被考核对象为了达到一定的结果而不择手段，使组织在获得短期效益的同时丧失长期效益

第二节　绩效考核指标设计

要想提升员工的绩效，就要授之以道。推行绩效管理的真正收获，莫过于找到提升全员绩效水平的方法。只有掌握绩效指标设计的基础技术和方法，提升绩效管理水平，企业才能长久发展，而非昙花一现。

一、绩效考核指标设计的目的

绩效考核是指采用一些具体的衡量准则与评价指标，运用合理的方式对参与组织管理的职员就其工作实际表现与能力素质达到的结果做出科学的评判的过程。

（一）完成绩效目标的规划

绩效考核作为组织内部的某种进程管理模式，不能仅局限在对工作结果做出评价，还应将组织的各阶段目标拆分为年、季、月等周期类指标大项，并从部门或岗位人员职责及目标要求等方面对指标大项进行进一步的指标细项拆分，从而持续监督各部门职员完成组织、部门以及细化至员工个体的任务。

（二）找出绩效考核指标的症结

绩效考核指标属于持续优化考核内容，对其进行设计是不断修改遇到的各类考核指标问题的循环优化的过程，包含在绩效管理组织事务的范畴之内，不可脱离绩效考核指标前景计划设置、考核指标结果完成的落实情况与效果、上下级之间的沟通交流、考核指标各方面问题的有效改善等过程。

（三）合理分配经济利益

在组织中不存在与经济利益分配无关的考核，多数岗位员工的工资包含了岗位职务及绩效工资。因此，绩效工资的合理落实和员工的具体绩效评价结果有着直接联系。

（四）推动组织与员工个人的成长

组织的绩效考评的主要目的在于推动组织与员工个人的互利共赢。因此，应运用绩效考核去寻找员工在工作中的不足之处，并及时进行提升。当然，绩效评价最终将落实在员工的酬劳上，酬劳高低的依据在于之前的绩效评价项目结果是否让人满意。绩效工资部分的优势在于对员工进行合理的激励，只有指标设计合理、标准、规范，才可科学地进行评价，不然绩效与酬劳便无法真正形成合适的匹配关系。

（五）提升组织运营

从组织的宏观与细化角度来看，绩效管理是改善组织的运营能力的基础。因此，应运用全局化的绩效管理模式去发现组织本身的运营情况，快速发现组织战略规划实现进程中显现的各种问题，并及时运用相应的措施去解决问题，从而确保组织整体发展规划的有效完成。

(六)预备下阶段绩效考核指标

所有组织绩效管理规章制度的要点均离不开持续优化,这是一种不断改善组织绩效能力的制度保障。绩效考核体系要在一个组织中得以长期地使用,在实施过程中必然会不断地增添新的内容去完善绩效考核指标。这一切往往需要花费1~3年方可使绩效考核体系变得成熟。同时,通过一定时间的工作考验与经验积累,组织的绩效管理团队对绩效考核体系的把控也将更加合理。

(七)增强职员能力

通过绩效管理信息化平台制作各类员工的绩效档案,之后根据员工的绩效结果制订员工培训计划,并对各岗位员工培训后的工作进行跟踪指导,从而提升各部门岗位员工的工作能力。

二、绩效考核指标设计的意义

目前,我国各类组织中技术研发人员属于绩效考核的核心成员。设计绩效考核指标的意义在于:从组织本身实情出发去设计切合岗位评价的绩效指标,使员工个人的发展和组织的利益达到共赢;努力做到让优秀员工可以在组织中得到更好的发展;将人才进行分级分层,形成相互竞争、共同进步的良好局面。

具体而言,绩效考核指标设计的意义主要表现如下。

(1)对组织和个人会有良好的推动作用。

(2)有助于提高组织的整体人才利用率。

(3)有助于组织的战略落实。

(4)对高绩效员工与团队进行高投入,鞭策各岗位人员。

(5)组织可以把握战略计划的落实情况,员工可以了解个人的工作绩效,进而形成共。

三、绩效考核指标设计的原则

在设计绩效考核指标时,必须遵循一些基本原则。事实上,这些原则是良好的、行之有效的绩效管理考核体系应满足的基本条件。

(一)公开与开放原则

首先,开放式的人员绩效考核指标设计应坚持公开与开放原则,并取得组织上下的一致认同。其次,考核标准必须是十分明确的,上下级之间可以通过直接对话、面对面的沟通等方式来进行考核工作。在贯彻公开、开放原则时应注意做到以下几点。

(1)通过工作分析和岗位评价,确定组织对其成员的期望和要求,制定出客观的绩效考核标准。通过制定职能资格标准及考核标准,将组织对其成员的期望和要求公开地表示和规定下来。

(2)将绩效考核活动公开化,提高透明度,并进行上下级的直接对话。

(3)引入自我评价和自我申报机制,对公开的绝对评价做出补充。

(4)根据组织目标的不同,分段引入人力资源考核标准和规则,使员工有一个逐步认识、理解的过程。

（二）反馈完善原则

及时反馈人员考核结果，既能发现考核工作中的不足，又能总结各方面成功的经验，从而完善组织的各项管理活动。在现代人力资源管理系统中，缺少反馈的绩效考核没有太大意义。因此，要想顺应人力资源管理系统变革的要求，就必须完善反馈系统。

（三）定期化与制度化原则

绩效考核是一种连续性的管理过程，因而必须定期化、制度化。绩效考核是对员工工作绩效的评价，也是对他们未来行为表现的一种预测。实际上，只有程序化、制度化地进行绩效考核，才能真正了解员工的潜能，才能发现组织中存在的问题，从而有利于组织的有效管理。

（四）可靠性与正确性原则

可靠性是指某项测量的一致性和稳定性。考核的可靠性是指绩效考核方法可以保证工作绩效信息的稳定性和一致性，强调的是不同管理者之间对同一个人或同一组人评价的结果应该大体一致。正确性是指某项测量有效地反映其测量内容的程度。绩效考核的正确性是指考核方法的准确程度，强调的是内容的正确性，即考核事项能真实地反映特定工作内容（行为、结果和责任）的程度。可靠性与正确性是保证绩效考核有效性的重要条件，所以一个绩效考核体系要想获得成功，就必须具备高的可靠性和正确性。

（五）目的性原则

考核是手段，必须和相关的人力资源活动结合起来。
（1）考核要与招聘、选用、晋升相结合。
（2）考核应与培训、进修相结合。
（3）考核应与工资调整相结合，应与奖惩相结合。

（六）面与重点相统一原则

绩效考核应辩证、全面。对绩效考核中发现的问题，切忌抓其一点，不计其余。考核者要辩证地、公开地对待每一位被考核的员工，要多层次、全方位地分析问题。

（七）可行性原则

所谓可行性，是指任何一次绩效考核方案所需的时间、人力、物力、财力要为使用者的客观条件所允许。因此，它要求在制订绩效考核方案时根据绩效考核目标合理设计，并对绩效考核方案进行可行性分析。

（八）目标承诺原则

目标承诺是指员工要达到目标的决心。研究发现，无论是由上级指定合理的目标（"合理"是指目标具有吸引力和有可能达到），还是由下级参与设置目标，这二者都比只是简单地设置目标而不考虑目标的合理性和可实现性更有效。从这一点看，目标承诺与

SMART 原则(表5-3)中的可实现性和相关性这两个原则有一定联系。如果目标设置合理,既不低于也不高于员工的能力,那么员工经过一定的努力就能够实现目标,再加上员工认识到目标很重要,员工对目标的认识就会更清晰,进而能进一步激发员工的潜力。

表5-3　SMART 原则

SMART 原则	含义	具体要求
S(specific)	具体性	绩效考核指标需依据战略目标、部门目标、职位目标等进行确定,给出明确、规范的定义,易于理解
M(measurable)	可衡量性	绩效考核指标数据或者信息是可获取、可查证的,符合经济性要求
A(attainable)	可实现性	设计绩效考核指标时应避免设立过高或过低的目标
R(realistic)	相关性	绩效目标必须与组织战略目标、部门目标、职位目标保持高度一致
T(time-based)	时限性	组织战略目标需要一定时间跨度来分步骤实施,绩效考核指标需随"时"而变

(九)满意感和自我效能感原则

满意感的影响因素之一是目标难度。任务越简单就越容易取得成功,也就越容易获得满意感;越困难的目标成功的可能性越小,也就越难获得满意感,但是,一旦困难的目标实现了,则会体验到比容易目标更大的满意感,于是就需要平衡目标难度和满意感之间的矛盾。事实上,自我效能感也在很大程度上受目标难度的影响。当目标太难时,员工很难达到目标,这时就需要再次运用 SMART 原则中的可实现性原则,设置的目标要让员工经过一定的努力能够达到,既不易如反掌,也不难如登天。另外,还要通过控制目标完成的期限来调控目标的难度。

(十)内容规范性原则

为了保证绩效考核过程的可操作性及考核结果的客观公正性,绩效考核指标应满足如下的规范性要求。

(1)词义清晰。不论是绩效考核指标的名称还是定义,在用词上都要清楚、明确,使任何人都能理解它的意思,不能给人以模棱两可的感觉。

(2)内涵明确。每个绩效考核指标之间都应有明确的含义,使得不同的考核者对考核指标内容都有相同的认识。

(3)独立性。绩效尽管每个绩效考核指标之间有一定的相互作用或相互影响,但一定要有独立的内容,有独立的含义和界定。

(4)针对性。绩效考核指标是针对工作内容而言的,必须与工作内容、工作目标相关。

只有这样才能真正起到目标引导作用，避免工作重点偏离方向。

（5）可操作性。绩效考核的各项指标都要有较强的可操作性，也就是说要易于衡量。因此，具体设计时可以通过应用具体的数据来达到可操作性的要求。

（6）其他。绩效考核指标还应该具有现实性、关键性、可控性等其他要求。

四、绩效考核指标设计的思路与方法

（一）绩效考核指标设计的思路

绩效考核的实质是对职位目标能否有效达成的考核。组织的战略目标可以分解成各部门目标和各职位目标，而且组织可以通过对职位目标的分解来确定绩效考核指标。职位目标的分解要通过具体的职位分析来实现，职位分析的直接结果就是职位说明书。职位说明书提供了职位的职责（具体需要做什么）和职责细分（具体需要怎么做），这是绩效考核指标的构建基础。因此，应运用科学的方法确定绩效考核指标的权重，对指标的一致性进行检验，最后量化绩效考核指标。

组织的绩效考核指标需根据绩效目标及关键业绩行为来设立，应自上而下地进行分解、细化、量化，同时需协商，使员工参与进来，达成目标承诺，具体如图5-1所示。

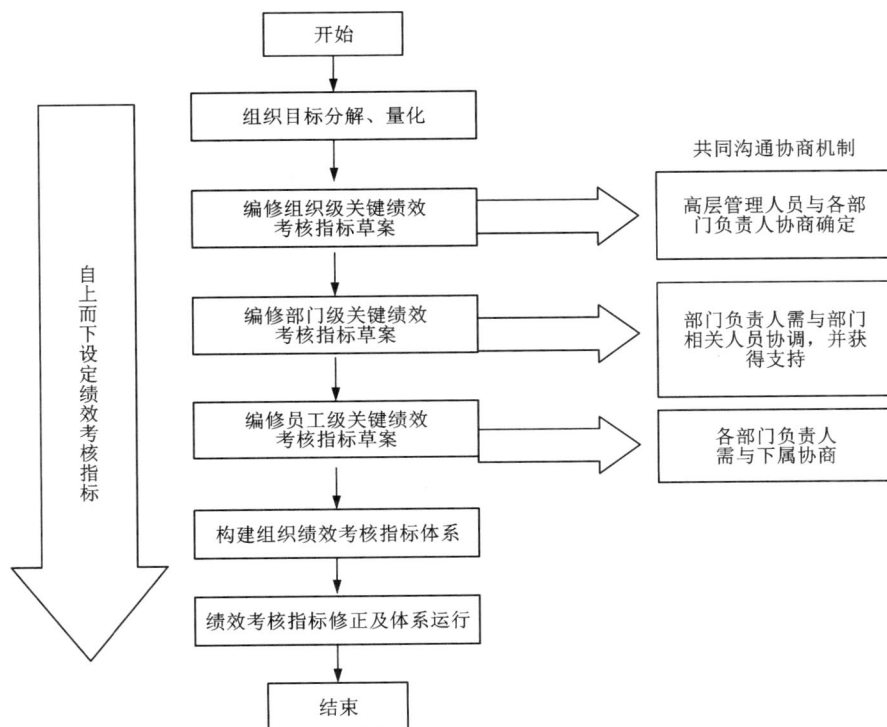

图5-1　绩效考核指标设计的思路

(二)绩效考核指标设计的方法

1.确定关键业绩行为

一般情况下,关键业绩行为可从质量、时间、成本三个方面去把握,具体如下:

(1)工作职责描述,即那些体现岗位核心价值的、对结果起关键作用且难度较大的职责。

(2)工作流程中相应的流程控制点。

(3)工作计划与工作目标。

(4)顾客需求、供应商需求等。

确定关键业绩行为的方法包括鱼骨图分析法、目标管理法、流程图法、格里波特四分法、平衡计分卡、柏拉图法等。组织可根据实际情况选择合理、有效的方法或组合方法来确定关键业绩行为。

2.设定考核指标

找到关键业绩行为并分解分析后,组织可以开始建立相应的绩效考核指标,具体如表5-4所示。

组织对关键业绩行为进行分解并落实到具体的岗位,然后进行指标定义。

设定考核指标时需同时注意以下问题。

(1)被考核者应全面参与指标设定过程,加深对指标的理解并承诺绩效目标的完成。

(2)关键绩效考核指标要少而精。一般情况下,对部门考核的关键绩效指标不应超过12个,对职位考核的关键绩效指标不应超过8个。

(3)结果考核指标应和过程考核指标相结合。

(4)灵活运用否决指标、奖励指标、惩罚指标。组织可引入不占权重的否决指标、奖励指标和惩罚指标,实现有效激励。

3.设计考核指标权重

设计不同考核指标的权重是组织绩效考核工作的重要环节之一。考核指标权重能突出绩效目标的重点项目,对不同指标的选择及权重的配置体现了不同的战略导向。考核指标权重的设计过程同样需要考核者与被考核者进行双向沟通。确定考核指标权重需遵循以下四项原则。

(1)以战略目标和经营重点为导向原则。设定考核指标权重时需突出战略导向,对与战略目标和经营重点相关的考核指标应给予更多的权重,不能根据实际占用时间来确定权重。

(2)差异性原则。一般情况下,各指标间的权重应有差别。

(3)体现业务重点原则。突出业务重心导向和关键业绩行为导向,充分考虑考核目标达成的难易程度。

(4)合理增加不占权重指标的原则。合理增加不占权重的否决指标、奖励指标和惩罚指标考核项目,加强绩效考核战略导向作用,从而约束、激励员工。

4.确定考核评分标准

指标考核评分标准需明确组织对员工的要求,并遵循公开、公正、公平的原则。评分标准设定工作主要包括指标考核目标值、指标考核不同结果得分标准两方面内容,具体如表5-4所示。

表 5-4　考核评分标准设定

指标考核目标值设定	指标考核不同结果得分标准设定方法
1.确定该指标项得分达到满分。 2.目标值明确，具有灵活性。 3.考虑外部环境变化以及内部资源限制条件下绩效目标的调整。 4.制定的目标要有挑战性，也要有实现的可能性	1.间歇增减法。 2.经验增减法。 3.行为锚定法。 4.分段赋值法。 5.正反比例法。 6.扣分法

注：指标量化考核标准＝指标考核目标值＋指标考核不同结果得分标准

5.明确考核指标数据来源

组织在建立考核指标、设计指标权重、确定评分标准的同时，需明确考核指标数据的来源，增强绩效考核工作的客观性和科学性。

对考核指标数据的来源问题需要注意以下四点。

（1）尽量避免考核指标数据来源于被考核者所在岗位或部门。

（2）各个相关的考核指标数据都应有具体的来源。

（3）有的数据应来源于多个岗位或部门。

（4）部门之间可以相互提供考核指标数据。

6.设定指标考核周期

组织在设定指标考核周期时，需考虑以下因素。

（1）不同层级的员工，指标考核的周期是不同的。一般来说，越是基层的员工，考核的周期就越短，而中高层管理人员指标考核的周期比较长。

（2）从指标分解层次来看，综合的、反应结果性的指标考核周期较长，下层的指标考核周期比较短。

（3）周期长的考核指标短周期测量，一般准确率会低些，而周期短的考核指标长周期测量，一般准确度会高一些，因为长周期测量积累了平时的观察与记录。另外，组织需充分考虑项目考核指标周期与考核周期的关系，从而制订合理的考核方案，具体措施如下。

①延长考核周期。

②每个项目开始时制定目标，项目结束时进行考核。

组织在形成初步的量化考核体系后，需对拟定的指标进行测试，修改或废除不合理的指标，具体如表 5-5 所示。

表 5-5　量化考核指标测试标准

测试问题	标准	测试问题	标准
指标是否可理解	用通用商业语言定义； 以简单明了的语言说明； 不易被误解	指标是否可低成本获取	指标数据可直接通过报表获取； 获取指标的成本不高于其价值

测试问题	标准	测试问题	标准
指标是否可控制	指标考核结果有直接责任归属； 指标考核结果能够被基本控制	指标是否可衡量	指标可以量化； 指标有可信的衡量标准
指标是否可实施	可用行动来改进指标考核结果； 员工应清楚哪些做法会对指标考核结果产生正面影响	指标是否与组织的整体战略目标一致	指标与某特定战略目标相联系； 指标承担者清楚组织战略目标； 指标承担者清楚如何实现战略目标
指标是否可信	有稳定的数据来源； 数据不能被人为操纵； 数据处理不会引起计算不准确	指标是否与考核指标体系一致	该指标和组织中上一层指标相联系； 该指标和组织中下一层指标相联系

五、设定绩效考核指标权重的方法

设定绩效考核指标权重的常见的四种方法是直接判断法、重要性排序法、三维确定法和权值因子分析法。

(一)直接判断法

直接判断法是指由指标设定者根据自己的经验和对各项指标重要程度的认识，直接对各项考核指标的权重进行分配的方法。这种方法有效的前提是指标设定者对考核对象的工作职责十分了解，如员工的直属上级等。

这种方法的优点：简单易行，容易操作；适合规模比较小且绩效指标比较简单的组织考核；节省时间，决策效率高。

这种方法的主要缺点：基于个人的经验判断，主观性强；由于个人色彩比较强，因而容易招致员工的不满和质疑。

(二)重要性排序法

重要性排序法，顾名思义，就是将考核指标按照重要性依次排序，并赋予分值，最终根据每个考核指标的重要性程度得分在绩效指标体系整体重要性程度得分之和中所占的比例来确定每个考核指标的权重的方法。

这种方法同样是基于个人的经验判断，但对于直接判断法而言，它有以下优点：允许多个指标设定者各自做出判断，在一定程度上消除了单纯个人的主观性；将每个指标设定者对指标重要性的判断结果以定量的方式进行综合处理，更加科学；简单易行，省时省力。

但是，这种方法的缺点在于打分过程仍然在较大程度上受主观臆断的影响。因此，其结果在客观性、准确性方面仍然有所欠缺。

（三）三维确定法

三维确定法是一种定性与定量相结合的权重确定方法，也是组织在确定每一个指标权重时最常用的一种方法。决定一个指标权重的主要因素有三个，即在目前资源配置和条件下指标可实现的程度、指标的重要程度和指标的紧急程度。只有将三者综合起来考虑才能得出合理的权重系数。三维确定法的主要操作步骤：第一步，将一组指标从重要程度、紧急程度、可实现程度等方面采用"五点打分法"分别打分；第二步，将每个指标的重要程度得分、紧急程度得分和可实现程度得分相乘，得出该指标的综合分数；第三步，将每个指标的综合分数相加，然后确定每个指标的综合分数在总综合分数中所占的比例；第四步，最终得出每个指标的权重系数。

（四）权值因子分析法

权值因子分析法相对于前三种方法而言是最科学但也是最复杂的方法，因而运用这种方法时一般需要专业人员的参与。

具体步骤如下：

第一步，组成评价小组，包括人力资源专家、评估专家和其他相关人员。在这一过程中，应根据对象和目的的不同，确定不同的专家构成。

第二步，经专家讨论选取恰当的权值因子，制订权值因子判断表和权值因子计算统计表。

第三步，由专家填写权值因子判断表，将行因子和列因子进行比较。

第四步，填写权值因子计算统计表。

第五步，将统计结果折算为指标权重。

第三节　绩效考核指标的作用和要求

绩效考核本身是一种绩效控制的手段，通过对员工工作业绩的评定与认可，从而激励员工工作，使员工体验到工作成就感，增强斗志；同时绩效考核也是惩戒的依据之一，有效地惩戒也是提高工作效率和工作质量的有效手段。

一、绩效考核指标的作用

（一）导向作用

绩效管理的导向作用主要体现为绩效考核指标的导向作用，绩效考核指标就是为员工在工作中明确目标，指导工作。

（二）约束作用

绩效考核指标会明确告诉员工哪些是应该做的，自己所做的工作是否与绩效考核指标相符合，从而约束员工日常行为和管理规范以及工作重点和目标。

（三）凝聚作用

绩效考核指标一旦确定，员工就会利用各种资源，凝聚一切可利用的力量来实现和完成绩效目标，可以把大家凝聚在一个共同的目标和方向上。

（四）竞争作用

绩效考核指标设定了员工要通过努力工作才能完成的目标，明确了员工努力的方向和目标，这样就提供了员工之间、部门之间、企业与外部之间竞争的目标和对比标准，使员工为完成绩效考核指标互相竞争。

二、绩效考核指标的要求

（一）绩效考核指标应以战略为导向

绩效考核不坚持战略导向，就很难保证绩效考核能有效支持公司战略，这也就是大宝提到的公司适不适合这样的考核。绩效考核的导向性是通过绩效考核指标来实现的，绩效考核能否实现导向战略，实际上就是通过战略导向的绩效考核指标的设计来实现的。当关键绩效指标构成公司战略目标的有效组成部分或支持体系时，它所衡量的职位便以实现公司战略目标的相关部分作为自身的主要职责；如果 KPI 与公司战略目标脱离，则它所衡量的职位的努力方向也将与公司战略目标的实现产生分歧，对公司战略目标的分解更重要的 KPI 是对公司战略目标的进一步细化和发展。

（二）绩效考核指标应以工作分析为基础

工作分析是一切人力资源管理工作的基础，是设计绩效考核指标的基础依据。根据考核目的，对被考核对象的职位的工作内容、性质以及完成这些工作所具备的条件等进行研究和分析，从而了解被考核者在该职位工作所应达到的目标、采取的工作方式等，初步确定绩效考核的各项要素。

（三）绩效考核指标应综合业务流程

以战略为导向，以工作分析为基础的指标设计方法，也许很多企业都在应用。但它们在设计指标的时候，却忽视了一个非常重要的过程，即综合业务流程来设计考核指标。绩效考核指标必须从流程中去把握。根据被考核对象在流程中扮演的角色、责任以及同上游、下游之间的关系，来确定衡量其工作的绩效指标。此外，如果流程存在问题，还应对流程进行优化或重组。

三、绩效考核指标常见的问题和误区

（一）绩效考核指标常见的问题

绩效考核效果不理想时，往往需要重新审视整个指标体系。问题无非出在两个方面，一是"设定什么指标"，二是"怎么设定指标"。

常见的"病态"指标体系，往往会体现以下几种特征。

1. 指标过少，导致顾此失彼

简单来讲，就是"企业没有充分地表达出自身意愿"。

例如：忽视利润指标。营销人员只负责销量不负责利润，许多企业认为这并没有什么问题。因为，利润的形成受到太多因素的影响，企业的生产成本、管理费用、财务费用等，都不是营销部门所能左右的。而实际上，营销人员虽然不能决定企业净利润，但对由销售带来多少毛利润却负有直接责任。当缺少利润考核指标时，营销人员会以加大费用投入、增加赠品数量，甚至直接要求企业降价的方式，来换取销售额指标的达成。营销人员选择这些做法往往能摆出堂而皇之的理由，不知不觉中诱使企业得到了"没有利润的销量"。这显然违背了企业的真实意愿。所以，可以不考核净利润，但考核毛利润是必要的。从这个角度来讲，绩效考核不能缺项，利润指标代表"销售质量"，和"销售量"一样不可或缺。

再如，缺少市场占有率指标——销量虽然增长了，但市场占有率反而下降了。对于这种掺杂了水分的"业绩"，企业不能不有所警惕。

2. 指标过多，导致欲速不达

简单来讲，就是"企业想一口吃个胖子"。

与核心指标缺失相对应的是，许多企业非核心指标过多，这同样让绩效考核失去了应有的效果。

一般情况下，核心指标偏重短期业绩评价，往往可以从财务数据中得到，如销售额、利润、费用、市场占有率等。非核心指标则偏重中长期发展潜力评价，往往需要管理者记录和整理，如终端建设、促销活动、售后服务、品牌拓展等。前者为结果考核，后者则为过程考核。

现实中，不少企业混淆了二者的区别。把结果考核和过程考核掺杂在一起，不分权重、一视同仁，使核心指标得不到应有的突出和重视。

过程考核指标过多往往会导致欲速不达。比如，有的企业仅终端建设就有10来项指标，加盟店数量、销量、流失率、满意度等都要考核，营销人员每个月光填表就忙得不可开交。这种繁杂的指标体系束缚了一线营销人员的手脚，使他们陷于细节之中，往往忽视了更为重要的工作。

此外，有时过程指标和结果指标是负相关的。做好了这项，就妨碍做好那项，指标越多，出现矛盾的可能性就越大，让营销人员无所适从。

3. 指标表达过浅，导致似是而非

简单来讲，就是"企业想要的和说出来的不一致"。

最典型的例子就是对销售额指标的误读。企业所需要的销售额实际上是卖到消费者手中的"实销额"，而不是经销商提走了但积压在渠道仓库中的"虚拟销售额"。前者是完成了一个完整的生产销售循环，后者则只是挤占了渠道的现金流，并未形成实际销售。

当企业考核指标表达过浅时，往往把二者等同起来。只要渠道提货、付款，就算万事大吉，营销人员也因此实现了"业绩"。在这种考核指标诱导下，营销人员的工作重心从"把货卖给消费者"转移到"把货卖给经销商"，出现方向性偏差。所以，营销人员天天不是想着怎样把市场做大，而是想着怎样向渠道压货，而这种短期行为往往每到年底时就会更加明显。

欠下的债迟早要还。产品没销出去，渠道今年多进了货，明年就要少进。这种在厂、商之间反复上演的"虚拟销售游戏"，对销售增长并无实质帮助。

再如，考核营销人员招商工作，如果按招商多少家制定指标，就不如按招商新增销售额制定指标有效。因为前者可能让企业空欢喜一场，招到一批进不了多少货的名义代理商，白白支出了招商费用，而后者则会带来企业需要的真金白银。

4. 指标表达过深，导致本末倒置

简单来讲，就是"企业对指标苛求完美"。

管理具有双重特性，一方面追求有效性，另一方面则追求经济性。

在现实中，"最佳结果"往往是不存在的，即使得到了也得不偿失。人们通常只能获得目前条件下的"最满意结果"。

这就像生产产品，达到99.9%的合格率就足够了，不足之处还可以依靠售后服务去解决。如果企业非要达到99.9999%甚至100%的合格率会怎样？生产成本就会提高几十倍或几百倍，虽然管理有效了，却不经济。

这同样适用于绩效指标的设定。现实中，有的企业过分追求指标上的完美。比如，在考核促销活动时，连促销前发放传单的数量、促销场地的面积必须达到多少平方米都列为具体指标，这样就过于僵化了。

指标设定不能本末倒置，当一项指标约束条件过多时，其完成难度会大幅增加，导致管理成本急剧上升，管理者也会陷入疲于奔命之中。

由此可见，保证指标表达"深浅"适当，也是一条重要的原则。

5. 指标不连贯，导致管理落空

简单来讲，就是"各级指标脱节"。

一般而言，企业的营销绩效考核体系分为"公司对部门""部门对区域""区域对员工"三级量化体系。各级指标之间应是相互关联的，互为因果。

比如，销量指标从公司下达到营销部门，再分解到区域、量化到员工。但现实中，由于大多数指标并不像销量指标这样脉络清晰，所以在具体设置过程中，往往在设置下一级指标时，忽略了上一级的指标要求，造成上级有这项指标、下级却无人落实的尴尬局面。

比如，服务满意度指标考核营销部门，也考核各个区域，却没有考核到员工。

6. 指标不客观，导致目标落空

简单来讲，就是"指标要求过高，引发企业资源紧张"。

现实中，企业与营销人员争论的焦点往往体现在指标具体数值的设定上。企业总是希望定得高一些，留出讨价还价的余地，同时给营销人员增加一些压力。而作为弱势一方的下级，为了更有效地对抗这种"强行摊派"，往往会提出增加资源的要求，把皮球又踢回给上级。

比如，达到企业提出的高增长目标可以，但要增加人手、增加费用、增加新产品等。而企业的资源毕竟有限，上级往往会咬牙承诺下来一部分要求，但最终还是无法完全兑现。这样未完成指标的责任最后就要由双方共同承担，而绩效考核对下级的约束作用也就大大降低了。

为防止这种目标落空的后果出现，指标设定必须与资源配置联系在一起统筹考虑。

（二）绩效考核指标常见的误区

在绩效管理的各种误区中，关键指标误区可以说是最常见、危害最大的一个。陷入这个误区的企业，通常会犯两种错误：一种是把绩效管理机械化，认为没有任何人为因素的绩效管理才是好的绩效管理；另一种是绩效指标过细，失去重点。

犯第一种错误的企业，往往什么都要量化，这类企业从主观评价员工绩效的极端走向量化评价员工所有工作的另一个极端。一家有着数十年历史的电器公司，针对所有部门都制定了一套长达数页的量化指标，但是在我们对其经理人进行访谈时，没有一位经理可以清楚地记得其部门的评估指标。可见指标的制定者忘记了有效和简单这一原则。

犯第二种错误的企业之所以把指标定得很细，是因为在绩效计划阶段，管理者们没有明确的评估重点，生怕"不评估工作便难以落实"，因而常常是眉毛胡子一把抓，导致绩效指标众多，指标的权重细微（5%~10%），员工难以明确究竟什么才是自己的工作重点。

一家地区性的电信公司，要求每位员工必须在公司每天的早会上发言，否则就要扣分，扣奖金。同样是这家公司，每个月对销售经理进行评估时，除了评估业务指标、服务质量，还要查看业务考试的分数，考试内容包括营销理论、案例分析、业务知识、网络知识等。这样繁复的评估，有谁愿意做？

管理是科学和艺术的结合，绝对量化而又合理的指标体系是不存在的，单纯的量化指标往往难以囊括现实工作中的很多关键内容。事实上，花大量时间和精力设计、衡量量化指标不仅会浪费管理资源，而且收效甚小。

其实，对于 KPI 来说，找到核心的、少数的、重要的、可衡量的指标才是关键。可以参考 SMART 原则来确定这些指标，即要求指标是具体的、可衡量的、可实现的、具有合理挑战性的，有时间限制的。

绩效的衡量目标需要可衡量，但是可衡量不等于一定要量化。绩效的衡量指标有概括性的主观评判指标（如客户总体评价、媒体评价等）、分级评判指标（如分为 A，B，C，D，E 的满意度等级）、比率性指标（如市场份额）、具体数量指标（如销售额）等很多类型，不能一概而论。

本章小结

绩效管理是人力资源管理的一项重要职能，在人力资源管理活动中处于中心环节。本章对绩效考核指标进行了定义和诠释，对绩效考核指标进行了分类，阐述了绩效考核指标设计的目的，归纳了绩效考核指标设计的意义和原则，重点介绍了绩效考核指标设计的思路与方法，提出了制定各个指标时应注意的问题。

绩效考核指标又称绩效考核因素或绩效考核项目，是指绩效考核过程中被具体化的可以测定的被考核对象的各个方面或各个要素。

人力资源管理的核心是绩效管理，绩效管理中最重要的环节是绩效考核，而绩效考核是通过绩效考核指标来体现的。我们按照绩效考核的内容，将绩效考核指标分为工作业绩指标、工作能力指标和工作态度指标。

绩效标准衡量的前提是绩效考核指标与标准的识别与认定。绩效考核指标强调的是从哪些方面对绩效进行考核，而绩效考核标准注重的是在各项指标上分别应该达到什么样的水平。一般来说，合理、有效的绩效考核指标体系设计应遵循战略相关性、可操作性等原则。绩效考核标准的衡量一般采取量化和非量化两种方式。为了区分绩效水平的高低，对每一个指标都应设置基本标准和卓越标准。

从过程的角度看，绩效考核是指考核主体对照工作目标或绩效标准，采用科学的考核方法评定员工的工作任务完成情况、工作职责的履行程度和能力发展情况，并且将评定结果反馈给员工的过程。

思考与讨论

1. 简述绩效考核指标的分类以及绩效考核指标的定义。
2. 绩效考核指标设计的思路是什么？
3. 绩效考核指标的作用和要求有哪些？
4. 绩效考核指标设计的原则有哪些？
5. 绩效考核指标常见的问题和误区有哪些？

案例分析

山东省某烟草专卖局(公司)绩效制定中的问题分析

山东省某烟草专卖局(公司)主要负责专卖行政执法、卷烟经营等工作，其现有资产总量 2.9 亿元，占地 8 万平方米，建筑面积 3.6 万平方米，现有职工近 2000 人。近年来，公司发展迅速，营业额逐年上升，逐渐由增长型企业转变为成长型企业。企业的快速发展给企业的管理水平带来了新的要求，而绩效管理作为构建企业核心竞争力、促进企业由增长型向成长型转变的有力管理工具，也得到公司决策层的高度重视。在实际管理过程中，该公司对绩效管理体系的搭建进行了积极的探索，经过数十年的努力，该公司的绩效管理体系取得了一定的成效，已经建立了相对完善的基层业务单位绩效管理体系。但是，对公司下属十几个职能部门(包括财务部、办公室、人事部、行政部等)的绩效考核仍存在一定问题，各部门的考核成绩基本无差异，"大锅饭"现象严重，也有部分员工抱怨考核不公平。

而公司领导层对绩效管理体系的搭建非常重视，而且为保障绩效考核的公平性，该公司成立了考核小组，考核小组成员主要由各部门员工组成。该公司现行的绩效考核指标体系是由各部门基于自身工作职责进行梳理的，其考核标准不明确，更多的是定性描述，其中，对于下属十几个职能部门的绩效考核主要以考核人员打分为主。近年来，在领导的大力支持下，该公司的绩效考核开展得如火如荼，但是，公司领导发现虽然十几个部门的工作量、工作质量有明显差异，但各部门的绩效考核得分却一直以来相差无几。这也难怪，由于是国有企业，考核者与被考核者常年在一起工作，碍于面子或人际关系，当然不会轻易给被考核者扣分。面对每次提交上来的几乎没有任何差异的绩效考核成绩单，公司领导大为恼火，于是明确要求严格执行绩效考核标准，各部门的考核成绩必须有所差异。结果"上有政策，下有对策"，各职能部门的考核出现"轮流坐庄"的现象，即考核小组与被考核部门商定每个考核期内各部门考核得分的排名情况，各部门轮流得分最高或最低。几个月过去了，各职能部门正暗自得意的时候，领导又发现了绩效考核的"马脚"。在领导的再次严格要求下，考核小组不得不严格按照绩效考核指标对各部门进行打分，其结果反而更不尽如人意，工作任务繁重、经常加班的部门，往往是扣分最多的部门，而工作清闲的部门，反而得分最高，真可谓"洗的碗越多、打的碗越多"，引起员工的强烈不满。

经过深入分析和调研，管理咨询顾问指出，绩效管理几乎被奉为当代企业管理的"圣杯"，其作用在于调动员工的工作积极性，提高组织绩效，促进企业战略发展目标的实现。然而，职能部门的绩效考核一直是绩效管理体系搭建过程中的难题。由于工作烦琐、无定形，职能部门绩效考核的形式化往往较为严重。

通过对各层级管理者及员工的深入访谈，以及对该公司管理现状的仔细调研，华恒智信人力资源顾问专家团队发现该公司职能部门的绩效考核问题主要集中在以下几个方面。

(1)绩效考核指标的制定不合理，无法有效体现部门核心工作职责。该公司现行考核指标是由各部门自行制定，再由考核部门审核确认的。绩效考核指标的制定过程中，虽然一再强调要根据工作职责和流程制定关键绩效指标，但是各部门自行制定的考核指标大部分仍是"不容易被扣分"的指标，严重偏离部门职责的重点，其选取的考核指标无法有效体现该部门的核心工作职责，更无法促进工作绩效的提升。

(2)考核指标难以量化，考核标准模糊，无法给绩效考核提供依据。考核指标量化是保证绩效考核公平、公正的手段之一，但是由于职能部门的工作大多是事务性工作，工作频次、工作用时无法明确，考核指标的量化更是无从下手。各部门在制定考核标准时，为了避免被扣分，所制定的考核标准都是"不容易出错"的标准，且多为定性描述，导致绩效考核的执行缺乏有力依据。此外，由于考核小组成员是由各部门员工组成，经常会出现"外行人考核内行人"的现象，再加上人情因素，考核中推诿扯皮的现象也较为严重，绩效考核的公平、公正难以得到保障。

(3)考核体系不完善，无法体现各部门之间工作量的差异。由于各部门工作职能的定位有所不同，再加上一些部门工作分工的历史原因，该公司下属十几个职能部门的工作量存在明显差异。但是，现行绩效考核采取扣分制，即达不到工作要求或是工作中出现差错就扣除相应的分值。这就造成工作越繁重的部门工作失误越多，扣的分也越多，而工作清闲的部门，则轻轻松松拿高分。

(4)绩效数据难以记录和稽查，无法有力支撑绩效考核结果的公平、公正。实际考核过程中，考核人员需根据绩效数据对各部门进行考核，但是由于职能部门的工作往往未以数据形式进行记录、确认，导致考核实施过程中缺乏依据，只能依靠各部门自行提供的数据为主，难以避免数据造假、作弊的问题，也给绩效考核的实施提供了讲人情、推诿扯皮的契机。

结合国有企业性质和职能部门的工作特点，针对该公司职能部门的考核难题，华恒智信人力资源顾问专家团队提出以下解决方案。

1. 从工作职责出发，设计量化考核指标。首先根据实际情况确定各职能部门的核心工作职责，进而基于各部门的核心工作职责从工作量、工作质量、工作效率三个维度设置绩效考核指标，并对考核指标进行量化。

(1)工作量维度。职能部门的工作虽然繁杂、无定形，但是很大一部分工作是可以进行量化的，例如撰写文稿的工作，可用撰写各类文稿的数量来衡量工作量。有些工作不是单纯一个步骤就可以完成，则进行流程化分析，从每个流程步骤对整个工作进行考核。例如组织培训，可用组织培训的次数、组织参加培训的人次、培训中发放材料的数量等量化指标对其进行衡量。

（2）工作质量维度。工作质量维度的指标设计可以分为两大类：一是考虑该项工作质量不合格的话会继续进行什么工作，例如撰写文稿，质量不过关就需要修改或者重写，可以用重复撰写文稿的次数来衡量工作质量。二是从直接考虑工作结果的质量来衡量该项工作的完成质量。有的工作注重信息的准确无误，例如财务处的现金结算，可以用现金结算中或者结算记录中出现差错的次数来衡量。

（3）工作效率维度。将考核中常用的"及时性"这一空泛的指标转化为延迟次数，对某项工作约定一个合理的期限，在该期限内未完成，即认为工作效率不达标。

需要说明的是，大部分工作项均能够从这三个维度进行考核，但是对某一项具体的工作，可能会有一个或两个需要重点考核的维度。针对某一具体工作项设置考核指标时，需根据实际情况选择最有考核价值的考核维度，避免考核重点偏移。

2. 明确考核标准。对所确定的各项考核指标，设定明确、可依据的考核标准，约定具体的数量、完成时间要求及扣分标准，给绩效考核提供依据。例如，对"组织安排培训"这个指标的考核标准，明确要求相关负责部门每月 25 号前组织一次安全培训，而不是以往的"按时组织培训"。设定可依据的考核标准，自然也就避免了考核过程中过多主观因素的影响，也能杜绝一些"钻空子、讲人情"的现象。

3. 建立量化记录体系。真实的绩效数据是绩效考核有效实施的前提和保障。设计工作日志和部门领导评价表格，以实现对每日每人的工作进行量化、痕迹化管理，为绩效考核提供较为客观的支持，在一定程度上减少主观因素对考核实施的影响。工作日志中详细记录员工每日的工作任务、工作成果、实际花费时间、跨部门等待时间、对工作提出的改进建议等内容。同时，部门领导对部门员工的日常工作进行评价，对该日总体工作提出表扬或对存在的问题给予改进意见，完成部门领导的评价表格。

为削弱部门领导对员工打分存在的主观因素影响，华恒智信人力资源顾问专家团队建议增加部门领导对员工打分的频次，并对领导对员工的评价打分进行考核。此外，为便于后期的考核结果统计、分析，建议采用信息化的方式，并提供了相关实施意见。

绩效考核作为企业人力资源开发与管理现代化、合理化的有力手段，不仅对企业各项工作起着检查和控制的作用，而且对员工起着揭示当前工作状态和挖掘未来工作潜能的作用。通过对各具体工作项的完成质量进行合理评估，并将绩效考核结果对接加薪、升迁、培训等工作的开展，可有效引导员工工作行为，促使员工发挥主观能动性，积极推进工作，进而不断提升组织绩效。

职能部门的绩效考核是人力资源管理的一大难题。在该案例中，华恒智信人力资源顾问专家团队提出"量化考核指标"的解决思路，从工作量、工作质量、工作效率三个维度对绩效考核指标进行量化，并确定明确、可依据、可操作的考核标准，有效化解了职能部门人员绩效考核的难题。同时，针对职能部门工作繁杂、无序的特点，华恒智信人力资源顾问专家团队提出建立工作量化记录系统，以有效保证绩效考核数据的真实性，确保职能部门的绩效考核公平、公正地落地实施。

第六章　绩效考核方法

　　绩效考核是指考核主体对照工作目标和绩效标准,采用科学的考核方式,评定员工的工作任务完成情况、员工的工作职责履行程度和员工的发展情况,并且将评定结果反馈给员工的过程。

　　绩效考核是企业绩效管理中的一个环节,常见绩效考核方法包括 BSC、KPI 及 360°考核法等,主流商业管理课程如 EMBA、MBA 等均将绩效考核方法的设计与实施作为针对经理人的一项重要人力资源管理能力要求包含在内。

第一节　个人绩效考核

　　个人绩效考核是针对员工个人进行的考核与评价,包括他人考评和自我考评,是对个体工作情况的反映,考评往往更加具体。一般而言,个人绩效考核具体包括工作业绩评估和工作能力评估。

一、个人绩效考核的分类与原则

(一)个人绩效考核的分类

1. 按时间划分

(1)定期考核。考核的时间可以是一个月、一个季度、半年、一年。考核时间的选择要根据企业文化和岗位特点绩效选择。

(2)不定期考核。它有两方面的含义,一方面是指组织中对人员的提升所进行的考评,另一方面是指主管对下属的日常行为表现进行记录,发现问题及时解决,同时也为定期考核提供依据。

2. 按考核内容划分

(1)特征导向型。其考核的重点是员工的个人特质,如诚实度、合作性、沟通能力等,即考量员工是一个怎样的人。

(2)行为导向型。其考核的重点是员工的工作方式和工作行为,如服务员的微笑和态度、待人接物的方法等,即对工作过程的考量。

(3)结果导向型。其考核的重点是工作内容和工作质量,如产品的产量和质量、劳动效率等,侧重点是员工完成的工作任务和生产的产品。

3. 按主观和客观划分

(1)客观考核方法。它是对可以直接量化的指标体系所进行的考核,如生产指标和个人工作指标。

(2)主观考核方法。它是由考核者根据一定的标准设计的考核指标体系对被考核者进行主观评价,如工作行为和工作结果。

(二)个人绩效考核的原则

要想做好个人绩效考核,除了具有切实可行的考核方法外,还应遵循以下原则。

1.公平、公正、公开原则

公平、公正、公开原则,即要让考核者了解考核流程、方法、结果等事宜,使考核具有透明性。

2.客观性原则

客观性原则,即要以绩效计划、岗位工作标准、流程等为依据进行评价,不能存在个人感情等主观因素,更不能打击报复。

3.开放沟通、关注未来原则

开放沟通、关注未来原则,即考核者和被考核者要坦诚沟通,找出被考核者的不足及产生的原因,并提出解决对策,从而提高绩效,关注员工未来成长。

4.单头考评原则

对各级职工的考评,必须由被考评者的"直接上级"进行。直接上级相对来说最了解被考评者的实际工作表现(成绩、能力、适应性),也最有可能反映真实情况。间接上级(即上级的上级)对直接上级作出的考评评语,不应当擅自修改。这并不排除间接上级对考评结果的调整修正作用。单头考评明确了考评责任所在,并且使考评系统与组织指挥系统取得一致,更有利于加强经营组织的指挥机能。

5.常规性原则

常规性原则,即将绩效考核纳入企业的日常管理工作,并形成规范的流程,让流程说话。

适用的就是最好的,绩效考核方法千万不能追求形式上的丰满,而应该注重客观证据,重视绩效辅导,强调双向沟通,帮助员工达到甚至超越绩效目标。

二、个人绩效考核方法

(一)KPI考核法

KPI考核法即关键绩效指标考核,它把对绩效的评估简化为对8个关键指标的考核,是一种将关键指标当作评估标准,把员工的绩效与关键指标进行比较的评估方法,在一定程度上可以说是目标管理法与帕累托定律的有效结合。

1.优势

(1)目标明确,有利于公司战略目标的实现。

KPI是企业战略目标的层层分解,通过KPI的整合和控制,使员工绩效行为与企业目标要求的行为相吻合,不至于出现偏差,有力地保证了公司战略目标的实现。

(2)提出了客户价值理念。

KPI提倡的是为企业内外部客户实现价值的思想,对于企业形成以市场为导向的经营思想是有一定的促进作用的。

(3)有利于组织利益与个人利益达成一致。

在 KPI 考核中，策略性地指标分解，使公司战略目标成了个人绩效目标，员工个人在实现个人绩效目标的同时，也是在实现公司总体的战略目标，出现二者和谐，公司与员工共赢的局面。

2. 劣势

（1）KPI 比较难界定。

KPI 考核法倾向于定量化的指标，这些定量化的指标是否真正对企业绩效产生关键性的影响，如果没有运用专业化的工具和手段，还真难界定。

（2）KPI 考核法会使考核者误入机械的考核方式。

KPI 考核法过分地依赖考核指标，而没有考虑人为因素和弹性因素，会产生一些考核上的争端和异议。

（3）KPI 考核法并不是所有岗位都适用。

（二）OKR 考核法

OKR 考核法是一套明确和跟踪目标及其完成情况的管理工具和方法，由英特尔公司发明。OKR 的主要目标是明确公司和团队的"目标"以及明确每个目标达成的可衡量的"关键结果"，员工共同工作，并集中精力做出可衡量的贡献。

1. 优势

（1）OKR 考核法的本质是"我要做的事"，KPI 考核法的本质是"要我做的事"。虽然含义不同，但二者都强调有目标，同时也需要有执行力。

OKR 考核法的思路是先制定目标，然后明确目标的结果，再对结果进行量化，最后考核完成情况。KPI 考核法的思路也是先确定组织目标，然后对组织目标进行分解，直到个人目标，然后对个人目标进行量化。

（2）OKR 考核与绩效考核分离，不直接与薪酬、晋升关联，强调 KR（关键结果）的量化而非 O（目标）的量化，并且 KR（关键结果）必须服从 O（目标），可以将 KR（关键结果）看作达成 O（目标）的一系列手段。

员工、团队、公司可以在执行过程中更改 KR（关键结果），甚至鼓励这样的思考，以确保 KR（关键结果）始终服务于 O（目标）。这样就有效地避免了执行过程与目标愿景的背离，也解决了 KPI 考核法目标无法制定和测量的问题。

（3）OKR 考核法致力于如何更有效率地完成一个有野心的项目，是"监控我要做的事"。KPI 考核法则强调如何保质保量地完成预定目标，是"要我做的事"。KPI 考核法类似流水线式的制造，需要制定者对流程及产能完全了解。OKR 考核法类似自由团体的群起响应，需要流程的参与者与组织同心同德。

（4）OKR 考核法强调的是对项目的推进，而 KPI 考核法强调的是对人事的高效组织，前者要求如何更有效率地完成一个有野心的项目，而后者则强调如何保质保量完成预定目标。

OKR 考核法相对于 KPI 考核法而言，不是一个考核工具，而是一个更具有指导性的工具，它存在的主要目的不是考核某个团队或者员工，而是时刻提醒每一个人当前的任务是什么。

2.劣势

（1）在OKR考核中，没有人对最终结果负责，每个人只对自己的过程负责。

（2）在OKR考核中，人的主观能动性被压抑。

（3）在OKR考核中，结果高度依赖机器和管理者的指令。

（三）360°考核法

360°考核法又称为全方位考核法，是常见的绩效考核方法之一，其特点是评价维度多元化（通常是4或4个以上），适用于对中层以上的人员的考核。它是一种从不同角度获取组织成员工作行为表现的观察资料，然后对获得的资料进行分析评估的方法，包括来自上级、同事、下属及客户的评价，同时也包括被评者自己的评价。

1.优势

（1）它打破了由上级考核下属的传统考核制度，可以避免传统考核中考核者极容易发生的"光环效应""居中趋势""偏紧或偏松""个人偏见""考核盲点"等现象。

（2）一个员工想要影响多个人是困难的，在360°考核中，管理层获得的信息更准确。

（3）它可以反映出不同考核者对于同一被考核者不同的看法。

（4）它可以杜绝被考核者出现急功近利的行为（如仅仅致力于与薪金密切相关的业绩指标）。

（5）在360°考核中，较为全面地反馈信息有助于被考核者多方面能力的提升。

2.劣势

（1）考核成本高。

当一个人要对多个同伴进行考核时，时间耗费多，由多人来共同考核所导致的成本上升可能会超过考核所带来的价值。

（2）成为某些员工发泄私愤的途径。

某些员工不正视上司及同事的批评与建议，将工作上的问题上升为个人情绪，利用考核机会"公报私仇"。

（3）考核培训工作难度大。

组织要对所有的员工进行考核制度的培训，因为所有的员工既是考核者又是被考核者。

第二节 组织绩效考核

一、组织绩效考核概述

组织是一个相对概念，从广义上来说，可以将组织中的一个业务单元或部门视作一个组织单元，按照组织结构和组织单元的职责，可以将公司战略自上而下逐级分解为公司KPI、分子公司KPI/事业部KPI、部门KPI、科室KPI等及相应的重点工作任务，形成各级组织单元的组织绩效，也即公司绩效、分子公司绩效/事业部绩效、部门绩效、科室绩效等。从狭义上讲，在通常情况下，组织绩效考核即公司绩效考核或企业绩效考核，指组织在某一时期内对组织任务完成的数量、质量、效率及赢利情况的考核。

二、组织绩效考核的原则

1.公平原则

公平是确立和推行人员考绩制度的前提。不公平，就不可能发挥考绩应有的作用。

2.严格原则

考绩不严格，就会流于形式，形同虚设。考绩不严，不仅不能全面地反映工作人员的真实情况，而且还会产生消极的后果。考绩的严格性包括：要有明确的考核标准；要有严肃认真的考核态度；要有严格的考核制度与科学而严格的程序及方法等。

3.差别性原则

不同的考核对象应该用不同的考核方法，而不是采取通用法则，一张表格打天下。

4.结果公开原则

考绩的结论应向所有员工公开，这是保证考绩民主的重要手段。这样做，一方面，可以使被考核者了解自己的优点和缺点、长处和短处，从而使考核成绩好的人再接再厉，继续保持先进；也可以使考核成绩不好的人心悦诚服，奋起上进。另一方面，还有助于防止考绩中可能出现的偏见以及种种误差，以保证考核的公平与合理。

5.客观考评原则

人事考评应当根据明确规定的考评标准，针对客观考评资料进行评价，尽量避免渗入主观性和感情色彩。

三、组织绩效考核常用方法

（一）KPI 考核法

KPI（关键绩效指标）考核法是目标管理法与帕累托定律的有机结合。关键绩效指标考核法在分析和归纳支撑组织战略目标的关键成功因素的基础上，对组织的战略目标进行全面的层层分解，从中提炼出组织、部门和岗位的关键绩效指标。其核心思想是，组织 80%的绩效可通过 20%的关键指标来把握和引领，组织应当抓住主要矛盾，重点考核与现战略目标关系最密切的那些关键绩效指标。

与其他方法相比，关键绩效指标考核法从繁多的绩效指标中提炼出少数关键指标来进行考评，在减少了对员工的束缚的同时还大大降低了绩效管理的成本。因此，它不仅有利于提高绩效管理的效率，还有利于增强组织的核心竞争力。

关键绩效指标是连接员工绩效目标与组织战略目标的纽带，把组织的战略目标分解为可操作的工作目标。首先，在设计关键绩效指标时要明确组织的战略目标，找出业务重点，并确定组织在这些领域的关键绩效指标，即组织级 KPI；其次，各部门的经理根据组织级 KPI 来制定本部门的 KPI，再依次确定各岗位的 KPI，具体如图 6-1 所示。

组织战略目标 ⟶ 组织级 KPI ⟶ 部门级 KPI ⟶ 岗位级 KPI

图 6-1　关键绩效指标分解

　　绩效计划的制订过程是上下级双方就目标及如何实现目标达成共识的过程，即下属确定工作目标的依据来自部门级 KPI，而部门级 KPI 又来自组织级 KPI。这样，就能使组织目标、部门目标和员工目标协调一致，确保每个部门和每个员工都朝着组织的战略目标努力，具体示例如表 6-1 所示。

表 6-1　某家电批发组织的 KPI 分解(部分)

组织级 KPI		部门级 KPI	岗位级 KPI
客户满意度	质量合格率	采购商品合格率(采购部)	……
		商品破损率(储运部)	库存损失率(仓库主管) 装卸破损率(装卸主管)
	差错率	发货差错率(储运部)	复核差错率(复核员) 发货差错率(发货员)
	缺货率	送货及时率(储运部)	发货及时率(发货员)
		采购计划完成率(采购部)	……
	投诉处理满意度	投诉处理满意度(售后服务部)	……
	其他	……	……

(二)平衡计分卡考核法

　　传统的单一财务评价体系不能满足将战略转化为行动的要求，因为财务信息只能反映组织过去的业绩，既不能反映业绩的驱动因素，又不能对组织未来的发展前景与获利能力做出评估。因此，学术界一直在研究和探索全方位地将财务指标和非财务指标相结合的战略性绩效管理工具。其中，平衡计分卡就是一种较为典型的绩效管理工具。

1.平衡计分卡考核法的基本框架

　　平衡计分卡是由卡普兰和诺顿共同开发，于 1992 年提出的一种新的组织绩效评价方法。

　　平衡计分卡是战略绩效管理的有力工具。平衡计分卡以组织战略为导向，寻找能够驱动战略成功的关键因素，并建立与关键成功因素具有密切联系的关键绩效指标体系，通过对关键绩效指标的跟踪监测，衡量战略实施过程的状态并采取必要的改进措施，从而实现战略计划的成功实施和组织绩效的持续增长，具体如图 6-2 所示。

　　平衡计分卡为管理者提供了一个全面的框架，用以将组织的战略目标转化为一套系统的绩效指标和目标体系。它从财务、顾客、内部流程、学习和成长这四个角度关注组织的绩效，并就这四个方面的关键因素建立指标和目标体系，具体如图 6-3。

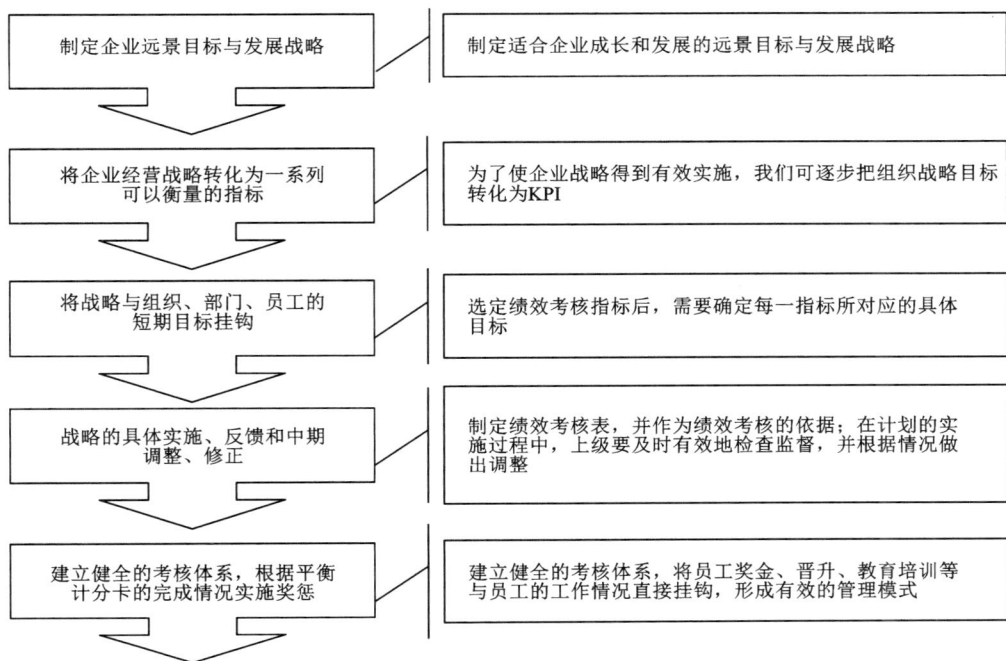

图 6-2　平衡计分卡考核法实施步骤

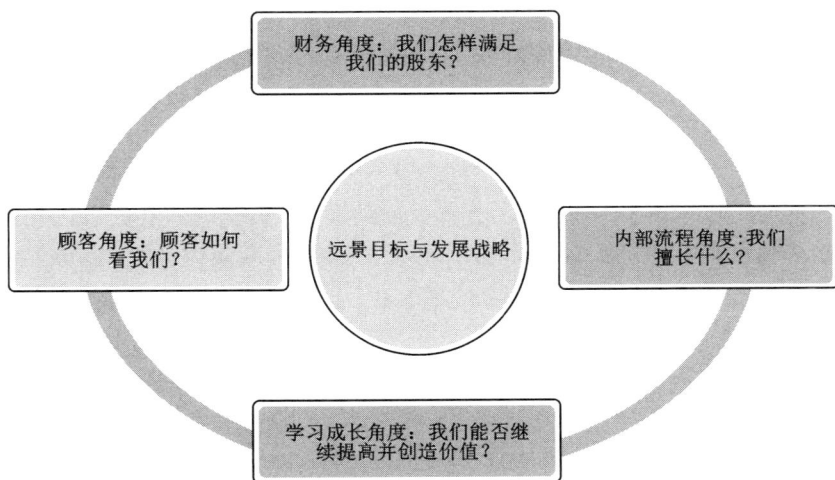

图 6-3　平衡计分卡的基本框架

（1）财务方面。从财务的角度看组织，也就是从股东的角度看组织管理者的努力是否对组织的经济收益产生了积极的作用。财务成果是其他三个方面的出发点和归宿，而这方面的绩效评价指标包括销售额、利润额、投资回报率等。

95

（2）顾客方面。从顾客的角度看组织，也就是从交货期、质量、服务和成本等方面关注顾客的需求和满意程度。顾客方面的绩效评价指标包括市场份额、送货准时率、顾客满意度、顾客留住率、产品退货率等。

（3）内部流程方面。为吸引和留住目标市场的顾客，满足股东对财务回报的要求，管理者需要关注对顾客满意度和实现组织财务目标影响最大的那些内部流程，并为此设立绩效评价指标。在这方面，平衡计分卡重视的不是单纯的现有经营过程的改善，而是以确认顾客和股东的要求为起点，并且以满足顾客和股东的要求为终点的全新的内部经营过程。因此，内部流程是组织改善经营业绩的重点。这方面的指标有生产率、生产周期、成本、产品合格率、新产品开发速度、出勤率等。

（4）学习与成长方面。这个角度涉及员工的能力和信息系统等方面。

平衡计分卡从四个相对独立的角度对组织的经营绩效进行评估，但这四个角度及各项考核指标在逻辑上是紧密相连的。组织按照平衡计分卡的设计思想，从学习与成长的角度出发，提高员工的工作能力，促使组织在学习中不断成长，并通过优化内部运作流程，关注并不断满足顾客需求，开拓并巩固市场，最终完成既定的财务目标。比如，组织通过改进对员工的培训，使员工为顾客提供更优质的售后服务，从而提高顾客满意度，并最终促进销售收入和利润的增长。

2. 平衡计分卡的特点

相对于传统的以财务衡量为主的绩效考核方法，平衡计分卡考核法有以下特点。

（1）实现了长期目标与短期目标的平衡。它以战略的眼光协调了组织的长期行为与短期行为的关系，从而实现了组织的可持续发展。在平衡计分卡的四个部分中，有些指标是滞后的。传统的业绩考核方法偏重财务衡量，而财务指标虽然能较好地反映过去决策的执行结果，但不能很好地规划组织未来的发展。同时，过于重视财务指标容易导致管理者的短期化行为，不愿意在研究开发、设备更新和员工培训等方面进行长期投资，这势必会妨碍组织的长期发展。

（2）实现了财务目标与非财务目标的平衡。尽管组织的最终目标是利润，但利润的实现依赖于顾客、内部流程、学习与成长等非财务方面的因素，而且有些非财务因素还是影响组织竞争优势的关键因素。平衡计分卡考核法把这二者紧密地联系在一起，避免了顾此失彼。

（3）以因果关系为纽带。平衡计分卡的四个维度并不是完全独立的，而是有着紧密的内在联系。财务业绩与其驱动因素之间存在一系列因果关系。财务指标说明了已采取的行动所产生的结果，非财务指标则说明了这种财务业绩得以实现的具体动因。比如，为了改善财务业绩，组织需要怎样对目标顾客进行重新定位？新的顾客群将有哪些新要求？组织怎样使自己的产品或服务赢得新的顾客群的满意？又如，要想在时间、质量、成本上赢得顾客的满意，组织需要对内部流程进行哪些改进？

（4）把制定战略与实施战略紧密地联系起来。平衡计分卡展示了财务结果与业绩驱动因素之间的因果关系，有助于加深员工对经营战略的理解。同时，它增加了组织上下交流的机会，协调了组织的财务目标与各部门的具体目标，使各部门在如何实施组织战略上达成共识。此外，平衡计分卡还将组织战略目标与实施战略的措施转化为各部门、团队与员工的绩效考核指标，从而对组织内部人员的计划与行动产生重大影响，保证组织战略与各部门、团队、员工目标相一致。

3.平衡计分卡考核法的实施难度

平衡计分卡考核法不仅强调短期目标与长期目标间的平衡、内部因素与外部因素间的平衡，也强调结果与驱动因素之间的关系。从理论上讲，作为一种战略性绩效考核方法，平衡计分卡考核法明显地优于传统的单一财务考核方法。但是，平衡计分卡是一个十分复杂的系统，组织在运用它来建立绩效指标和目标体系时会遇到种种困难，具体如下。

（1）指标的创建和量化困难。财务指标的创立与量化是比较容易的，而其他三个方面的指标则难以确定或量化。有些指标不易收集信息，有些指标很难量化。因此，组织需要收集大量信息，并且要经过充分的加工后才有实用价值，这就对组织的信息传递和反馈系统提出了很高的要求。

（2）结果与驱动因素间的关系不易衡量。平衡计分卡要确定结果与驱动因素间的关系，而大多数情况下，结果与驱动因素间的关系并不明显或不容易衡量。

（3）实施成本高。平衡计分卡要求组织从财务、顾客、内部流程、学习与成长四个方面考虑战略目标的实施，并为每个方面制定详细而明确的目标。它需要使每个部门、每个人都有相应的平衡计分卡，如果要达到这种程度，组织要付出很多的努力。平衡计分卡是一种有效的绩效管理工具，但它更适合于那些追求核心竞争力培育和持续增长的组织，而不是那些追求短期利润和削减成本的组织。要运用平衡记分卡考核法，应具备以下前提条件。

第一，组织的战略目标必须明确，能够层层分解，还要与部门、团队和员工目标达成一致，并且员工个人利益应服从组织的整体利益。

第二，具备与实施平衡记分卡考核法相配套的健全的制度。

第三，需要充分而有效的沟通。

本章小结

绩效考核，是企业绩效管理中的一个环节，是指考核主体对照工作目标和绩效标准，采用科学的考核方式，评定员工的工作任务完成情况、员工的工作职责履行程度和员工的发展情况，并且将评定结果反馈给员工的过程。绩效考核是一项系统工程。绩效考核是绩效管理过程中的一种手段。绩效考核方法通常也称为业绩考评或"考绩"，是针对企业中每个职工所承担的工作，应用各种科学的定性和定量的方法，对职工行为的实际效果及其对企业的贡献或价值进行考核和评价。常见绩效考核方法包括 BSC、KPI 及 360 度考核等。

思考与讨论

1.个人绩效考核的分类与原则有哪些？
2.个人绩效考核的方法有哪些？
3.组织绩效考核的原则有哪些？
4.组织绩效考核的方法有哪些？

案例分析

关键事件法

安妮是公司的物流主管。物流主管负责将客户从海外运过来的货清关、报关，并把货提出来，然后按照客户的需求运到客户那里，负责整个物流的顺利进行。这家公司很小，共有 20 位员工，只有安妮一人负责这项工作，物流工作除了她再没人懂了。刚进行完 1 月份考评，2 月份就发生了一件事情。她 80 多岁的祖母在半夜里病逝了。她从小由祖母养大，祖母的病逝使她很悲伤。她为料理后事，人很憔悴，也病了。碰巧第二天，客户有一批货从美国运过来，并要求清关后当天六点钟之前准时运到，而且这是一个很重要的客户。安妮是怎么做的呢？她把家里的丧事放在一边，第二天早上九点钟准时出现在办公室，她的经理和同事都发现，她的脸色苍白，精神也不好，一问知道她家里出了事。但是这个女孩什么话也没说，一直做着进出口报关、清关的手续，把货从海关提出来，并且在下午五点钟就把这批货发出去了，及时运到了客户那里。然后，五点钟她就回家了，可公司是六点钟下班，她提前走了，回去处理祖母的丧事去了。

这是一个关键性事件。如果这件事情她的部门经理没有发现，不记下来，或者人力资源部也没有发现，那在其他员工的眼里，她五点钟就走了，会认为是早退。但是，如果部门经理善于观察，发现了这件事情，问清楚是怎么回事儿，会发现这是值得表扬的事情。如果她的祖母没有去世，那帮助客户快速办理货物，这是一个物流主管正常的工作，是不会记下来的。但这一天，她置个人的事情于不顾，首先考虑公司的利益，为了不让客户受损失，克服了种种困难出现在办公室里，提前完成了任务。这是要加分的一件事情，就应当把这件事情记录下来。

当时的情景 S 是：安妮的祖母头一天晚上病逝了。

当时的目标 T 是：第二天把一批货完整、准时地运到客户那里。

当时的行动 A 是：她置家里的事于不顾，准时出现在办公室，把货发出去了。

当时的结果 R 是：客户及时收到了货，没有损伤公司的信誉。

这样，STAR 的四个角就记录全了。这个例子可以帮助理解什么叫 STAR 法。STAR 是最典型的关键事件法，可以记光彩的事情，也可以记不光彩的事情，同样要用情境、目标、行为和结果这四个角。

第七章 绩效管理实施

绩效管理实施是紧跟绩效计划之后的环节,是指员工根据已经制订好的绩效计划开展工作,管理者对员工的工作进行指导和监督,对发现的问题及时协助解决,并根据实际工作进展情况对绩效计划进行适当调整的一个过程。持续的绩效沟通、必要的绩效辅导是绩效实施过程中管理者的重要职责。简单来讲,绩效管理实施就是指已制定好的绩效目标的实施过程。

第一节 绩效管理实施的准备

在绩效管理实施的准备阶段应对组织的性质、所处的发展阶段进行深入分析,尤其要透彻研究组织的经营现状、人员结构,并对组织进行准确定位。不同的组织在同一个发展阶段考核的目的不尽相同,相同的组织在不同的发展阶段考核目的也不尽相同。因此"为什么考核"是组织在考核之前必须回答的问题。考核目的决定考核采用什么指标、方法和手段,不同的考核目的采用不同的考核方式。绩效管理实施的准备包括绩效管理实施的时间安排,绩效管理实施的有关文案、宣传与培训资料、表格等的制作和准备,绩效管理实施的正式动员和培训等。

一、绩效管理实施所需的信息支持和文案准备

在当今信息技术时代,绩效管理需要信息支持。因此,组织需要建立信息管理系统。因为绩效信息系统是组织人力资源信息系统的一个子系统,所以在绩效管理实施前应该建立健全的绩效信息系统。无论是从宏观上看,由组织整体到各个业务、职能部门,还是从微观上看,具体到每个绩效管理的单元,在绩效管理系统运行的每一个过程中都会产生大量的新信息,这些信息也可能涉及某些部门或个人。因此,需要各级主管定期或不定期地收集这些相关信息,以便为之后的考评工作提供准确、翔实和可靠的数据资料。例如,某组织在对生产部实施绩效考核时,其中一个指标是有效工时,可生产部统计上来的数据与厂部统计上来的数据不一致。生产部门认为自己部门的数据较真实,但是,通过调查发现,两个部门统计的数据来源以及统计的方法等都不一样。生产部统计的有效工时是在实际生产线上所用的工时,而厂部统计的有效工时是该部门实际上班的人数的工时。管理实践表明,收集上来的数据与实际工作中反映出来的真实情况有较大的差距,不同部门统计的数据并不相同。如果采用的标准不一致,就会导致统计结果不同。综上可以发现,在收集数据时,要有明确的标准和数据来源,应按照组织规定的流程和制度来收集数据,不能只凭部门的主观判断来收集和提供数据。同时,必须保证数据的收集、统计的标准以及计算方法等一致。有些组织为了保证绩效管理信息的有效性和可靠性,建立了原始记录的登记制度。该制度提出了以下具体要求。

（1）所采集的材料尽可能用文字的形式证明所有的行为，应包括有利和不利的记录。

（2）所采集的材料应当说明这是考评者直接观察的第一手资料还是由他人通过观察得出的间接资料。

（3）详细记录事件发生的时间、地点以及参与者。

（4）所采集的材料在描述员工的行为时，应尽可能地对行为过程、行为环境和行为的结果做出说明。

（5）在进行考评时，应以文字记录为依据。

该制度中记录信息主要分为以下三类。

第一类是关于组织的信息。为了使绩效计划能够和组织的目标结合在一起，在进行绩效计划沟通之前，考核者和被考核者都需要重新回顾组织的目标。关于整个组织的信息不应该只是高层管理人员了解即可，对于基层管理人员和员工来说，了解组织的发展战略和经营计划的信息也有助于在工作中保持正确的方向。

第二类信息是部门团队信息。部门团队信息是确定员工个人绩效计划的主要来源，而且每一个部门团队的信息都是根据组织的整体目标逐步分解而来的。

第三类信息是个人信息。这类信息主要包括被考核对象的工作描述，如职位说明书和上个考核期的评估结果。在员工的工作描述中，通常规定了员工的工作职责。工作职责是设定员工个人绩效计划的重要依据。同时，因为员工的绩效目标通常是连续的或者是有关联的，所以在制订绩效计划时，有必要回顾一下上个考核期内的工作目标和评估结果。而且，对于上个考核期内有待进一步解决的问题也需要在这个考核期内得到解决。一般来说，采取什么样的方式需要考虑不同的环境因素、员工特点等。对绩效目标和计划予以讨论，有助于在部门或者团队成员之间达成共识。即使是考核者和被考核者单独交谈，也应考虑沟通方式。无论采取何种方式，目的都是考核者和被考核者就绩效目标和计划达成共识。

二、不同角色的前期工作准备

（一）高层领导的前期工作准备

第一，制订组织的战略发展目标、计划，制订年度的组织经营计划。应对高层领导进行制订战略目标和年度计划的培训，建立一套使组织战略有效实施的目标管理体系。

第二，理解和大力支持绩效管理工作，做好全组织的绩效动员工作。同时，选出一名高层领导全面负责绩效管理工作，成立绩效管理工作小组，明确绩效管理参与人员的职责权限，指导人力资源部拟定绩效管理的方案、制度、流程，进行有关绩效考核操作方法的培训，负责绩效管理的组织、实施和改进等。

（二）部门主管的前期工作准备

第一，配合人力资源部完善各部门岗位工作说明书。按照人力资源部的要求和指导，以部门主管为主导，高度重视职务说明书的完善工作。它既是绩效管理的基础，是绩效考核指标设定的重要依据，又是绩效管理工作的基本点。

第二，以各项制度和文件为依托，完善各部门的规章管理制度，报总经理审核后交人力资源部备案。

第三，建立和优化部门之间的业务流程，明确岗位责任人和流程说明。这是绩效管理的关键环节，由人力资源部指导，各部门负责人制订，报总经理审批后交人力资源部备案。

第四，根据组织的战略计划和目标制订部门工作计划和分解指标，和上级领导沟通，并建立本部门的绩效指标体系，制订本部门的绩效考核标准。

第五，做好本部门的绩效管理内部培训工作，让本部门员工了解相应岗位的工作职责、工作内容和部门规章管理制度。同时，做好绩效考核宣传，从而引起部门员工的高度重视。

（三）各岗位员工的前期工作准备

第一，根据各部门工作计划做出个人年度工作计划，明确完成工作的重点和对工作目标的期望值，了解 KPI 考核工具，还要与部门领导主动沟通。

第二，在部门主管的培训下，了解部门规章管理制度，熟悉本部门的工作流程和工作内容，明确自己的岗位责任以及在工作流程中自己应当承担的职责。

（四）人力资源部的前期工作准备

第一，完善各部门的职位说明书、部门岗位职责、部门内部规章管理制度和业务工作流程。此项工作难度很大，任务也很艰巨。在上层领导的指示下，应与其他各部门主管进行沟通，让他们了解此项工作的重要作用。

第二，在上层领导的指导下，根据组织目前的状况选择合适的绩效考核方法，设计合理的绩效管理体系、管理流程、管理制度，制定各项考核标准，确定切实可行的绩效管理方案。

第三，为各部门绩效管理的前期准备工作提供技术支持，提供有关绩效管理的咨询和各方面的培训，如业务流程培训等。

第四，明确绩效管理流程的职责权限，责任到人。同时，需要特别明确的是，在绩效管理中，一定要建立正确的管理模式，由部门主管对绩效结果负责，由人资源部对流程负责。人力资源部的职责是建立整个组织的绩效管理体系，包括政策、流程等。部门主管必须对其管理的部门及员工的绩效负最终责任。另外，因为绩效管理关乎员工的切身利益，所以员工应积极参与。

第五，在上层领导的指导下，设计出合理的薪酬、晋升和福利体系，考虑怎样实现绩效管理的有效激励。因此，此项工作是一个复杂和渐进的过程，需要与其他部门主管有效沟通和协调，特别需要总经理的大力支持。

第二节　绩效管理实施的流程

在绩效管理的理论与实践中，绩效管理是由一系列活动组成的管理系统，这个系统是按照一定的过程来实施的。这些过程可以归纳为五个阶段：绩效计划阶段、绩效实施与管理阶段、绩效考核阶段、绩效反馈阶段和绩效结果应用阶段，如图 7-1 所示。

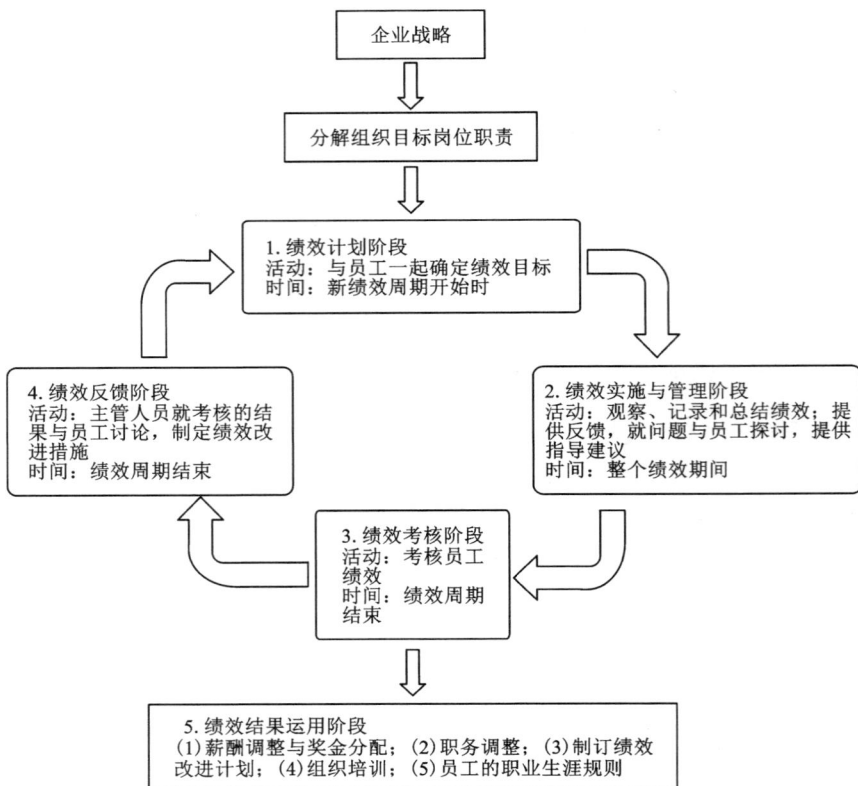

图 7-1 绩效管理实施步骤

一、绩效计划阶段

绩效计划是绩效管理的第一个环节，是现在新的绩效周期的开始阶段，是绩效管理成功的首要一步。所谓绩效计划，是指各级管理者与员工一起，就员工在该绩效周期内要做什么、为什么做、需做到什么程度、应何时做完、员工的决策权限等问题进行讨论，促进相互理解并达成协议。该协议以及达成协议的过程，就是绩效计划阶段。开展绩效计划在时间上一般处于一个考核周期的开始，或者上一个绩效周期的后期。在这个阶段，组织管理者和员工都需要完成相应的工作。

(一) 确定绩效目标与指标

目标管理思想指导下的绩效管理，一般强调在绩效周期开始的时候，要制定具体的绩效目标和绩效指标。绩效目标是管理者在结合组织战略目标和员工现有绩效水平的基础上，对员工提出的在未来一段时期的具体要求或所应达到的结果描述。绩效指标是指在绩效考核管理过程中，对工作绩效目标的各个方面进行分解的内容要素，即从哪些方面对工作产出进行衡量或考核。确定绩效考核目标与指标，简单地说，就是确定绩效考核的内容与具体要求。我国企业组织常采用员工绩效考核内容及指标分解，包含四个方面：德、能、勤、绩。

1. 德

"德"是指人的社会公德、政治品德和职业道德素质。品德是一个人的灵魂，统率人的才能与行为。对员工品德的考核主要因为它会决定或影响人的行为方向及其结果。第一，品德决定了一个人的行为方向，即为什么目的而工作；第二，品德决定了一个人的行为强度，即为达到目标所努力的程度；第三，品德决定了一个人的行为方式，即采取什么手段达到目标；第四，品德决定了一个人的行为结果，即个人目标的社会评价意义。对员工品德的考评要考虑这几个方面与组织的一致性，才能够把握或控制员工的行为及其结果，使之符合组织要求。具体到一个企业，就是品德的考核主要看员工的价值观是否与企业文化一致。品德的标准不是抽象的，而是随着不同时代、不同行业、不同层级而有所变化。在21世纪的今天，企业员工品德的标准一般是能够坚持正确的价值观，富有使命感、责任心和进取精神，能够遵守职业道德、遵纪守法、团结友善、明礼诚信等。

2. 能

"能"是指人的能力素质，即胜任本职工作的能力。一个人的能力一般由四部分构成：第一，常识、专业知识和相关知识；第二，技能、技术或技巧；第三，工作经验；第四，体能。员工能力考核的重点在于考核员工在职务工作中发挥出来的能力和与职务工作相关的能力，如专业知识、文字表达能力、分析判断能力、组织管理能力、预见反应能力、计划开拓能力等。当然，对不同的职级职位，其能力的要求是不同的，应当有所侧重。因此，对员工能力的考核，应以员工所在的职位素质要求为依据，结合员工在工作中的具体表现来做出判断。

对员工实行能力考核的目的：首先，通过员工岗位能力考核，可以确定员工的岗位能力水平，企业据此实施人事的能岗匹配和动态平衡；其次，通过员工能力考核，可以有效地指导员工的岗位培训、岗位轮换或晋升；最后，通过员工能力考核，可以确定员工胜任本职工作的程度，进而决定员工是否需要降职或辞退。

3. 勤

"勤"是员工的工作态度和在岗位上的进取精神，主要通过四个方面来表现：员工的组织纪律性、工作积极性、责任感和出勤率。对"勤"的考核可以概括理解为对员工工作态度的考核。员工工作态度是员工工作能力向工作业绩转换的"动力"，直接影响着员工的工作绩效。例如，工作技能、工作能力和工作内容相近的员工，工作成绩不尽相同，究其原因就在于他们的工作态度和进取精神不一样。有的员工勤勤恳恳、努力工作，而有的员工则出勤不出力，由此产生工作成绩上的差异。

对员工"勤"的考核应注意两个问题：第一，不能把"勤"简单地理解为"出勤率"。出勤率只是形式，重要的是考核员工的责任感和事业心，以及在工作中投入的智力、体力和情感程度。第二，员工的工作态度不仅是其内在品德的表现，还要受到管理制度、文化环境、工作环境等外部条件的影响，因此，在员工"勤"的考核中要注意综合地分析问题。

4. 绩

"绩"是指员工在一定的时间与条件下，完成某一任务所取得的业绩、效果、效率和效益。业绩考核即对员工工作结果进行评价。员工业绩考核是绩效管理工作的核心与重心，员工如果没有良好的工作成绩，就没有组织整体绩效的提升，企业的生存发展将无从谈起。因此，企业都会对员工业绩考核给予充分的重视。员工业绩表现的形式多种多样，一般来说，衡量员工业绩涉及四个方面：规定任务完成的质量、数量、成本和时间。

（1）工作质量。工作质量是指员工在完成工作任务的过程中，生产出的产品或服务达到标准的状况。产品品质和服务质量直接关系着企业的生存，决定了企业工作的质量和组织的效率。一般来说，在完成规定工作任务的前提下，并不是员工的工作质量越高，工作业绩越好。工作质量的标准一般以职位说明书中的规定为依据。工作质量考核的是员工"干得好不好"的问题。

（2）工作数量。工作数量是指员工在一定时间内所完成工作的多少。工作数量在很多企业是业绩考核的基本标准，尤其是对于基层的操作工作，如在制造企业中，一线工人薪酬中计件工资占很大比重；而对于销售工作来说，销售人员的月销售额就是其月工资和奖金多少的依据。工作数量考核的是员工"干了多少"的问题。

（3）工作成本。工作成本体现为在取得一定产出的前提下，付出成本的数量。毋庸置疑，寻求花费最小的成本是企业要求的目标。一般来讲，成本效益的获得是一个系统过程，仅仅依靠员工的贡献是远远不够的，但如果没有员工的积极参与，企业的"挖潜"和"增效"也是很难实现的。

（4）工作时间。工作时间是指员工完成单位劳动成果所耗用的劳动时间，其内涵包括员工在工作中体现的各种工作效率，如管理效率、机械效率等。工作效率是衡量员工业绩不可缺少的内容，它影响着员工工作任务能否按时完成，也影响到员工工作的经济效益。

（二）确定绩效考核标准

绩效考核标准是针对特定部门或特定职位工作制定的，要求员工在工作中应达到的基本要求。企业的常用做法是对考核指标或考核结论按一定的考核方法划分为"A、B、C、D、E"或"5、4、3、2、1"或"优、良、中、可、差"等级标准，以便区别考核结果。绩效考核标准是一种客观存在的标准，与承担职位工作的员工个人情况无关。

绩效考核标准有以下几种类型。

（1）基本标准与卓越标准。基本标准是指对所有被考核对象而言，期望或保证达到的基本水平，是每个被考核对象经过努力都能达到的水平。卓越标准是优秀标准，为鼓励员工多做贡献，可以高标准定义绩效目标，以希望员工创造卓越绩效。

（2）定量标准与定性标准。定量标准通常用数量来表示，定性标准一般用描述性语言对指标应达到的程度进行描述。

（3）职务标准与职能标准。它对应于工作分析中的工作描述和工作规范的内容。在绩效管理中，绩效标准通常是指职务标准，而职能标准则作为员工潜能测评标准。

（4）绝对标准与相对标准。绝对标准是用事先规定的目标或标准作为考核尺度，有较强的客观性。相对标准是通过人与人的绩效比较后，确定一个部门的标准。此时，每个员工既是被考核的对象，又是考核的尺度，因而，标准在不同的被考核群体中往往有很大的差别，无法简单地对员工做出"好"或"不好"的评价。

（三）确定绩效考核周期

（1）工作内容的不同。一般来说，操作性岗位的工作结果，在较短的时间内就可以衡量，考核周期相对短一些，频率高一些；而一些职能类、技术类岗位的工作结果，需要经过较长的时间才可以衡量，因此考核周期相对长一些，频率低一些。

（2）职务层级不同的部门或团队负责人往往承担相对综合的绩效目标，需要经过较长的时间才能对其所负责的部门或团队的工作业绩做出评价，因此考核周期可以长一些，频率可以低一些。而一些基层岗位，一般在较短的时间内就可以做出评价，考核周期可以短一些，频率可以高一些。

（3）评价指标的性质。不同的绩效评价指标，其性质是不同的，评价的周期也应当不同。一般来说，性质稳定的绩效评价指标，评价周期相对长一些，频率低一些；反之，评价周期相对短一些。

（4）外部环境的稳定性。一般而言，如果组织外部环境较为稳定，考核周期就可以长一些。相反，就应该设定较短的考核周期。

二、绩效实施与管理阶段

从绩效管理流程来看，绩效计划明确之后，即进入绩效计划执行阶段。绩效计划的实施是落实绩效目标的具体过程，该过程的成功与否将决定公司、部门绩效目标的完成情况。绩效实施与管理主要包括以下内容：持续的绩效沟通、绩效辅导和绩效信息收集。

（一）持续的绩效沟通

绩效沟通是指管理者与员工在工作的过程中，分享各类与绩效有关的信息的过程，是连接绩效计划和绩效考核的中间环节，是实现绩效改进和绩效目标的重要手段。

1.持续的绩效沟通的意义

通过持续沟通，部门负责人和员工可以适时根据环境的变化对绩效计划进行调整，使之更加适应环境的需要；通过持续沟通，员工可以不断地得到关于自己绩效的反馈信息，并及时得到解决工作中困难的帮助；部门负责人可以通过持续沟通，及时掌握员工工作进展情况，了解员工在工作中的表现和遇到的困难，并及时提供帮助；当下属员工工作中出现各种问题时，部门负责人能够及时地掌握情况，以避免浪费和麻烦，也便于向自己的上级及时汇报工作。

2.持续的绩效沟通的内容

部门负责人和员工在绩效实施与管理过程中持续的绩效沟通是为了共同找到与达到目标有关的一些问题的答案。部门负责人和员工进行持续的绩效沟通的内容有以下几点。

（1）目前工作进展情况如何？

（2）员工和部门是否在达到目标和绩效标准的正确的轨道上前进？

（3）如果发生了偏离，应该采取什么措施？

（4）哪些方面工作做得好？工作中碰到了什么困难和障碍？如何克服？

（5）针对目前的情况，需要对工作目标和达成工作目标的行动计划进行怎样的调整？

（6）员工需要部门负责人提供什么帮助和支持？

在持续的绩效沟通过程中，员工由于外界环境的变化不能够完成预定的绩效目标，可以与部门负责人协商进行绩效指标的变更。

（二）绩效辅导

员工绩效辅导是在绩效沟通的过程中，管理者根据绩效计划，为确保员工工作不偏离组织目标，采用恰当的领导风格，对下属进行持续的沟通指导，以提高员工绩效水平和长期胜任素质的过程。

1.绩效辅导的目的

第一，及时帮助员工了解自己的工作进展情况，确定需要改善的工作、需要学习和掌握的知识与技能；第二，必要时指导员工完成特定的工作任务；第三，使工作过程变成一个学习过程。"好"的辅导具有这样一些特征：辅导是一个学习过程，而不是一个教育过程；管理者应对学习过程给予支持；反馈应该具体、及时，并集中在好的工作表现上。

2.绩效辅导的过程

第一，确定员工胜任工作所需要学习的知识、技能，为其提供持续发展的机会，掌握可迁移的技能；第二，确保员工理解和接受学习需要；第三，与员工讨论应该学习的内容和最好的学习方法；第四，让员工知道如何管理自己的学习，并确定在哪个环节上需要帮助；第五，鼓励员工完成自我学习计划；第六，在员工需要时，提供具体指导；第七，就如何监控和回顾员工的进步达成一致。

（三）绩效信息收集

绩效信息收集是在绩效计划实施过程中，管理者或考核者对员工绩效进行的实时信息记录、整理、汇总、诊断、反馈的过程。绩效信息的收集可以为绩效考核提供事实依据，也可作为晋升、加薪等人事决策的依据；同时收集的事实是部门负责人向员工说明其目前的记录，以确保绩效评价的客观、全面。

1.绩效信息收集的内容

绩效信息收集的内容应该是对绩效评价具有重要意义的行为或工作结果。通常来说，绩效信息收集的内容包括：①工作目标或任务完成情况的信息；②来自客户积极和消极的反馈信息；③工作绩效突出的行为表现；④工作绩效有问题的行为表现；等等。

2.绩效信息收集的方法

绩效信息收集的渠道包括直接的客户、本部门及相关部门的负责人和员工、员工本人、供应商以及管理者的观察，此外还有工作例会、各种工作总结报告、会议纪要、生产进度表等文件信息。一般而言，获得绩效信息的方法主要有三种：①观察法，即部门负责人直接观察员工在工作中的表现，并对员工的表现进行记录；②工作记录法，即通过对日常工作记录表现出来的员工工作目标的完成情况进行分析，从中获得信息的方法；③他人反馈法，即从员工提供工作服务的对象或发生业务关系的对象那里取得员工绩效信息的方法。

3.绩效信息记录的原则

绩效信息记录的原则主要有三点：①基于事实，客观记录；②特定及关键事实尽可能真实地描述事情的发生过程，不要修饰或解释；③语句简洁扼要，重点突出。

三、绩效考核阶段

绩效考核阶段是指在一个绩效考核周期结束时，组织选择相应的考核主体，采用科学的考核方法，收集相关的信息，对员工在特定绩效周期内完成绩效目标的情况做出分析与评价的过程。绩效考核的结果会对人力资源管理的其他职能产生重要的影响，人力资源管理系统中许多环节的决策、调整和操作，均需以人员绩效考核结果为依据。同时，绩效考核结果也关系着员工的切身利益，是员工工作改进及谋求发展的重要途径。因此，在绩效考核阶段重点要做好以下工作：一是绩效考核主体的选择与培训；二是绩效考核分析与判断；三是绩效考核中的误区与避开误区。

1. 绩效考核主体的选择与培训

（1）绩效考核主体的选择。绩效考核主体的选择原则一般包括：绩效考核主体对考核对象的了解和对考核工作的了解，有助于组织目标的实现。基于以上原则，考核主体一般包括以下几类。

①上级。上级尤其是员工的直接上级，熟悉被考核者工作并有机会观察被考核者的工作状况，能将被考核者工作与部门或组织的目标联系起来。在绩效考核时居于特别重要的位置，应当予以充分重视。但考核者的主观因素往往会影响考核结果的公正性，同时它还将耗费管理者大量的时间和精力。

②下属。对于管理者的工作作风和领导能力，其直接下属最有发言权。对管理人员的考核有必要引入下属作为考核者，以得到更为全面的考核结果。但其缺点是下属容易给予管理者过高的评价。

③同事。由共同工作的同事参与绩效考核，会使考核结果更为客观、全面。因为员工通常会把自己最好的一面展现给上级，但是与其朝夕相处的同事却可以了解更全面的信息。使用同事考核对上级考核进行补充，有可能得到更有说服力的考核结果。但由于存在竞争关系，或者事不由己，易出现虚假结论。

④员工自己。由员工本人对自己进行考核，可以提高员工参与度，给员工一个思考自身优缺点的机会。同时，自我考核在考察员工发展潜力方面也有积极的意义，但容易出现自我宽容的现象。

⑤客户。它包括外部客户和内部客户，外部客户是企业产品或服务的接受方，内部客户指工作的服务对象或工作流程中的下一个环节。由客户对员工进行考核，有助于养成员工的客户意识，形成良好的服务合作行为，但缺点是客户特别是外部客户及其评价不容易被控制。

⑥外部专家。对一些专业性较强的岗位进行考核，往往需要外部专家的参与。一般情况下，外部专家考核会得到较为客观的结果，而且具有较高的权威性。但需要投入较多的时间、精力和物力。

（2）绩效考核主体的培训。培训的目的是增强对绩效管理的了解和理解，消除误解和抵触情绪；学会绩效考核的操作技能，保证绩效考核的有效性。一般绩效考核主体的培训包括以下内容。

①企业绩效考核制度。

②绩效考核的含义、用途与目的。

③企业各岗位绩效考核的内容与指标。

④绩效考核信息的收集方法。

⑤绩效考核的具体操作方法。

⑥绩效考核沟通、反馈方法和技巧。

⑦绩效考核的误差类型及其预防。

⑧绩效考核评语的撰写方法等。

2. 绩效考核分析与判断

绩效考核实施的主要任务是对员工个人绩效做出综合性的分析与评价。这种分析与评价的过程是一个由定性分析到定量分析，再到定性分析的过程，具体内容如下。

（1）考核部门召开动员培训大会，向各级管理人员、员工发放绩效考核文件与表格。

（2）各级管理人员、员工开始自评和互评。

（3）对员工绩效评价文件进行收集并量化汇总。

（4）确定员工绩效考核结果及结论。

（5）考核结论反馈。

3. 绩效考核中的误区与避开误区

在绩效评价的实施过程中，经常发生评价结果不准确、不客观的现象。因此，需要采取有效措施，以避免绩效评价偏差。

（1）绩效考核中的误区。绩效考核中有多种因素可能导致考核结果明显偏离员工的实际绩效水平，这被称作绩效考核中的误区。以下是几种常见的考核误区。

①晕轮效应。晕轮效应也称为光环效应，是指在员工业绩考核时，由于只重视某一突出特征，而掩盖了被考核者其他方面的信息，最终影响到考核结果的正确性。以偏概全，由于被考核者在某一方面表现不良，便全盘否定的做法，即是晕轮效应。

②逻辑错误。这种错误是指考核者使用简单的逻辑推理，而不是根据客观情况来对员工进行评价。例如，按照"口头表达能力强，沟通能力就强"这种逻辑来对员工沟通能力做出评价就是逻辑错误。

③首因效应。首因效应是指考核者根据员工在绩效考核初期的绩效表现或第一印象，而对员工整个绩效考核周期的表现做出评价。出现这种错误是由于考核者可能存在首因偏见，会在一定程度上影响员工绩效考核的公正性。

④近因效应。近因效应是指以员工在近期的表现为根据，对整个绩效考核周期的表现做出评价。考核者对不久前发生的、时间较近的事件印象较深，而对较久远的事件忘记或忽略了。这种以"近"代"全"的考核，使考核结果失去公正性。

⑤过宽或过严倾向。过宽倾向是指考核中对被考核者所做的评价过高，过严倾向是指考核中对被考核者所做的评价过低。出现这两类考核误区的原因在于绩效考核中缺乏明确、严格、一致的判断标准，特别是在考核标准主观性很强并要求考核者与员工讨论评价结果时，很容易出现过宽倾向。而当考核者采用的标准比组织制定的标准更加苛刻时，则会出现过严倾向。与此类似的偏差还有中心化倾向，它是指对员工的考核结果都比较集中，既不过高，也不过低。

⑥溢出效应。溢出效应是指根据员工在考核标准以外或考核周期以外的表现，对员工考核周期内的表现做出评价。例如，某个人在考核周期开始前出了一次事故，在考核周期内他并没有出现问题，但是由于这次事故的影响，上级对他的绩效评价还是比较低。

⑦个人偏见。在考核过程中，考核者可能对被考核者的个人特征，如性别、性格、相貌等方面存在偏见，按自己的主观好恶进行评价，进而影响考核结果。考核者的偏见既可能是有意的也可能是无意的。如果一个人对某群体具有强烈的反感情绪，这种偏见就使他

在评分时很难坚持客观性和公正性，其结果必然会使对某些员工的考核结果处于被扭曲的状态。

（2）避开绩效考核中的误区。为了减少甚至避开这些误区，组织应当采取以下措施：

第一，充分准备，正确认识绩效考核的目的与原则。

第二，清晰界定考核内容、考核指标，实行明确具体的绩效考核标准。

第三，选择合适的考核方法，尽量减少考核者的个人偏见。

第四，选择恰当的考核主体，并对考核主体进行培训。培训中要明确指出这些可能存在的误区，从而使他们在考核过程中能够有意识地避开。

第五，建立评估申诉制度。创造良好的评估环境，赋予被考核者一定的权力。

四、绩效反馈阶段

广义的绩效反馈是管理者使员工了解自身绩效水平的各种管理手段，它可以出现在绩效管理的多个阶段。狭义的绩效反馈是指在绩效考核结束后，上级就绩效考核结果和员工进行面对面的沟通过程。绩效反馈既有日常的检查反馈，也包含绩效考核后的结果反馈。反馈是人们产生优秀行为表现的重要条件之一，如果没有及时、具体、有效的反馈，人们的行为表现往往会停步不前或越来越差。因此，经常、有效的绩效反馈是员工绩效考核公正的基础，也是员工改进绩效的保证。同时，还可以通过绩效反馈排除各种冲突，提高组织和员工的绩效满意度。

（一）绩效反馈的原则

在绩效反馈过程中，组织应坚持以下基本原则。

（1）相互信任原则。有效的绩效反馈的首要条件就是双方都要做到开诚布公，坦然面对，营造彼此相互信任的氛围。同时也要注重选择有助于反馈和沟通的良好环境，如在没有工作压力、没有上级威严的氛围中达成共识。

（2）经常性原则。绩效反馈应当是经常性的，而不应当是一年一次。管理者只要意识到员工在绩效中存在缺陷，就有责任立即去纠正它，否则会造成较严重的损失。另外，只有考核者经常性地向员工提供绩效反馈，才能保证员工在正式的绩效考核过程结束之前就基本了解和掌握自己的绩效水平。

（3）对事不对人原则。在绩效反馈中，双方应该讨论和评价的是员工的工作行为和工作绩效，即工作中的一些事实表现，员工的个性特点不能作为评价绩效的依据。即使是反馈中涉及员工的某些个性特征，也要注意这些个性特征必须是与工作绩效有关的。

（4）正面引导原则。绩效反馈对于员工而言应该是建设性的，不管员工的绩效考核结果是好是坏，都要给员工一些鼓励和正面引导。至少让员工意识到，虽然自己的绩效考核成绩不理想，但自己得到了一个客观认识自己的机会，找到了应该努力的方向，在自己前进的过程中会得到管理人员的帮助。这对于实现绩效改进计划和提升组织与员工绩效都具有重要意义。

（5）着眼未来的原则。绩效反馈的很大一部分内容是对过去的工作绩效进行回顾和评估，但这并不等于绩效反馈要集中于过去。讨论和评估过去的目的并不是要停留在过去，而是从过去的事实中总结出一些对未来发展有用的东西。因此，任何对过去绩效的讨论和评估都应着眼于未来，核心目的是制订员工的绩效改进计划和未来发展计划。

(二)绩效反馈的内容

绩效反馈的内容概括起来主要包含以下五个方面：

(1)对绩效考核结果达成共识。通过对员工绩效考核结果的通报，使员工明确其绩效表现在整个部门中的大致位置，并对绩效考核结果达成共识，同时激发其改进现有绩效水平的意愿。

(2)使员工认识到在本阶段工作中的优缺点。管理人员可以通过对员工工作事件进行记录，分析哪些是高绩效行为，哪些是低绩效行为。通过表扬与激励，维持与强化员工的高绩效行为。通过对低绩效行为的归纳与总结，准确界定员工绩效的差距，并提出改进思路。

(3)制订绩效改进计划。发现并指出员工绩效的差距与不足，是绩效反馈的目的。提升员工绩效以最终实现组织目标，才是绩效管理的核心思想。因此，每位管理人员都有责任协助员工制订新的绩效改进计划，督促其提高绩效水平。

(4)为员工职业规划和发展提供信息。绩效反馈不仅能满足组织绩效水平提升的目的，还应通过指出员工在实现绩效工作中的优势与劣势，借助于组织的指导与协助，帮助员工实现个人的职业规划与职业目标。

(5)确定与任务目标相匹配的资源配置。绩效反馈不仅是关于绩效水平的简单沟通，还应是发现资源配置是否有问题的过程。合理而有预见性的资源配置，是提升组织与员工绩效水平的重要基础。在明确绩效任务的同时，确定相应的资源配置，对管理人员和员工来说是一个双赢的过程。

(三)绩效反馈面谈

绩效反馈面谈是绩效反馈的主要形式。进行绩效反馈面谈，重点是要让员工了解在本绩效周期内的业绩水平。与员工共同探讨绩效优秀与不佳的原因，向员工传达组织的期望，一起制订绩效发展与改进计划。进行绩效面谈，需要了解以下基本步骤及注意事项。

(1)绩效反馈面谈的基本步骤：营造一个和谐的气氛；说明反馈的目的、步骤和时间；审核每项工作目标评估的完成情况；分析成功和失败的原因；考察工作表现；评价员工工作上的强项和有待改进的方面；讨论员工的发展计划；为下一阶段的工作设定目标；讨论需要的支持和资源；签字确认。

(2)绩效反馈面谈注意事项。

在进行反馈面谈时，应注意以下说话的技巧：

①管理者轻松简短的开场白，能消除员工的紧张情绪，营造融洽的谈话气氛。

②管理者与员工确立平等的沟通关系，有助于双方沟通得顺畅而深入。

③在绩效反馈面谈过程中，语气要平和，不能掺杂个人情绪，不能引起员工的反感。

④多使用正面鼓励或者反馈，关注和肯定员工的长处。

⑤要给员工说话的机会。允许他们解释，发表自己不同的意见和看法，鼓励员工记住双方达成一致的内容、承诺等。

五、绩效结果应用阶段

绩效结果应用阶段是绩效管理的最后一个阶段，也是为下一个绩效管理周期开始做准备，它在绩效管理流程中是一个重要阶段。有一句管理箴言说道："没有评估，就等于没有管理。"可以将这句话延伸到绩效结果的应用上，即"没有绩效结果的应用，就等于没有绩效管理"。只有将绩效考核结果运用到各种人事决策中，并最终落实到绩效改进计划上，才能真正发挥绩效管理的作用，保证组织目标的实现。

绩效考核结果的运用包括两个层次的内容：一是直接根据绩效考核结果做出相关的奖惩决策；二是对绩效考核结果进行分析，从而制订绩效改进计划。

当绩效考核完成以后，评估结果要与相应的管理环节相衔接，主要有以下几方面。

(一)制订绩效改进计划

绩效改进是绩效管理过程中的一个重要环节。传统绩效考核的目的是通过对员工的工作业绩进行评估，将评估结果作为确定员工薪酬、奖惩、晋升或降级的标准。现代绩效管理的目的不限于此，员工能力的不断提高以及绩效的持续改进和组织的发展才是其根本目的。绩效考核结果反馈给员工后，有利于使员工认识到自己的工作成效，并发现自己在工作过程中存在的问题。因此，绩效改进工作的成功与否，是绩效管理过程是否发挥效用的关键。

(二)组织培训

这是指根据绩效考核的结果分析来对员工进行量身定制的培训。对于难以靠自学或规范自身行为态度就能改进绩效的员工来说，他们可能在知识、技能或能力方面出现了瓶颈，因此组织必须及时认识到这种需求，有针对性地安排一些培训项目，组织员工参加培训或接受再教育。这样做带来的结果是既满足了完成工作任务需要，又可以使员工获得免费的学习机会，对组织和员工来说都是有利的。同时，培训和再教育也越来越成为吸引优秀员工加盟组织的一项福利。

(三)薪酬调整与奖金分配

绩效考核结果的一种非常普遍的用途是作为薪酬调整和奖金分配的依据。员工薪酬的一部分跟绩效挂钩，可以激励员工更努力地去实现绩效目标。实际上，除了基本工资外，员工一般有绩效工资。绩效工资是直接与员工个人绩效挂钩的。员工在组织中所处的层级及工作性质不同，薪酬构成中与绩效挂钩的部分所占的比重也有所不同。一般来说，员工所处的层级越高，其薪酬中绩效部分的占比就越大。此外，员工薪资等级的调整也常常跟绩效评价的结果有关。根据强化理论可知，员工因为某种行为而获得薪酬奖励，这反过来又具有强化作用，会促使员工继续表现该种行为。不过，如果选择了不合适的评价指标，又没有相应的监督约束机制，绩效薪酬的强烈刺激也可能引发员工的短期化行为。

(四)职务调整

经过多次绩效考核后，员工的业绩始终不见有所改善，如果确实是员工本身能力不足，不能胜任工作，则管理者应考虑为其调整工作岗位；如果是员工本身态度不端正，经过多次提醒或警告后都无济于事，则管理者应考虑将其解雇。绩效考核结果可以反映出员工的优点与缺点，这为员工职务的调整提供了依据。

（五）员工的职业生涯规划

根据绩效考核结果，应分别制订员工在培养和发展方面的规划，以便最大限度地发挥他们的优点，从而提高培训效率，降低培训成本。因此，在实现组织目标的同时，应帮助员工进行职业生涯规划。

（六）人力资源规划

绩效考核结果为组织提供总体人力资源质量优劣程度的确切数据，以便为组织的未来发展制订人力资源规划。

（七）正确处理员工内部关系

公平的绩效考核可以为员工在加薪、晋升、降级等重要人力资源管理方面提供客观的数据，减少人为的不确定因素对管理的影响。

第三节　绩效管理实施中的关键问题

一、绩效管理实施成功的主要因素

任何计划的有效实施都离不开必要的保障条件和措施，绩效管理实施也不例外。绩效管理实施成功的关键因素主要包括组织和领导、绩效管理培训、绩效激励以及投入。

（一）组织和领导

有效的绩效管理实施离不开强有力的实施机构和管理人员的参与。组织应有专门的机构负责绩效计划的实施、贯彻和落实。同时组织的高层管理人员也要参与其中，以身作则，体现对绩效管理工作的重视。组织要明确绩效管理系统中的关键参与者，明确他们在其中所扮演的角色和应该承担的职责。在绩效管理系统中，关键参与者主要涉及组织中的高层管理人员、直线管理人员、人力资源管理人员和员工，他们在绩效管理系统实施过程中发挥着各自不同的作用。高层管理人员是绩效管理系统实施的领导者，他们的支持和参与能为绩效管理系统的实施提供动力。如果得不到高层管理人员的认可与支持，绩效管理实施就有可能遇到各种各样的障碍，这也是目前绩效管理实践中存在的主要问题之一。直线管理人员和员工是绩效管理实施的主体，他们是绩效管理系统的直接使用者或具体执行者。直线管理人员和员工能否自觉地扮演好自己的角色，正确地履行自己的职责，是实施绩效管理的关键。

（二）绩效管理培训

为了有效地实施绩效管理，绩效管理执行的主要参与者特别是直线管理人员和员工，必须理解和接受绩效管理计划的目标和内容，熟悉绩效管理过程，具有实现绩效管理目的的责任感，掌握绩效管理的方法和技巧。事实上，直线管理人员和员工并不是人力资源管理和绩效管理方面的专家，因此，对他们进行绩效管理培训是非常必要的。绩效管理培训与一般的组织培训在程序与方法上类似。首先，从培训内容来看，绩效管理培训要使直线管理人员和员工理解和接受绩效管理系统。绩效管理是一个复杂的系统，涉及许多方面的内容和各个方面的利益，所以应通过培训使直线管理人员和员工理解绩效管理系统各要素之间以及与组织其他系统之间的关系，认识到绩效管理系统的意义，在观念和态度上真正接受绩效管理系统。其次，应通过绩效管理培训来培养直线管理人员和员工的责任感。直线管理人员和员工能否自觉地履行自己的职责是绩效管理能否顺利实施的关键，所以培养他们的责任感是绩效管理培训的重要内容。为了使绩效管理培训取得好的效果，高层管理人员对绩效管理培训的支持至关重要。

（三）绩效激励

在绩效管理执行过程中必须对管理人员和员工进行有效的激励。对于管理人员，要把他们的工作绩效以及报酬与他们在绩效管理执行过程中所履行职责的状况联系起来，激励他们更好地履行自己的职责。对于员工，则要不断地与其进行沟通，让他们了解绩效管理的实施状况及其作用。

（四）投入

绩效管理执行要有相应的投入。这些投入不仅包括人力、物力和财力上的投入，也包括时间、精力上的投入。由于实施绩效管理会产生机会成本，这导致实践中许多组织在绩效管理上投入不足，使得绩效管理系统没有发挥应有的作用。当然，在这一过程中也要考虑投入的成本问题，要充分利用便利的技术手段，尽可能地避免不必要的活动，从而提高绩效管理实施的效率。

二、实施绩效管理时应处理好的几个问题

部门绩效管理是组织绩效管理的子系统，因此，要顺利地实施部门绩效管理，必须处理好以下几个方面的问题。

（一）确保部门绩效管理与组织的整体战略挂钩

战略是组织发展的指南针，是组织加强核心竞争力的关键。组织战略的有效实施依赖于组织绩效目标的稳步实现，因此，如果部门绩效管理没有坚持战略导向，就很难保证组织整体绩效和组织战略的实现。在实践中，很多组织在部门绩效考核中并没有坚持战略导向。例如，虽然确定了高质量、低成本的重要战略性目标，然而财务部门以无法分解为由对其不予以考核，这就违背了制定战略目标的初衷。因此，可以采用平衡计分卡法进行绩效考核指标的设计，从而确保组织战略在组织、部门以及员工三个层面的绩效分解，有效

解决绩效管理和组织战略脱节的问题。

(二)处理好人力资源管理部门人员和部门管理人员在绩效管理中的职责关系

在很多人心目中,绩效管理是人力资源管理部门的工作,应由人力资源管理部门负责。实际上,在实践中这种想法会带来很多问题,它使各部门被考核主体认为绩效管理就是人力资源部门对本部门的考核和监督。因此,它很容易使考核流于形式,会造成部门经理厌烦、员工害怕的局面,进而引起对绩效考核的应付甚至反抗心理。这样,不仅使绩效管理得不到有效开展,还可能使部门之间、员工之间产生很多矛盾。要避免此类现象的发生,就要在部门绩效管理实施之初对部门全体人员进行相关培训,要让他们明白绩效考核仅是绩效管理的一个部分,明确部门和员工的工作任务及绩效目标。人力资源管理部门为业务部门提供支持性服务,是组织人力资源管理政策的提供者和管理者。显然,绩效管理的功能超出了人力资源管理部门的职能范围,其真正的责任人应当是业务部门的各级管理人员,而人力资源管理部门在绩效管理过程中起到的是组织和协调的作用。

(三)合理确定绩效管理的考核办法

对考核方法的选择是绩效管理体系中一个关键而又敏感的问题。在一些成熟的组织中,由于已经形成了良好的绩效考评文化,诸如纵向考评、横向考评、自我考评等方法,可从容地进行绩效考核。但是,机械地套用上述办法,很容易使考核过程成为考核者与被考核者的博弈游戏,或者成为填表游戏,并不能真正发挥提高绩效水平的作用。因此,绩效考核办法的设计应根据组织的文化、管理人员的素质等因素慎重考虑,并保证与部门人员之间充分沟通。这样做的好处是部门人员在沟通中就已经感受到实施绩效管理不是与个人作对,而是大家齐心协力地提高工作业绩。

(四)平衡制度与经理人的责任

管理人员往往对绩效管理制度有一种不够现实的期望,希望通过指标体系的设计,将所有的工作过程和任务进行量化,以此减少管理人员在考核过程中的主观因素影响,使绩效考核更加公正和公平。事实上,绩效管理的指标体系很难全部实现量化。例如,对于销售部,尽管可以直接用销售额去衡量其业绩,但是考虑到组织的长期战略目标,对销售部开发新客户的能力、与客户沟通的效果、服务客户的态度及水平的定性考核也很重要。而且,对于一些依靠知识、经验及技能从事创造性工作的部门,如研发部,定性的考核比定量的考核更重要。因此,一个良好的绩效管理系统的设计,一定要将定量的考核与定性的考核有机结合起来。此外,任何一个好的绩效管理系统都不能起到替代优秀的经理人的作用,所以管理人员应当承担起绩效管理的责任,要对部门的绩效做出客观公正的、定性与定量相结合的考核。

(五)建立支持绩效管理的信息系统

组织的管理信息系统对绩效管理起支持作用。例如,按照平衡计分卡的绩效管理模型建立的指标体系,需要处理大量的财务、市场资料等信息,并使信息在组织内部得以快速传达。只有这样做,绩效指标才能及时地反映组织的经营状况,进而提高绩效反馈和调整的效率，缩短组织应对市场变化的时间，因而，具备条件但没有建立信息系统的组织，应在实施绩效管理的时候建立相应的信息系统，使绩效管理与信息系统相辅相成，相互促进。

(六) 协调好部门之间的绩效管理

目前，组织发展有两个趋势，一是组织结构的扁平化与网络化，二是客户需求的日趋个性化和多样化。在这两个趋势的影响下，组织运营的跨职能现象日益普遍。同时，市场也要求组织不断提高快速响应等方面的水平。可见，单个部门的成功必须依赖于其他部门的成功。这就要求管理人员一定要从组织运营的角度去考虑和实施本部门的绩效管理工作，协调好部门之间的绩效管理活动。在组织的运营过程中，各部门是相互依存的，具有内在的统一性与利益的相关性。为了保证组织运营的顺畅，绩效考核时就必须保证各个部门之间能有效协作。

本章小结

人力资源是组织的战略资源和核心竞争力，而绩效管理既是人力资源管理系统的重中之重，又是薪酬、培训的应用基础。目前，很多组织建立了绩效考核系统，但绩效考核只是绩效管理系统中的一个模块。完整的绩效管理系统还包括考核前的绩效计划、考核中的绩效实施和考核后的绩效反馈、考核结果应用等环节。"绩效"一词从字面上可以这样表示：绩效＝业绩+效率。绩效管理实施是一个闭合循环的过程，而这个循环分为五步：绩效计划与指标体系构建、绩效管理的过程控制、绩效考核与评价、绩效反馈与面谈以及绩效考核结果的应用。绩效管理实施的前期准备包括绩效管理实施的时间安排、所需的信息支持和文案准备、组织绩效管理实施的动员和培训等。绩效管理工作一般可归纳为四个过程，包括绩效计划、绩效实施、绩效考核、绩效反馈。绩效实施是绩效管理中耗时最长的环节，贯穿于绩效管理的全过程；绩效考核是绩效管理中最为核心、最困难的环节，是绩效管理是否成功的标志性环节。因此，做好绩效实施和考核工作是绩效管理工作的重要环节。绩效管理实施应与制订绩效改进计划、组织培训、职务调整、薪酬调整和奖金分配等挂钩，根本目的是保证员工能够按照绩效计划在计划时间内圆满地完成工作任务，并提升组织绩效、部门绩效等。任何计划的有效实施都离不开必要的保障条件和措施，而绩效管理实施成功的关键因素主要包括组织和领导、绩效管理培训、绩效激励以及投入。因此，只有各环节、各相关人员配合好了才能保证绩效管理的顺利实施。

思考与讨论

1. 绩效管理实施的准备包括哪些内容？
2. 绩效管理实施的大致流程是什么？
3. 绩效考核结果在人力资源管理决策中有哪些作用？
4. 在进行绩效反馈面谈时，你认为还有哪些事项应该注意？

5.绩效信息收集在绩效管理实施中是至关重要的,如何才能确保收集到的信息是真实有效的?

案例分析

绩效面谈起冲突

2015年12月15日上午,客户服务经理吴静把长达几页的绩效考核表格分发给下属的7名员工,提醒这两天是公司例行的月底绩效考核周期,要求员工在两天内填好并上交给她。同时,吴静还告诉她的下属:公司将在今年开始实施每月的考核结果与年度奖金发放、末位淘汰挂钩的制度。

出乎吴静的意料,当天下午,这些复杂的考核表格悉数上交给了她,所得的自评分数均为70~80分,这是一个既不优秀又不普通的分数段。更让她哭笑不得的是,有3名员工在自评后,即在上司评分栏里签下了自己的名字。也就是说,不管上司给予什么样的评分,员工在事前就已经表示了同意。

在下班前,吴静召集员工开了一个简短的会议,就员工在考核结果的上司评分栏签名的做法,其中对她表现出的信任表示感谢。但她同时指出,这种提前签名的做法有悖于以往的考核管理,是不合理的。她要求员工重新拿回表格,再做评估与衡量,合理地打出自己的分数后再交给她。同时吴静再次强调:人力资源部已经明确发文,考核结果将作为年度奖金发放及末位淘汰的参考依据。

第二天下午,吴静顺利地回收了7名员工的考核表格。结果却让她非常为难:员工自评全都在80分以上。这意味着,部门员工的绩效表现均为优,而这不符合人力资源部制定的强制分布原则:每个部门只有20%的员工得优。

吴静根据月初制定的绩效指标,逐一对7名员工进行了评分。最后,她和往常一样,把考核表格发还给员工,交代员工如有异议,可找她做绩效面谈。

由于在过去考核结果并没有与收入直接挂钩,中层管理人员及员工一直都不重视考核结果的应用,绩效面谈一直流于形式,最后是如果员工对上司的评分没意见,就干脆把绩效面谈这个流程省却了。

但这一次,却因为与李小茹的面谈,让吴静尴尬得差点下不了台。李小茹主动找吴静要求面谈时,吴静是有心理准备的。因为入职4个月的李小茹的绩效评分在最近三个月都不是非常理想,这个月吴静给了她一个最低分。

李小茹非常坦诚地问她的上司:这个月她的绩效指标完成情况的确不够理想,也遭到了几个客户的投诉,得了部门的最低分,她心里非常难过。但她希望知道自己应该如何做,才能避免这种情况。

面对准备充分的李小茹,缺乏绩效面谈准备的吴静显得手足无措,一时无言以对。她只是简单地安慰李小茹,她会考虑下一个月度调低对她的考核指标,帮助她把工作做得更好,也会动员其他同事给她提供一些帮助。至于如何调整考核指标、提供什么样的帮助,吴静表示自己正在考虑中。

李小茹对吴静的态度感到不满,认为自己在这种情况下非常无助,的确希望自己的直接上司在工作改进上提供指导性的帮助,但吴静的答复对她没有任何价值。她认为,这样下去,自己肯定是第一个被淘汰的员工。她再次直截了当地问吴静:怎样帮助自己改善绩效?感到异常无助的李小茹,把绩效面谈的情况及结果以邮件的方式告诉了人力资源经理,对公司的绩效考核目的及直接上司的绩效面谈方式均提出了疑问。她认为,部门经理对绩效改善的漠不关心,是对她工作不满意的前兆。而按照吴静的逻辑,尽管公司一再强调月度考核结果会与年度奖金发放及末位淘汰挂钩,但实际起作用的,只是年终的考核结果。吴静对李小茹的投诉非常反感,认为自己已经做出了多个承诺,会帮助她在未来的时间里做好工作,李小茹实在犯不着捅到人力资源经理处。后来两人的关系一直处得不甚愉快,李小茹的工作绩效也没有起色。

思考题

试分析此次绩效面谈产生冲突的原因何在,应该如何做好绩效面谈。

第八章　绩效沟通与反馈

绩效沟通与反馈贯穿于整个绩效管理过程中，是绩效管理的灵魂和核心，也是绩效管理过程中耗时最长、最关键、最能促进工作开展及产生效果的环节，对绩效计划的制订、绩效考核的实施和结果运用都有重要的作用。绩效沟通与反馈作为绩效管理的一个重要内容，应该贯穿于绩效促进和绩效考核环节。在绩效促进环节，绩效沟通是员工绩效管理过程的反馈与指导；在绩效考核环节，绩效沟通是员工绩效结果的反馈与指导。不论是哪一环节的绩效沟通，绩效沟通都履行不断改进员工工作绩效和开发员工技能的职责。

第一节　绩效沟通与反馈概述

一、沟通

（一）沟通的含义

目前，沟通能力已经成为人才竞争的重要素质之一。沟通涉及工作与生活的各个层面，与人的发展息息相关。沟通是一门艺术，也是一门学问。从某种意义上讲，沟通已经不再是一种职业技能，而是一种生存方式。一般来说，沟通是人们在互动过程中通过某种方式或者途径将一定的信息从发送者传递给接收者，并获得理解和预期反馈的过程。实际上，这只是沟通的表层含义。信息交流的目的只能告诉人们在绩效沟通中管理人员与员工应该互相交流什么内容，但是，沟通更重要的意义在于传递想法而不仅仅是传递信息本身。只有把思想的传递视为沟通的重点，才能够让对方真正领悟所传递的信息。因此，真正有效的沟通是通过自己的语言和行为的引导使对方产生自己所希望的想法。

（二）沟通的过程

实际上，沟通是一个很复杂的过程，并不像表面上看起来那么简单。在沟通发生之前，往往存在一个沟通的意图，我们称之为"被传递的信息"。信息首先被转化为信号，然后通过媒介传递给信息接收者，再由信息接收者将收到的信号转译出来。沟通过程包括八个组成要素，即信息、编码、通道、接收、译码、理解、反馈、噪声。编码是指发送者将信息编成一定的文字等语言符号或其他形式的符号；通道是发送者用于传递信息的媒介，如书面通知、电话、电报、收音机、电视、网络等；译码是指接收者在接收信息后，将符号化的信息还原为思想，并理解其意义；反馈是指接收者将接收到的信息返回给发送者；噪声是妨碍沟通的因素，存在于沟通过程中的各个环节，并有可能造成信息失真。

二、绩效沟通与反馈

（一）绩效沟通与反馈的含义

绩效沟通与反馈是指企业的管理人员与员工为了达到绩效管理的目的，在共同工作的过程中就绩效实施过程中反映出的问题以及绩效评价系统本身存在的问题展开实质性的交流，并着力于寻求应对之策，服务于后一阶段企业与员工绩效改善和提高的一种管理方法。简而言之，绩效沟通与反馈就是管理人员与员工就绩效问题进行的沟通，是一个关于绩效信息的发送、接收与反馈的过程。

（二）绩效沟通与反馈的作用

沟通的职能是使企业的活动统一起来，是改正行为、引起变化、使信息发挥作用从而达到目标的手段。所以在绩效管理中，每个管理人员必须对沟通的作用给予充分的重视，尤其在当今绩效管理已走上强调人性化管理理念的道路，沟通更是不容忽视。

1.对企业的作用

（1）绩效沟通是提高绩效管理有效性的手段。管理人员通过沟通可以获得信息和情报，及时掌握层级工作进展情况，保证管理的有效性。

（2）沟通是实现决策科学化、民主化的重要途径。沟通是决策的前提，没有沟通就无法获得信息，目标的设立、计划的制订、人力及其他资源的配备、工作进展的控制、绩效问题的解决就无从谈起，管理人员也就无法进行决策。通过与企业外进行沟通，可以获得企业外系统变化的信息；企业内的信息沟通，可以使管理者了解下属的需要、工作的情况、管理的效能等方面的情况，为决策提供参考。

（3）沟通促使企业内成员确认企业目标、改变行为和态度。任何政策、制度、要求、指示、规定等都是通过信息传递的方式传达给企业中的每一个人，通过对企业目标的解释和宣传，使企业中各个子系统和全体成员不断以总目标为参照调整自己的行为。在推行绩效管理方案时，要想获得全体成员的理解与支持，没有沟通是无法实现的。

（4）沟通是建立良好的人际关系、改善人际关系、增加企业内聚力的基础。通过沟通，企业中的每个成员得到了应该知道的信息，不但对其工作有所帮助，而且会使他产生满足感、被尊重感，使他意识到他在企业中的地位。这样可以使企业成员增强对企业的感情和向心力，增加企业的内聚力，激发出更大的积极性和主动性，保证企业的绩效目标顺利实现。

2.对团队的作用

企业内的团队沟通，主要指员工之间、部门之间、部门与各级企业之间乃至社会环境之间所进行的信息交流。

（1）促进团队成员对团队价值的认同。

（2）通过团队内成员之间的沟通，能迅速反映团队内部情况，密切人际关系，增进成员之间的感情，在心理上获得满足感。

（3）通过团队内成员之间的沟通，能取得团队成员对所面临的任务、目标的共识与理解，促进团队目标的实现。

（4）通过团队内成员之间的沟通，易于集思广益，发现工作中的薄弱环节，通过团队向上级反映问题，求得问题的解决。

（5）通过团队内成员之间的沟通，可以增进彼此了解，消除误会，增强团队的内聚力。

（6）通过团队内成员之间的沟通，可以交流最新信息，促进员工在工作上改进。

（7）通过团队内成员之间的沟通，可以相互启迪思维，促进企业的进展。

（8）通过沟通，易于了解周围人际关系动态，促进人际关系的改善。

（9）通过团队内成员之间的沟通，可以调动团队的正当舆论，维护团队的行为规范，谴责违规行为。

3. 对个体的作用

（1）对管理者的作用。

①通过沟通帮助下属提升能力。

②及时有效的沟通有助于管理者全面了解员工的工作情况，掌握工作进展信息，有针对性地提供相应的辅导及资源。

③及时有效的沟通有助于管理者客观公正地评价下属的工作绩效。

④有效的沟通有助于提高考核工作的有效性，提高员工对绩效考评及与绩效考核密切相关的激励机制的满意度。

（2）对员工的作用。

①及时有效的沟通，让员工得到及时、客观和准确的关于自身工作的绩效反馈，是下一步绩效改进的工作起点。

②以有效沟通为基础进行绩效考评是双方共同解决问题的一个机会，是员工参与工作管理的一种形式。

（三）绩效沟通与反馈的设计

成功的绩效沟通与反馈分为三个阶段，包括前期准备阶段、实施阶段和后期跟踪阶段。

1. 绩效沟通与反馈前的准备

绩效沟通与反馈前期的准备阶段的主要工作包括：

（1）对沟通与反馈对象进行分类。以各个部门为单位，按照绩效结果分为五个等级或者三个等级，以此为单位划分不同对象类型。

（2）确定沟通与反馈的总目标和分目标。总目标就是通过与员工开展沟通提高工作绩效，从而实现公共部门的战略目标。分目标就是根据绩效结果反映的问题提炼具体信息。

（3）全面解读绩效考核结果。思考四个问题，即沟通与反馈对象应该做什么、已经做了什么、为什么会产生这样的结果以及如何改进。

（4）选择合适的场所、形式和时间。沟通与反馈是一个充满艺术的过程，选择适当的时机、形式和时间有时会达到事半功倍的效果。

（5）制定沟通提纲。要发挥提纲的引领性和向导性工作，将沟通与反馈事项细化在提纲中，做好充足的准备，提高效率。

2. 绩效沟通与反馈的实施

在绩效沟通与反馈实施阶段，需要注意以下几个问题：①立场鲜明坚定。沟通与反馈过程中有些员工会对结果质疑，管理人员要认真记录这些问题，在倾听的基础上坚持立场，避免立场不坚定或者混乱，保证沟通反馈的有序性。②根据既定的目标展开。依据目标按部就班地展开沟通，搜集和完善相关信息，不能偏离目标。③灵活应对突发事件。在沟通与反馈过程中可能发生意料之外的突发事件，比如有些内向型员工不愿意沟通而导致沟通开展不下去，或者有些员工趁此机会发泄情绪等。此时，管理人员要摆正心态，快速冷静思考，做出应对。

3.绩效沟通与反馈后的跟踪

在完成沟通与反馈后，绩效管理人员要对沟通对象进行跟踪观察，及时了解沟通对象的工作状态，并从中提炼出沟通绩效和沟通目标达成程度的信息，为调整和完善企业绩效沟通机制和绩效管理机制提供参考依据。

第二节　绩效沟通与反馈的目的与原则

一、绩效沟通与反馈的目的

有的企业不是很重视绩效沟通与反馈这个环节，往往认为填写完考核表格、算出绩效考核的分数就算是绩效考核结束了。其实，仅仅做完考核还不够，还不能达到让被考核者改进绩效的目的。那么，怎样才能让被考核者了解自己的绩效状况呢？怎样才能将管理人员的期望传递给被考核者呢？而持续的绩效沟通与反馈是绩效管理过程中的核心问题，通过进行持续的绩效沟通与反馈可以实现以下具体目的。

(一) 对被考核者的表现双方达成一致的看法

对同样的行为表现，往往不同的人会有不同的看法。管理人员对员工的考核代表的是管理人员的看法，而员工可能会对自己的绩效有另外的看法，因此，必须进行沟通来达成一致的看法，这样才能制订下一步的绩效改进计划。

(二) 使员工认识到自己的成就和优点

每个人都有被他人认可的需要。当一个人做出成就时，他需要得到其他人的承认或肯定。因此，绩效反馈面谈的一个很重要的目的就是使员工认识到自己的成就和优点，从而对员工起到积极的激励作用。

(三) 指出员工有待改进的方面

员工的绩效中可能存在一些不足之处，或者员工目前的绩效表现比较优秀，但如果今后想要做得更好仍然有一些需要改进的方面，这些都是在绩效反馈面谈的过程中应该指出的。通常来说，员工想要听到的不只是肯定和表扬的话，他们也需要有人中肯地指出其有待改进的方面。

（四）制订绩效改进计划

在双方对绩效评定的结果达成一致意见之后，员工和管理人员可以在绩效反馈面谈的过程中一同制订绩效改进计划。通过绩效反馈面谈，双方可以充分地沟通关于如何改进绩效的方法和具体的计划。员工可以提出自己的绩效改进计划并且向管理人员提出自己需要他提供怎样的支持，以及如何让管理人员得到自己的绩效改进信息。管理人员则对员工如何改进绩效提出自己的建议。

（五）协商下一个绩效管理周期的目标与绩效标准

绩效管理是一个往复不断的循环。一个绩效管理周期的结束，同时也是下一个绩效管理周期的开始。因此上一个绩效管理周期的绩效反馈面谈可以与下一个绩效管理周期的绩效计划面谈合并在一起进行。由于刚刚讨论完员工在本绩效管理周期中的绩效结果以及绩效的改进计划，因此在制定绩效目标的时候就可以参照上一个绩效管理周期中的结果和存在的待改进的问题来制定，这样既能有的放矢地使员工的绩效得到改进，又可以使绩效管理活动连贯地进行。

（六）极大地激励员工

根据霍桑实验的结果，每个人都有一种受关注和被认可的需要，如果这种需要得不到满足，就会严重挫伤员工的士气。绩效管理过程中管理人员与员工之间的沟通，恰恰能满足员工的这种需要，特别是当员工在工作过程中遭受挫折时，或者是感到工作压力巨大时，管理人员的关心和支持会使员工备受鼓舞。在员工工作表现优良或取得一定的工作成绩时，管理人员通过沟通对员工的表现及时给予肯定，这本身就会对员工产生极大的激励作用。总之，持续的绩效沟通能调动员工的工作热情和积极性，管理人员应善于运用绩效沟通这一激励手段。

二、绩效沟通与反馈的原则

（一）信任感

绩效沟通与反馈是管理人员与员工双方的沟通过程，沟通要想顺利地进行，要想得到理解和达成共识，就必须有一种彼此信任的氛围。要建立这样一种信任关系，首先双方都必须摆正自己的心态，开诚布公，坦诚沟通。另外，在沟通的环境方面，也应努力创造这样的气氛。例如，选择一个轻松的场合，安静、惬意，有着柔和的色彩和轻松的音乐；环境没有令人感到压抑，没有上级对下级的威严，有的只是平等、尊重和亲切；在座位的方式上不是双方隔着一张大桌子而坐，而是并肩或成一定角度而坐；最好能够来上一杯咖啡或其他饮料，这样有助于制造良好的气氛；在沟通与反馈开始时，花上几分钟的时间谈论一些轻松的话题也比较容易拉近双方的关系，促成彼此信任。

（二）客观性

在进行绩效沟通与反馈之前，管理人员有必要认真思考以下问题：影响员工绩效的因素究竟是什么？绩效不良是否真的是因为员工个人懈怠或差错？其实，影响员工绩效的因素主要有两个方面：一方面是个人因素，如个人知识、技能、经验、思维、敬业度等，这是最普遍、最常见的因素；另一方面则是系统因素，即指那些员工个人不能控制的因素，如工作流程不合理、资源匹配不足、沟通协调不畅等。实际上，这样的因素在实际的工作中是可能存在的。把一个原本优秀的员工放到这样的系统环境中，恐怕也很难有好的绩效。

（三）具体性

对员工的评价，无论表扬还是鞭策都应尽可能做到具体，避免过于笼统。举个例子，员工加了一夜的班，完成了一份近乎完美的计划书，此时若能对员工说："你的计划书结构完整，逻辑清晰，数据翔实，论证充分，得到了领导们的一致认可。另外，大家得知你为了完成这份计划书加了整整一夜的班，对你的敬业精神更是大加赞赏。"如果这样说的话，员工就会感受到加班的辛苦得到了领导的理解，付出的努力得到了领导的肯定。显然，这样的赞美要比诸如"加班辛苦了，表现很好"之类的泛泛之言更能激发员工的斗志。

（四）建设性

一方面，正面的反馈要让员工知道他的表现达到或超过了领导的期望，让员工知道他的表现得到了领导的认可，以此强化员工的积极行为，使其在今后的工作中继续发扬，取得更优秀的业绩。另一方面，负面的反馈则要给员工提出具有建设性的改进意见，以帮助员工提高工作效率。

（五）修正性

对于绩效考核出现的偏差，应该予以修正。这不是说绩效考核不严肃，反之，恰恰是绩效考核的严肃性的表现。当一项考核因为数据或指标偏差引起考核不公正时，影响的不单单是绩效的结果，而且会影响凝聚力。现实中我们也许会听到这样的话："这件事情你不用说了，考核是组织的规定，你再说也无用，你就接受吧。"其实这样的沟通毫无意义，起不到任何效果。绩效沟通与反馈也是为了修正，修正不合时宜或不合理的因素，此时沟通才会起到真正的效果。坦诚的绩效反馈有利于促进评价双方建立良好的合作关系，有利于营造和谐的沟通氛围，同时对管理人员的管理意识、管理能力及管理风格提出了更高的要求。关注绩效反馈，突破绩效瓶颈，这不仅仅是我们的管理人员必须面对的问题，也是我们的管理人员应该承担的责任。

（六）双向性

绩效沟通与反馈不仅仅是管理人员向员工单向传达考核结果的过程，而且是管理者与员工之间的双向沟通过程。为了获得员工的真实想法，管理人员应该鼓励员工多说话，多表达自己的观点。尤其是由于岗位具有特殊性，因此，很多管理人员习惯了向员工下达指令的领导角色，绩效反馈常常以单向通知的形式向员工下达，而员工缺乏表达的机会，只能被动地接受。在这种情形下，管理人员不清楚员工的真实情况，员工就会感觉没有受到尊重，无法理解管理人员的指示，导致双方获得的信息不对等，绩效反馈无法起到作用。

第三节　绩效沟通与反馈的技巧与方式

一、绩效沟通与反馈的技巧

无论采用何种沟通方式，管理人员都要切实改进和提高沟通技巧，不仅要学会认真倾听，以积极、肯定、开放的态度和下属进行沟通，还要积极克服沟通过程中存在的障碍，并掌握建设性沟通的技巧。

（一）注重倾听

在所有的沟通技巧中，倾听是最重要的一种，是有效沟通中最基本的东西。沟通有助于建立起富有成果的信息交流，当你没有倾听的时候，就很难进行有效的沟通，因此要学会倾听。管理人员在进行绩效沟通与反馈时可采取一定的方法，克服倾听中的障碍，同时注意运用一定的倾听技巧，提高倾听的效果。有几种常见的方法可以帮助提高倾听的效果。

（二）克服沟通障碍

一般而言，绩效沟通中的障碍主要包括三种：主观障碍、客观障碍和沟通方式障碍。这三种障碍的形成原因及克服方法如表 8-1 所示。

表 8-1　绩效沟通中的三种障碍的形成原因及克服方法

类型	形成原因	克服方法
主观障碍	绩效信息的传递受个人的记忆和思维能力的影响；由于管理人员考虑不周或决策错误，主管和员工之间缺乏信任；沟通双方在经验水平和知识结构上差距过大；对信息的态度不同使有些员工和管理人员忽视对自己不重要的信息	管理人员在沟通之前应考虑周到，尽量不要伤害员工的自尊心；在沟通过程中应及时反馈，以减少沟通中的误解
客观障碍	组织机构过于庞大，中间层级太多，信息传递可能会失真或不及时；信息的发送者和接收者空间距离太远，接触机会少；因社会文化背景不同而形成沟通障碍	通过及时反馈减少信息的失真；采用现代信息交流手段，克服空间距离造成的沟通障碍；在进行跨文化沟通之前，尽量先了解对方的社会文化背景
沟通方式障碍	发送者在提供信息时表达不清楚，或接收者接收失误，就会发生误解；沟通的方式多种多样，且它们都有各自的优缺点和适用性，选择不当就会产生沟通障碍	管理人员在沟通时应尽量简化语言，使信息清楚明确；根据组织目标及其实现策略选择合适的沟通方式

二、绩效沟通与反馈的方式

沟通有各种各样的方式，口头的方式与书面的方式，会议的方式与谈话的方式，等等。随着现代计算机技术和网络技术的发展，人们也愈来愈多地采取在网络上进行沟通的方式。每种沟通方式都有其优点和缺点，都有其适合的情境，因此关键是在不同的情境下选用什么样的沟通方式。

所有沟通方式可以分为正式的沟通方式和非正式的沟通方式。

（一）正式的沟通方式

正式的沟通方式是指在正式的情境下进行的，事先经过计划和安排，按照一定规则进行沟通的方式。在绩效管理中常用的正式的沟通方式有：书面报告、会议沟通、正式面谈。下面就分别介绍这几种方式。

1. 书面报告

书面报告是绩效管理中比较常用的一种正式沟通的方式，指员工使用文字或图表的形式向管理人员报告工作的进展情况。书面报告可以是定期的，也可以是不定期的。定期的书面报告主要有工作日志、周报、月报、季报、年报。除了定期的书面报告之外，管理人员往往还会要求下属员工就某些问题准备不定期的专项的书面报告。例如，员工在执行某个项目的过程中对所发现的一些问题和解决方案提交一份报告。

书面报告的沟通方式有很多优点，主要表现在以下几个方面。

（1）书面报告的方式可以培养员工理性、系统地考虑问题，提高工作方法中的逻辑性。

（2）书面报告的方式可以锻炼员工的书面表达能力。

（3）通过书面报告管理人员可以在比较短的时间内收集到大量的关于员工工作状况的信息。

（4）当管理人员和员工由于某些客观原因无法见面时，书面报告的方式非常实用。

当然，书面报告的方式也有一些不尽如人意的地方，它的缺点主要表现在以下几个方面。

（1）书面报告的信息是从员工向管理人员传递，缺乏双向的信息交流。

（2）书面报告撰写过程中大量的文字工作容易使沟通流于形式，而且员工会由于撰写书面报告浪费时间而感到麻烦。

（3）书面报告仅仅是单个员工和管理人员之间的信息交流，没有在团队中实现信息共享。

弥补书面报告沟通方式的缺点可以从以下几方面入手。

（1）将书面报告的方式与面谈、会议或电话等口头沟通的方式结合在一起，将单向的信息沟通转变为双向的信息沟通。例如，可以与月度的工作报告相结合召开月度工作例会，就报告中反映的问题进行沟通，而且在例会上不但员工与管理人员可以进行沟通，员工之间也可以进行经验交流；还可以结合员工季度的工作报告与员工进行一次面对面的交谈，共同探讨工作中需要解决的问题。

（2）简化书面报告中的文字工作，只保留必要的报告内容，避免烦琐、官僚化的形式。

（3）充分利用现代的信息交流手段，例如网络办公，这样可以使书面报告的交流速度和效率提高，增强实时性，书面报告就会体现出其他方式不能代替的优越性。

2. 会议沟通

鉴于书面的沟通无法提供面对面的交流机会，因此会议沟通就具有了其不代的优势。会议沟通可以提供更加直接的沟通机会，而且可以满足团队交流的需要。此外，会议沟通的好处还表现在管理人员可以借助开会的机会向全体下属员工传递有关公司战略目标和企业文化的信息。

但是会议沟通也存在一些不可避免的缺陷。

（1）会议沟通比较耗费时间和精力，而且对管理人员的管理和沟通技巧要求较高。

（2）有些问题不便于在团队中进行公开讨论。

（3）与会者对会议的需求不同，因此他们可能会抱着各自的目的来参加会议，会对沟通中的信息进行选择性的倾听。

（4）会议必然使很多员工离开工作岗位，放下手头的工作，因此如果时间安排得不恰当会影响工作。

（5）如果对会议的企业不够理想，也会使会议成为官僚化的、烦琐的、形式主义的东西。

因此，在会议沟通中，也需要把握一些必要的原则。

（1）注意会议的主题和频率，针对不同的员工召开不同的会议。

（2）运用沟通技巧形成开放的沟通氛围，不要开成批判会、训话会、一言堂、拌嘴会。

（3）合理安排时间，以不影响正常的工作为宜。在会上讨论一些共同的问题，不针对个人。

（4）鼓励员工有关的会议，邀请管理人员列席会议。

3. 正式面谈

管理人员与员工进行一对一的正式面谈是持续的绩效沟通中比较常用的一种沟通方式。面谈的方式有许多优点，具体如下。

（1）面谈的方式可以使管理人员与员工进行比较深入的沟通。

（2）面谈的信息可以保持在两个人的范围内，可以谈论不易公开的观点。

（3）通过面谈，会给员工一种受到尊重和重视的感觉，比较容易建立管理人员与员工之间的融洽关系。

（4）管理人员在面谈中可以根据员工的处境和特点，"因人制宜"地给予帮助。

当然正式面谈的沟通方式也有一定的缺陷，如无法进行团队的沟通，容易带有个人的感情色彩，等等。在绩效实施的过程中进行正式面谈，应该注意以下几个问题。

（1）力图通过面谈使员工了解企业的目标和方向。在面谈的过程中，不仅仅停留在员工个人所做的工作上，而是要让员工知道他们个人的工作与企业的目标有什么样的联系。这样有助于使员工做出与企业目标相一致的行为。

（2）多让员工谈自己的想法和做法。管理人员应该借助面谈的机会更多地倾听员工讲话，尽量去了解员工的真实想法，鼓励员工产生新的创意。

（3）及时纠正无效的行为和想法。管理人员倾听员工的想法并不等于对员工听之任之，当管理人员在面谈过程中发现员工有一些无效的行为或想法时，应该及时加以纠正或制止。

（4）让员工认识到管理人员的角色。员工对管理人员在绩效管理中的角色有时会存在偏差，例如认为管理人员应该替自己做出决策，或者认为既然管理人员把目标分解给了我们，那么他们就不应该干涉我们的工作了。管理人员应该通过沟通让员工认识到，在绩效管理的过程中，管理人员既不能对员工听之任之，也不能替代员工做出决策。管理人员更多承担支持者和问题解决者的角色。

（二）非正式的沟通

在绩效实施过程中的持续的绩效沟通，除了上面介绍的正式的沟通方式之外，还有大量使用的非正式的沟通方式。

对于员工来讲，无论何种方式的正式的沟通，都会让他们产生紧张的感觉，在表达的时候都会受到限制，很多真实的想法无法表达出来。而采用非正式的沟通则更容易让员工开放地表达自己的想法，沟通的气氛也更加宽松。

非正式的沟通几乎无处不在，可以说除了正式的沟通之外的沟通都可以叫作非正式沟通。在工作的间歇，在午餐时，在咖啡厅里，甚至在路上，都是可以进行非正式沟通的场合。作为好的管理人员，除了善于利用正式的沟通方式之外，还应该充分利用各种各样的非正式沟通的机会。非正式沟通至少有以下几个优点：

第一，非正式沟通的方式丰富多样，而且非常灵活，不需要刻意去准备，也不易受到时间、空间的限制。

第二，利用非正式沟通解决问题可以非常及时，因为在问题发生时，马上就可以进行非正式的沟通，这样可以使问题高效率地得到解决，而不必等到某个计划好的时间再去解决。

第三，非正式沟通往往比较有效，因为员工乐于接受这种形式。

第四，非正式沟通更容易拉近管理人员与员工在工作期间的距离。

常见的非正式的沟通方式主要有以下几种：

1. 走动式管理

走动式管理是指管理人员在员工工作期间不时地到员工的座位附近走动，与员工进行交流，或者解决员工提出的问题。走动式管理是比较常用的也是比较容易奏效的一种沟通方式。有的员工说，"我就特别喜欢老板不时走到我的座位旁，拍一下我的肩膀，对我问上一句'怎么样'"。员工往往不喜欢老板整天坐在自己的办公室里，不与自己说一句话。管理人员对员工及时问候和关心本身并不能解决工作中的难题，但足以使员工感到压力减轻，感到鼓舞和受到激励。

管理人员在走动式管理的过程中应注意不要对员工具体的工作行为过多地干涉，不要对他们指手画脚、品头论足，否则的话就会给员工一种突然袭击检查工作的感觉，员工容易产生心理压力和逆反情绪。

2. 开放式办公

开放式办公主要指管理人员的办公室随时向员工开放，只要没有客人在办公室或正在开会，员工随时可以进入办公室与管理人员讨论问题。我们可以看到，许多企业中管理人员的办公室是不设门的，只是用比较高的隔板隔开，这样做的目的是便于员工随时与其进行沟通。

开放式办公的方法比较大的一个优点就是将员工置于比较主动的位置上。员工可以选择自己意愿与管理人员沟通的时间与管理人员进行沟通，员工可以比较多地主导沟通的内容。绩效管理是管理人员和员工双方的责任，员工主动与管理人员进行沟通是他们认识到自己在绩效管理中的责任的表现。而且员工的沟通的主动性增强也会使整个团队的氛围得到改善。

3. 工作间歇时的沟通

管理人员还可以利用各种各样的工作间歇与员工进行沟通，例如与员工共进午餐、在喝咖啡的时候聊聊天等。在工作间歇时与员工进行沟通要注意不要过多谈论比较严肃的工作问题，可以谈论一些比较轻松的话题，例如前一天晚上的足球赛、烹饪的技术、聊家常等，在轻松的话题中自然而然地引入一些工作中的问题，而且尽量让员工主动提出这些问题。

4. 非正式会议

非正式会议主要包括联欢会、生日晚会等各种形式的非正式的团队活动。非正式会议也是比较好的一种沟通方式，管理人员可以在比较轻松的气氛中了解员工的工作情况和遇到的需要帮助的困难。而且，这种聚会往往以团队的名义举行，管理人员也可以借此发现团队中的一些问题。

本章小结

沟通是人们在互动过程中通过某种方式或者途径将一定的信息从发送者传递给接收者，并获得理解和预期反馈的过程。沟通是一个很复杂的过程，包括八个组成要素，即信息、编码、通道、接收、译码、理解、反馈、噪声。沟通的过程对分析阐述绩效沟通有着重要作用，只有将它的八个组成要素理解透彻，才能形成系统、全面的绩效沟通体系，才能灵活运用绩效沟通的技巧。绩效沟通与反馈是指企业的管理人员与员工为了达到绩效管理的目的，在共同工作的过程中就绩效实施过程中反映出的问题以及绩效评价系统本身存在的问题展开实质性的交流，并着力于寻求应对之策，服务于后一阶段企业与员工绩效改善和提高的一种管理方法。绩效沟通与反馈对企业、团队和个人都有着重要的作用。成功的绩效沟通与反馈分为三个阶段，包括前期准备阶段、实施阶段和后期跟踪阶段。

进行绩效沟通与反馈的根本目的是确保绩效目标的实现。管理人员和员工双方要通过持续沟通来解决绩效计划实施过程中出现的各种问题，从而确保绩效目标的实现。因此，持续的绩效沟通与反馈是绩效实施过程中的核心问题。与此同时，进行绩效沟通与反馈时，需要遵循信任感、客观性、具体性、建设性、修正性、双向性的原则，以期达到有效的绩效沟通与反馈。

无论采用何种沟通方式，管理人员都要切实改进和提高沟通技巧，不仅要学会认真倾听，以积极、肯定、开放的态度和下属进行沟通，还要积极克服沟通过程中存在的障碍。绩效沟通与反馈的方式主要可以分为正式的沟通方式和非正式的沟通方式。正式的沟通方式包括书面报告、会议沟通、正式面谈；非正式的沟通方式主要包括走动式管理、开放式办公、工作间歇时的沟通、非正式会议等。

思考与讨论

1. 绩效沟通与反馈是什么？其设计应包括哪几个阶段？
2. 绩效沟通与反馈的目的是什么？
3. 绩效沟通与反馈的原则是什么？
4. 绩效沟通与反馈的技巧有哪些？
5. 产生绩效沟通障碍的原因及克服方法是什么？
6. 绩效沟通与反馈的方式有哪些？

案例分析

绩效考核制度为何举步维艰

约翰两年前加入 M 公司，现在已经成为这家制造型企业的人力资源部经理。2003 年，M 公司的董事长提出要在公司内部实施 360°考核法，因为他在与同行的交流中得知这种考核法不仅能够避免在考核中出现人为因素干扰，而且能够促使员工自觉提高自我。他便让约翰制定相应的考核系统，并授权他在公司内部推广实施。

作为人力资源部经理，约翰知道公司原有的考核方法有缺陷，由上级对下级进行单向考核，容易出现人为因素干扰而不能反映员工的真实表现。凭借良好的专业知识，参考了一些资料后，约翰很快就编制出一份 360°考核制度及推行方案。按照新的考核方案，被考核者的上级、同级、下级和服务的客户都对他进行评价，使被考核者清楚自己的长处和短处，来达到提高自己的目的。新制度的实施对象初步定为公司的中层领导和关键员工，普通员工如果有需求，也可以主动提出做 360°考核。一切看起来都很完备，但当新制度推行后，约翰却遇到了意想不到的困难。

新制度推行伊始，约翰按照既定步骤首先组织六个部门经理和两个总监开会，对新考核方法进行介绍和说明。可部门经理们对此并没有给予应有的重视，除了董事长参会时大家还算准时外，每次到了开会时间，部门经理和总监才三三两两地来到会议室。约翰在会上进行讲解和演示，大家似听非听、似懂非懂地看着约翰。生产部经理边听边拿出要出货的订单盘算着，财务总监则不停地接打电话，还不时地问问旁边的财务部经理一些数据。讲解完毕，约翰希望他们提出问题和意见，但是大家的回应含糊，有的说"行"，有的则回答"差不多"。会议就这样结束了。

按计划，约翰向各部门收取要求更新内容的《职位说明书》。生产部和采购部提交的《职位说明书》填写的内容与以前一模一样，而前一天的会上明确指出这些职位的职责有变化；而财务总监则说自己太忙还没有做。约翰于是只好要求生产部和采购部重新填写，并催促财务总监尽早完成。

等了两天，未见有任何动静，约翰终于忍不住找到董事长汇报情况。而原本积极要求推行新考核制度的董事长却对此不以为然，他听完约翰的汇报后说："财务总监没交？他可能比较忙，你再催催吧。"

走出董事长办公室，约翰一筹莫展。为什么新制度推行这么困难呢？

思考题

1.面临如此情况，M 公司的新方案还应该继续推行吗？

2.新考核制度推行为什么会有这么大的困难？

3.如果你是约翰，打算如何应对这些情况呢？

第九章 绩效改进提升

在经济全球化的背景下，各类组织为了生存，获得更进一步的发展，面对市场上潜在的机遇及愈发激烈的竞争，绩效改进已成为它们必然的选择，以便能够把握机会并在竞争中占有一席之地。绩效改进是以提高组织绩效为目标的一个新兴领域。近十年来，绩效改进迅速发展，已成为管理与培训行业关注和研究的热点，在理论研究和组织实践中成果显著。以绩效改进来提高组织绩效，它有何独特之处？如何开展绩效改进的实践工作？针对这些问题，本章阐述了绩效改进的定义及指导思想；影响绩效改进的因素；绩效改进的流程；绩效改进的工具。

第一节 绩效改进的指导思想

系统理论对于绩效改进有极大的影响。"绩效"一词与人的行为和活动紧密相关，绩效改进以提高组织绩效为目标，系统化问题解决的方法与程序，以系统思想为指导，遵循系统方法。

一、绩效改进的定义

对于"绩效改进"，相关领域专家学者们以及实践先驱们各有自己的见解。本书主要梳理了比较有代表性的界定：

（1）国际绩效改进协会（ISPI）原中国区副主席莫皓老师：绩效改进被定义为"帮助团队和个体打胜仗的方法系统"。

（2）在《绩效改进基础——人员、流程和组织的优化》（第三版）（达琳·提姆等）一书中，绩效改进也称绩效技术、人类绩效技术、人类绩效改进，是关于改进人员、流程、绩效、组织及最终社会的一门科学与艺术。

（3）《ISPI绩效改进指南（第二卷）》（道格·沃特金斯、道格·利）一书认为，绩效改进从最基本和最有可能产生价值的角度来看，等于改善结果。

（4）朱迪·赫尔：绩效改进被定义为"运用特定的干预措施消除绩效障碍的绩效行为"。

（5）美国培训与发展协会（ASTD）：绩效改进是发现和分析重大的绩效差距，规划绩效改进计划，设计缩小（或消除）差距，符合成本-效益，遵循鲁丽道德规范的问题解决方案、实施方案，并对防范的经济及非经济效果进行评价的系统化过程。

（6）哈罗德·斯托洛维奇和艾丽卡·吉普斯：绩效改进被定义为一种实现人类期望成就的工程学方法，它在分析绩效差距的基础上，设计最有效、最佳成本-效益的问题解决方案和策略。

（7）张祖忻：绩效改进是运用分析、设计、开发、实施和评价的系统方法来提高个人和组织机构的工作业绩的研究领域。

（8）梁林梅：绩效改进是一种整体性、系统化问题解决的工具、手段、程序、方法。它以组织的总体目标为导向，在分析绩效差距的基础上，制定最佳成本效益的综合性问题解决方案，以此指导和推动组织的变革与发展，并对变革的经过进行评价，以便最大限度地改进个体、团体和组织的绩效。

在众多的专注研究和多年的实践中，笔者对有关绩效改进的定义提出个人观点：

第一，绩效改进是系统化的分析。绩效改进的思路不是直接跳到解决方案，而是先诊断，找到真正的问题，识别关键差距，分析根本原因，最后制定适合的解决方案。

第二，绩效改进是系统化的思考。绩效改进需要系统化与整体化的思维与方法，把组织当作一个系统，既要充分分析组织的各个构成因素及其之间的关系，也要分析组织与环境之间的关系，同时，需要通过分析、设计、开发、实施和评价等系统化的程序和流程，形成解决组织问题、迎接组织挑战的具体策略方案。

第三，绩效改进是系统化的世界观和方法论。绩效改进是一个系统化的过程，是一套系统化的世界观和方法论。绩效改进可以覆盖到精益管理之外的部分，特别是非量化的问题。

绩效管理和绩效改进是不同的概念。绩效管理是一种管理手段和解决方案，而绩效改进是在诊断清楚问题的基础上的一整套解决方案。另外，绩效改进的使用场景也非常广泛。它不仅能解决组织中业务结果方面的问题，也能解决组织中流程效率方面的问题。简言之，绩效改进就是用更好的方法、更低的代价达成更佳的结果，是帮助团队和个体持续、有效且用更小的代价打胜仗的方法系统。

二、绩效改进的三条指导思想

绩效改进不局限于一种方法与技术，而是强调运用系统思维，通过分析其根本原因来找到有效的解决方法，并选择最具有经济效益的方案实施，提高组织绩效。为了兑现以经济的方式提高组织绩效的承诺，绩效改进需遵循以下指导思想：

（一）以系统思想为指导，遵循系统方法

系统论是关于系统的一种模式、结构和规律的学问，研究各种系统的共同特征，用数学的方法定量地描述其功能，寻求并确立适用于一切系统的原理、原则和数学模型。

系统方法是运用系统论的观点和思想去研究和处理各种复杂关系的系统问题的方法。侧重于对系统的整体分析，能够从系统和环境的关系以及系统内部各要素之间的关系的相互作用中发现系统规律，从而解决复杂系统问题。

根据系统论与系统方法的原理，进行绩效改进。首先，要把组织看作一个有机的整体和系统。不仅要看到该系统与外界环境的关系，包括外界环境如何对系统造成了影响，同时该系统采用何种方法适应外界环境，还要看到系统内部各组成部分之间的相互作用，看到它们之间牵一发而动全身的关系。这种思维方法不仅有助于绩效改进小组识别影响组织绩效的多种因素，也为综合参考各种影响因素之间的关系来设计并实施多项配套措施提供了思路。

其次，绩效改进遵循系统化的工作流程来提高组织绩效。其基本环节包括绩效的诊断与分析、设计绩效改进方案、绩效改进方案的实施等，每个环节不可或缺。在各步骤的实

施过程中，不仅要考虑绩效改进整体各主要环节的系统性以及各步骤中子环节的系统性，还要考虑每个步骤对组织人员、组织及组织绩效产生的影响，评估这些影响并做出及时调适。

（二）以结果为导向，强调"执果索因"与对症下药

解决组织绩效问题有三种方式：愿望导向、需要导向与结果导向。

（1）愿望导向。所谓愿望导向，是指客户需要什么，就给他们什么。在这种导向下，绩效改进小组通过调查来明确客户想要什么。

（2）需要导向。需要导向是指通过一系列活动来应对客户的绩效差距。需向出发点与愿望导向截然不同，暗含这样的假设：客户已经分析出问题所在，其要求的活动或干预方案已经提高组织绩效，因而它并不需要深入地分析组织绩效问题及其产生原因，只要分析客户的方案并实施即可。

（3）结果导向。结果导向是指在组织商业目标和绩效目标驱动下，通过评估问题症状，分析导致绩效问题的根本原因，找出对症策略，改进绩效，从而促使组织商业目标和绩效目标的达成。

结果导向是绩效改进提高组织绩效的核心要求，要实现结果导向，关键有两点：执果导因和对症下药。

①执果导因：这个词语形象地说明了绩效改进着手解决企业绩效问题的最初思路。当企业遇到绩效问题或出现新的绩效需求时，绩效改进的第一步就是评估组织当前的绩效差距，先明确"果"，然互分析其产生的原因。只有弄清楚"问题是什么"，才能明确绩效改进的方向；只有弄清楚"问题出在哪里"，才能有针对性地解决问题。

②对症下药：就是针对问题产生的原因采取相应的解决办法。不同原因产生的难题需要采取不同的解决方案。绩效改进领域内，有很多将绩效问题根本原因和干预措施相匹配的模型，它们帮助人们针对前期分析出问题的根源，选择针对该根本原因的干预措施。如果组织绩效低下是因为员工缺乏相应的技能，就可以对员工进行培训或为员工设计相应的工作帮助系统；如果是因为没有得到应得的薪资，就要提高薪酬或者改善福利待遇；如果是因为工作环境中缺乏支持，就要设计开发工作环境经销支持设施和系统。

对症下药可以保证绩效改进能有效地解决问题。由于对干预措施没有预设，任何可能解决问题的办法都可能成为干预方案，使绩效改进领域成为综合性很强的跨学科领域。所有相关领域的专家都可能是干预措施的专家，都可能进入绩效改进领域从事相关工作。这种问题解决的思路和工作方式使绩效改进领域充分吸纳其他领域的精华，是区别于其他领域并获得成功的关键。

（三）追求最佳成本–效益

绩效改进诞生并成长于一起培训和管理的实践领域，源于对用培训提高绩效的质疑。这不仅是因为培训不一定能很好地解决企业中的绩效问题，还因为它需要付出高昂的成本，不仅包括培训货单需要指出的显性成本，还包括参加员工培训而产生的时间成本等。在市场经济条件下，面对激烈的市场竞争，只有有效降低成本，提高效益，企业才能立于不败之地。

为此，绩效改进需要"经济"地解决绩效问题，要将获得的收益和解决绩效所需要付出的代价的比值，作为衡量干预措施的经济指标，为是否选择与采纳某种干预措施或方案的决策提供依据。在这里，所获收益需要与组织的目标和经济利益相联系，包括：是否有助于组织的盈利目标，是否有助于实现组织的战略目标，是否有助于体现组织的价值，等等。所需付出的代价则是指为了解决绩效问题所需要支付的成本，包括：设计与开发干预方案需要支出的费用，实施干预方案会造成的变动以及由此带来的损失，等等。

第二节　绩效改进的流程

要改进组织绩效，首先必须明确影响绩效改进的因素，这样才能有针对性地提出绩效改进的计划和方案。这样的方案，才是名副其实的有问题导向性的，才是真正为解决实际问题而设计的。根据学者们的研究，影响绩效改进的因素有以下七种：能力，性格，态度，动机，价值观，压力，工作条件和工作环境，具体内容如下。

1. 能力

能力是影响绩效改进的关键因素。当然，这种影响既可能是正面的，也可能是负面的。把合适的人放在合适的位置上，让合适的人去做合适的工作，这是发展能力的关键。特别是基于岗位的胜任能力的挖掘和开发是企业人才发展的核心工作之一。

2. 性格

人们常讲：思想决定行动，行动决定习惯，习惯决定性格，性格决定命运。姑且不论这句话是否具有科学依据，但它能代表一定的社会现实已是不争的事实。历史上这样的例子比比皆是，西楚霸王项羽就是因为性格的缺陷而失去了天下。可见性格已不仅仅是影响绩效的因素，它可以直接影响每个人的命运。性格是长期习惯所形成的一种稳定的心理特征，是个性心理特征的核心部分。所以企业要了解员工的性格，根据其性格的优缺点合理安排工作，根据团队性格的特点合理配备团队构成，根据性格特质选择良好的合作者，这些都会使得个体乃至组织绩效得到较好的发展。

3. 态度

在外界现实的作用下，通过认知和实践活动，人们会对现实产生各种观点和看法，构成态度系统，并决定着个体的行为表现，逐渐形成个体所特有的行为方式。个人的态度特征，包括对待他人和团体、学习和工作、物品以及自己诸方面的态度特征，并表现出相应的行为方式。例如，一个人对他人持友好的态度，则表现出亲善的行为方式；一个人对工作持负责的态度，则表现出积极肯干的行为方式；主体对自己抱不自爱的态度，则往往对他人表现出不检点的行为；等等。所以，态度会影响个体绩效改进的程度。

大多数企业也逐步意识到只有员工满意，才能使员工树立积极肯干的工作态度，才能达到好的绩效，也才会使客户满意、企业自身的满意。因此，改善员工的工作态度，增加其对企业的归属、认同、忠诚和投入，是企业的一笔宝贵财富。

4. 动机

动机对人的行为的影响是巨大的，是冰山下的部分，它是激发、指引人的行为和活动的直接原因。一个人有无进行某项活动的动机或动机的强弱，均会直接影响他从事该项活动的强度。

一个企业组织的动机实践就是要制定一个良好的激励体系，即鼓励什么、倡导什么，需要围绕所要鼓励和倡导的主题开展工作。在一个企业组织中，了解每个个体的动机很重要，尤其是工作的动机。现在不少企业在制订员工的职业发展计划，其实是要建立一个较为持久的动机支持体系。在制定这个体系时一定要分析员工不同的事业锚，按需激励才会起到较好的效果。

5. 价值观

价值观是人们对客观事物在满足主观需要方面的有用性、重要性、有效性的总体评价和总体看法，这是人们的一种观点和信念。价值观是指导人们行为的准则。每个人均会有自己不同的价值取向，大体上有理论型、经济型、艺术型、社会型、政治型、宗教型。有什么样的价值观就会指导思维产生什么样的行为。价值观是会随着时间及环境的改变而发生变化的，所以调整员工价值观的取向对整个组织绩效的改进是十分有益的。价值观的培养就是一个同化的过程，使每个在组织中的个人都有组织的烙印。

6. 压力

压力是个体对某一没有足够能力应对的重要情景的情绪与生理反应。每个生活在现实社会的个体，最常说的一个字就是"累"。男人累，女人也累；工作累，娱乐也累；大人累，小孩也累。每个人都面临着方方面面的压力。

工作与生活不是孤立的，工作与生活的相互融合性与影响力都是十分明显的，既不能十分严格地界定生活中不需要考虑工作，也不能明确界定工作中不需要考虑生活。既然如此，作为一个好的经理应该了解员工所面临的各种压力，积极主动地去发现并思考一些压力对工作绩效的影响，并有针对性地拿出消除压力带来的不良影响的方法。压力源很多，了解它们十分有必要，例如，生活压力源包括配偶死亡、离婚、夫妻分居、家庭成员死亡、外伤、结婚、被解雇等；工作压力源包括工作压力过重、工作条件、角色冲突与模糊、人际关系、组织变革、攻击行为、工作与家庭冲突、价值观差异等。

有位心理学专家讲过：目前这个社会上有一半人是存在心理问题的。所以，不解决压力，对工作甚至身体的破坏力是很大的，对个体和组织绩效的改进也是十分不利的。

7. 工作条件和工作环境

让员工满意是管理工作的一部分，所以，考虑员工面临的工作条件与工作环境也是体现为员工服务的一种理念。这种理念体现在以下几点：能否有足够公平的报酬；能否有安全健康的环境；能否激发员工的潜力；能否使员工得到成长与保障；能否确保工作机会的均等，没有偏见、歧视；能否有足够的法律保护；能否提供工作与生活适当平衡的体系；等等。

总之，在考虑如何改进个体绩效和组织绩效时，虽然能力相当重要，但不能唯学历论、唯能力论，也应充分考虑员工的性格、态度、动机、价值观、压力、工作条件和工作环境等诸多因素。员工不是机器，而是活生生的人，要关心员工的工作与生活。对经理而言，也许只是改变了一小步，就能收获更多新的成果。

绩效改进属于继往开来的环节，不仅是前一个绩效循环的结束，而且是下一个绩效循环的开始。绩效改进的流程可分为：绩效诊断与分析；设计绩效改进方案；绩效改进方案的实施。

一、绩效诊断与分析

绩效诊断与分析，是绩效改进过程的第一步，也是绩效改进最基本的环节。绩效改进是企业经理每年的必修课，但每年的绩效问题和改进的内容都是不一样的。因此，绩效诊断与分析是绩效改进过程中不可或缺的环节。

（1）通过分析考核结果，找出关键绩效问题和不良绩效员工。关键绩效问题是通过对比实际的绩效状态与期望的绩效状态之间的差距而得出来的。期望的绩效状态是组织为保持其竞争优势、保证长期生存和发展所确定的，与顾客需求、现有战略、任务要求相适应的，并有可能实现的绩效水平。期望的绩效可以参照同等条件下同行业内具有一流水准的企业所达到的绩效加以确定，或者根据企业的战略规划来设定。实际的绩效状态则是目前已达到的绩效水平，它由组织成员的现有能力、组织结构的效能和组织现在的总体竞争实力所决定。绩效问题不是客观原因造成的，而是主观原因造成的，相关责任人可定义为不良绩效员工。不良绩效员工大致包括以下几类。

①无法做到合理品质（数量标准）的员工。
②导致其他员工负面态度的员工。
③违反企业伦理或工作规则的员工。
④不能认同公司价值体系的员工。
⑤其他行为不当的员工，如经常迟到、缺席等。

对于不同类型的不良绩效员工，采取的改进措施也是不同的。

（2）针对关键的绩效问题，考虑企业的现有资源和绩效责任主体（不良绩效员工），大致确定绩效改进的方向和重点，为绩效改进方案的制订做好准备。

（3）员工绩效不好的原因。

一般而言，企业中层经理最关注的两个问题分别是：员工的积极性不高和员工的执行力差。

1.员工积极性不高的原因及对策

（1）原因分析。

企业中存在一个有意思的现象：新员工入职时，一般积极性都特别高；工作了半年左右，积极性会慢慢下降；工作了3年左右，有些员工的积极性会降到低点。

排除企业的客观原因，新员工跟着部门经理工作了3年左右，积极性明显下降了，是不是意味着经理能力有欠缺，把员工带到"沟"里去了呢？或是经理能力"太好了"，把员工打压得没有积极性了？

从另一个角度看，既然员工入职的时候积极性很高，那么经理是不需要做员工激励的，而是维持员工的积极性就可以了。

（2）实践对策。

员工的积极性差，说明员工的某种需求没有得到满足。经理每天至少有8个小时和团队成员共事，不仅要关注员工的工作，也要了解员工的需求，根据需求，有计划、有步骤地实现员工的成长和发展。

做团队领导最大的成就是把下属培养好，能够独当一面；最大的悲哀是堵塞下属的成长通道，或故意压制下属的成长。

2.员工执行力差的原因及对策

(1)原因分析。

①员工不知道要做什么。企业的发展目标不清楚,年度计划不明确,工作分析和定岗定编工作不到位,导致员工不了解所在岗位的工作要求、工作目标和考核标准。

②员工不知道怎么做。企业的工作流程不清楚,对员工的工作技能培养不够,既没有岗位职责,也没有岗位技能培训。

③做起来不顺畅。工作启动后,跨部门沟通不顺畅,部门内部的沟通不和谐,同事间互相推诿、互相猜忌,没有配合和补位意识。

④做好了也没用。员工做得好与不好,得到的反馈是一样的,缺乏必要的激励机制,导致员工之间能推则推,能躲则躲。

⑤做得不好也不会怎么样。企业没有绩效考核机制,即使有了考核机制,也是轮流坐庄,流于形式,甚至会出现绩效优秀员工奖励2000元,不合格员工奖励1800元的情况,导致优秀员工外流,绩效差的员工出不去,一般员工抱怨不断。

(2)实践对策。

①明确责任,做好工作分析,责任到人。

②按照工作价值链梳理公司的业务流程,做事有章可循。

③强化内部沟通,提升跨部门的协调意识。

④建立有效的激励机制,不让"雷锋"吃亏。

⑤建立有效的绩效管理机制,使绩效管理真正成为企业战略目标落地的工具。

所以,从绩效诊断的角度看,最佳的状况是发现员工的绩效不足,找出解决方案,加以改善。

从上述分析可以看到员工的绩效是一个函数,那么人力资源部需要指导的绩效函数如图 9-1 所示。

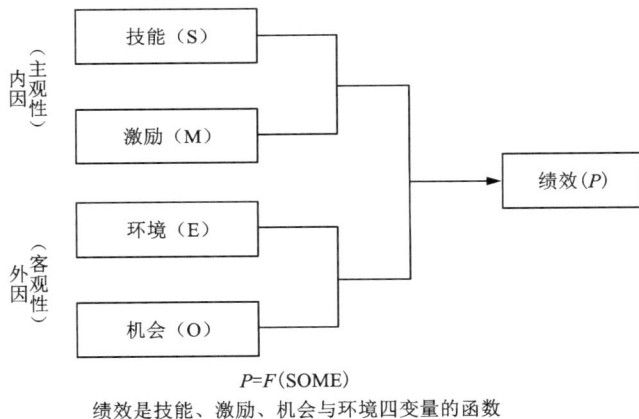

$P=F(SOME)$

绩效是技能、激励、机会与环境四变量的函数

图 9-1 绩效函数

1.技能

技能是员工的岗位工作胜任能力的集合。现在社会发展很快,技术更新也快,所以员工的技能需要适时迭代。当然企业也应该推动这个更新过程,让经理人具备辅导员工技能

提升的能力和资源。

2.激励

激励是提升员工满意度的最有效的手段。根据盖洛普的研究，员工对于激励的需求有一项是每周至少能获得经理的一次表扬。那么，经理人的激励手段和资源也应该更加丰富和多样化。

3.环境

公司内外部的环境对企业员工的影响还是很大的，设想一下企业规模、影响力能够给员工带来的助力。

4.机会

思考公司有没有给员工提供发展的机会，例如晋升、轮岗等。

以上内外部四个因素造就了企业和员工的绩效达成状况。

绩效诊断箱是比较简便易行的绩效诊断工具。分析问题时，如果只是泛泛而谈，那么针对性不强，而一旦把分析的内容整合成一个工具，就很好用了。如图9-2所示，绩效诊断箱共包含4个方面的内容。

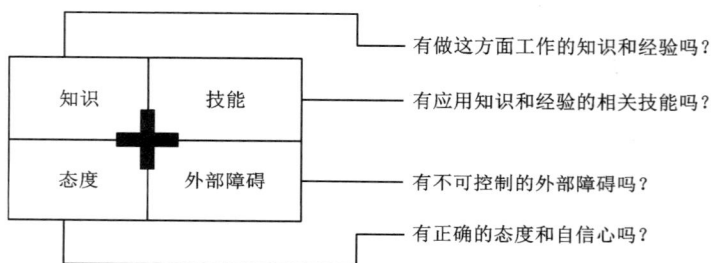

图9-2　绩效诊断箱

1.外部障碍分析角度

（1）员工有没有恰当的工具？

（2）员工有没有充足的资源和信息？

（3）员工是否承担了过多的外部压力？

（4）工作标准是不是没有明确？

（5）有没有做到及时与员工进行沟通？

（6）组织中有没有建立标准化的操作程序？

（7）是不是许多员工存在同样的绩效问题？

2.知识、技能分析角度

（1）员工过去是不是曾经圆满地完成了工作任务？

（2）员工有没有为这项工作受到过专门的培训？

（3）员工是否经常要做这项任务？

（4）员工是否总能正确地完成这项工作？

3.态度分析角度

（1）员工对于职业发展规划是否明确？

（2）有没有存在其他破坏员工工作的事情，例如组织或主管的激励手段？

（3）员工出色的绩效表现是否会受到表扬？

（4）员工出色的绩效表现是否给其带来负面影响？

（5）绩效表现差的员工是否也会获得某种好处？

（6）员工对他们的绩效质量是否清楚？

一般来讲，态度和外部障碍属于管理方面的问题，知识和技能属于发展方面的问题。

4. 解决策略要领

（1）如果存在外部障碍，考核者应该首先在本人权限范围内，最大限度地排除障碍，或尽可能减少其影响。

（2）如果存在态度问题，考核者必须先解决态度问题，再解决发展问题。态度有问题，一切预期变化不可能发生。

5. 注意事项

（1）不能用解决发展问题的方法来处理管理问题。

（2）提升解决问题的能力应以在职训练和自我启发为主、以脱产培训为辅。

二、设计绩效改进方案

（一）绩效改进的四个原则

（1）重审绩效不足的方面。设计绩效改进方案的时候，一定是针对员工表现较差的地方去改进，那么就需要经理跟员工交代清楚绩效不足的地方在哪里、是什么。不能想当然地以为员工已经很清楚自己的问题了，这个在教导环节已经交代得很清楚了。

（2）从员工愿意改进之处着手改进。无论是什么样的改进，都是需要员工踏实去做的，所以员工的意愿环节就显得尤为重要，可以跟员工就需要改进的地方入手，逐步实施改进方案，反正一口也吃不成一个大胖子。

（3）从易出成效的方面开始改进。但凡改进，有进步、有成果才会对员工有激励作用，所以除了考虑轻重缓急的因素外，还要考虑从易出成效的方面入手，让员工看到希望。

（4）以所花的时间、精力和金钱而言，选择最合适的方面进行改进。与改变价值观相比，改变员工的态度会比较经济。

（二）设计绩效改进方案时需要关注的四点

（1）意愿。员工自己想改变的愿望。

（2）知识和技术。员工必须知道要做什么，并知道应如何去做。

（3）气氛。员工必须在一种鼓励改进的环境里工作，而经理是造就这种工作气氛的最重要因素。

（4）奖励。如果员工知道行为改变后会获得奖赏，那么他会较为乐意去改变行为。奖励的方式可分为物质和精神两方面：物质方面包括加薪、奖金，或其他福利；精神方面则包括自我的满足、表扬、加重责任、更多的自由与授权。

（三）设计基于能力提升的绩效改进方案

由于管理问题比较容易解决，所以本书探讨的主要是基于能力提升的绩效改进方案的设计和实施。

如果经理能够有效地辅导和激励下属，鼓励员工竭尽所能，改善自我，员工的满意度就会提高，企业也容易吸引优秀人才，流动率减少，向着积极的方向转变。

一个有效的基于能力提升的绩效改进过程应该是动态的，包括以下行动。

（1）明确绩效改进的理念。

绩效改进方案的设计需要一些前提和理念，这些前提和理念可适用于所有管理行为。它们包括：

①员工有能力，并且渴望学习并提高自身的能力。

②意识和觉悟能够让人们做出不同的选择。一旦意识到了曾经那些处于无意识状态的态度、信念、动机和行为，员工能够使用他们的意志和清醒的头脑去改变他们的行为。

③给予他人关爱以及帮助他人的同时自己也能受益。

④如果人们作为团体中的一分子加入有建设性的互动行为中的话，他们的能力提高得更快、学到的东西更多、获得的满足感更强。

（2）目标设定。

为了改进绩效、提高能力，理想的情况是既设定绩效目标，又设定能力发展目标。绩效目标指的是和经营业绩挂钩的目标，如销售额提高 20%、离职率降低 3% 等。能力发展目标指的是和提高员工完成工作以及创造业绩的能力有关的目标，如提高沟通能力、提高演讲能力等。绩效目标属于 KPI 部分，本书前面的章节已经详细论述了，这里不再多说，主要谈谈设定能力发展目标的问题。

设定能力发展目标，要解决好以下问题：

①能力发展目标由谁设定。

每个员工都应该设定自己的能力发展目标，无论是首席执行官还是招聘专员。提高工作中最重要的能力可以使每位员工把工作做得更好。从职业规划的角度看，一般是员工在主管领导的指导下设计自己的能力发展目标。

②员工一次可以提高多少能力。

能力的提高不是一件容易的事，因为能力的改变需要付出努力和关注，所以一次提高许多方面的能力几乎是不可能的。笔者建议一次提高两到三方面的能力。这些能力的提高将对绩效产生连锁反应，带动其他能力的提高。

③员工应该设定多少能力发展目标。

在每一个能力方面设定 1~3 个发展目标已经足够帮助改善绩效了。设定的目标不能太多，否则员工会感到压力太大。发展目标的多少取决于员工想要提高的能力程度。当然，员工提高多少能力，也应该考虑企业的现状和发展需要。

④怎样选择员工的能力发展目标。

如果员工愿意承担风险，接受必要的挑战来提高他们的能力水平，他们就必须愿意改善自我。如果员工所有要发展的能力都由他们的经理说了算，他们很可能不会把这些目标当成自己的目标。能力发展目标根据不同的目的和不同的环境可以用不同的方式来确定。有时候企业可以让所有的员工都来发展同一方面的能力，这样做可以使组织迅速发生变化，因为大家都朝着同一方向努力。

以下两种方法相结合是最佳的方法：一是由经理决定，二是由员工自己决定。这样做可以带来两方面的好处：一是员工会感到他们对于发展过程有了某种掌控，二是经理可以让其下属提高对于工作的成功最为重要的能力。

⑤怎样设定能力发展目标。

同绩效目标一样，能力发展目标也应该满足 SMART 原则，并且极大地提高所要发展的能力水平。大部分能力发展目标可归入以下四类。

第一，提高以行为为标准的考核得分："我的目标是把主动性的分数从'4'提高到'5'。"

第二，提高某一方面的能力而不改变相关的评分尺度："我的目标是更有影响力。"

第三，开发属于能力方面的主要行为："我的目标是从头到尾对某一复杂项目负完全责任。"

第四，和能力有直接关系的一份解释清楚的工作项目："我的目标是为让工厂减少10%的耗损承担全部责任。"

能力发展目标的模式可由企业来决定，也可由经理或员工来决定。只要符合 SMART 标准，这些目标都会发挥作用的。

从这个角度看，能力提升的目标最终还体现为 KPI。

一是能力发展目标同绩效目标的关系。绩效目标即员工的工作"是什么"，而能力发展目标则是员工的工作"怎么样"。能力发展目标的完成可以帮助员工完成他们的绩效目标。如果能力发展目标既不能改善目前的绩效，又不能让员工为未来的绩效做准备的话，这样的能力发展目标就不是一个合适的目标。

二是评估能力发展目标的完成情况。除了把行为标准作为评估成功的手段，能力发展目标的其他评估方式与绩效目标的评估方式相同。如果评分标准本身就被当作一种评估手段的话，那么对于分数等级的规定就成了用来评估行为方面提高的标准。

（3）制定完成目标的关键行动措施。

基于 5W2H 的关键行动措施只有在符合 SMART 原则时才最有可行性，也就是说，只有符合 SMART 原则的行为或行动才能被称为关键行动措施。下面举例说明：

①绩效目标：公司在 5 个月内销售额达到 200 万元。

关键行动措施：每周走访客户 15 次。

- 关键行动措施是明确具体的：工作内容规定得很明确。
- 行动步骤是可量化的：员工能够数出走访客户的次数。
- 行动步骤与企业目标及经营目标一致：走访客户可以促进销售。

在这个例子中，假设员工和经理都认为每周走访客户 15 次是可以实现的，并且能够帮助员工完成目标，那么这个行动步骤就是以业绩为导向的，且有时间界限。

②能力发展目标：影响力提升。

针对能力发展的目标，利用关键行为可以使行动步骤的制定更为容易，过程如下。

- 对员工与能力相关的关键行为进行评分。
- 评估哪些关键行为在得到改善的情况下将更能提高总体能力。
- 制定具体的针对那些关键行为的行动步骤。

以下列举的是与影响力相关的关键行为。

- 说明一个人的职位怎样使周围的人受益。

- 发现他人的忧虑、愿望和需求。
- 引出反对意见，并对反对意见做出有效反应。
- 确定主要决策者以及决策者的主要影响人。
- 对反应和反对意见做出预测并计划怎样予以克服。

假设一位员工在第二项关键行为方面能力比较弱，即发现他人的忧虑、愿望和需求，那么正确的行动步骤也许是通过每天向一名合作者、老板、下属或客户提问来找出某人的忧虑、愿望和需求。

通过关键行为指导工作步骤的制定，员工可以把自身的发展集中在可以提高总体能力水平的因素上。

（4）解决能力发展中存在的问题和障碍。

理想状态下，目标确定后，能力的发展应该是很容易的事。我们只需要先找出我们应该掌握的知识、技能和方法，然后开始学习即可。但事情显然并非如此简单，当发展员工的能力时，可能会遇到各种障碍。大部分障碍可以归为：知识障碍、技能障碍、过程障碍、情感障碍。

①如果员工没有掌握完成工作的必要信息，那么知识障碍就会产生。如公司的新员工不知道谁是公司的决策者、谁是主要影响人等。

②如果员工知道怎样完成工作，但缺乏把工作按要求自始至终迅速做好的技能，这时技能障碍就会产生。例如，员工也许已经学过怎样操作新设备，但因操作时间有限而无法进行有效率的操作。

③如果员工不能有效处理一系列的任务或事件来取得业绩的话，那么，过程障碍就会产生。员工也许很善于处理每个单独的任务，但他们缺乏把所有的任务按正确的次序排列好，并用适当的方法在适当的时间完成任务的能力。和这一类障碍有关的例子包括项目管理、复杂的销售任务、建筑、产品开发等。

④情感障碍指的是那些和心理因素有关的原因。如一些员工担心产生矛盾而不愿意坚持他们认为正确的东西；一些员工担心会失败而不敢设定有挑战性的目标；还有一些员工害怕被责怪或受到不好的待遇，不愿意承认失败或为他们的行为承担责任；等等。

分析绩效障碍属于哪一类范畴十分重要，因为克服障碍的方法来自这一分析。如果问题因技能不足所致，那么获得技能就是正确的解决方法。如果员工具备了技能却因为情感障碍而无法使用技能的话，那么获得技能对于问题的解决将无济于事。解决方法得适合问题本身。

在能力发展的过程中，必须充分了解员工的技能和能力目前所处的状态、妨碍员工获得更好绩效的障碍，以及员工的事业目标和他们的愿望。根据这些信息，员工才能在经理的支持下制定出目标和行动步骤，从而改变他们的行为，取得他们所期望的绩效成果。

（5）明确指导者的行动。

如果经理能够激励并指导他们的员工改进绩效，绩效改进方案就能够发挥良好作用。然而，很多经理缺乏这种能力。实际上，许多经理甚至不知道一位优秀指导人员该具备什么样的行为。下面我列举了成为一名优秀指导人员应该具备的 11 项行为以及需要的步骤。

①利用胜任能力模型传达对员工的展望。通过语言、能力以及主要行为传达员工身上可挖掘的潜力。

②倾听。倾听员工的诉说，不要老想着去控制他们或让他们把事情做完。努力去了解他们，了解什么事情对他们很重要，了解他们的感情和他们的忧虑。设身处地地想象一下他们的感受，然后再和他们谈话，把你对他们的境遇和感情的理解告诉他们。

③给予反馈信息。让他们知道你是怎样看待他们的，直接、诚实地告诉他们你对他们的行为以及他们的行为所带来的后果的看法。避免那些轻蔑的判断和指责，记住：反馈的目的是让他们了解能够帮助他们改变行为的有关信息。

④让员工自己认同一个更高的目标。帮助员工表达他们的希望和理想，同他们一起努力把他们的理想和企业对他们的期望结合起来。如果他们把自己在公司所起的作用看作实现个人抱负的途径，就能在自身发展中做出更多的投入。

⑤利用能力概念来判断问题。能力和主要行为可以有效地把当前行为与理想行为进行比较，从中可以找出差距和发展道路。

⑥看清障碍。确定阻碍绩效发展的因素，是信息、技巧、过程？还是情感方面的障碍？利用以上分析找出解决方法。

⑦预测并建设性地处理员工的抵触心理、防御性行为和责怪。你得开发一整套技巧进行应对。这些技巧包括倾听、同理心、表达信任、提供机会、鼓励进取等。在每一种情况下采用的技巧都要能最方便地帮助员工克服他们的抵触心理，把他们的利益和企业的最大利益结合在一起。

⑧确定目标。利用手头一切信息（企业目标、个人抱负、战略规划、问题的分析、能力的发展等）确立能力发展目标和绩效目标。

⑨制定行动步骤。制定符合 SMART 原则的行动步骤来完成目标，要包括能够支持能力发展目标和其他行动步骤完成的行动步骤。

⑩跟踪并监控目标和行动步骤的进展情况。目的是确保员工能够取得成功，问题能够被迅速解决。

⑪让员工了解你的目标和行动步骤。让员工看到他们的工作在你的目标中处于什么位置，向他们示范如何跟踪目标和行动步骤的进展。如果你的员工经常看到你在使用你要求他们使用的程序，他们就会更自觉自愿地去使用这一程序。

三、绩效改进方案的实施

（一）绩效改进方案的落地技巧

实施绩效改进方案应该遵循一系列指导方针，这些指导方针同样适用涉及培训和指导的基于能力的人力资源实践。然而，绩效管理本身的性质使我们必须强调以下要点：从情感方面来讲，绩效的改进是一个在情感上十分脆弱的过程。员工的弱点要被暴露出来，员工得去谈论并解决那些影响能力的、已经被隐藏多年的难于解决的行为方面的问题。解决了这些问题可以让员工感到骄傲和自信，但这一过程也许会让他们产生恐惧、尴尬以及被伤害的感觉，如果处理不当，员工们会产生抵触和不满的情绪。

要遵循的重要原则之一是高层管理者应该把他们自己的绩效改进当作实施内容的一个组成部分。员工如果知道首席执行官和高层管理班子也在像他们一样努力提高自己，那么没有什么比这所传达的信息更强劲有力了。

绩效改进方案的实施需要细致的策划以及有组织的培训和指导。如果企业想提高新的能力，那么在最初使用这一体系时得尽量保持简单。

年轻的员工可能对引进任何旨在改进绩效的人力资源实践抱着相当大的怀疑态度。该方案内部支持者的可信度将对员工是否接受并愿意为这一方案的实施付出努力起到关键作用。如果管理层不是真正支持这一方案，或不为大部分员工所信赖，这一方案的实施就会困难重重。

所以真正值得推崇的绩效改进方法有以下几种：

(1)以职业发展的名义。

许多公司希望提高已有员工的技能，使他们能在公司内获得发展，但是这种努力应该与实现公司战略目标直接相关。没有这个目的，提高员工技能的努力就不会产生任何有助于提高公司业绩的实质性变化。

例如，有个富有主动精神的工程师希望有朝一日成为一名经理。这是企业提拔一个人的绝佳机会，因为这个人已经对公司有了深入了解，并认同它的价值观。但是对于一个经理的核心能力要求与对一个工程师的要求截然不同，所以经历一个发展过程是必不可少的。公司可以立即提拔这个工程师，寄希望于他自己逐渐变成合格的经理；或者为这个工程师制订一套职业发展计划，当公司里有经理职位空缺时，他能胜任此职。显然，第二种做法更容易获得成功，因为工程师上岗前已经拥有了经理所应具有的技能。通过缩短学习过程(事先进行培训和准备)，公司就能立刻获得投资回报，而不是等待刚上任的经理自己努力进入角色(表9-1)。

表9-1 成为一名经理的核心能力实例

核心能力	是否具备	如何获得	所需时间
配置资源，确定优先领域及最有价值的领域	不具备	在某大学完成关于预算的基础课程 参加季度预算讨论会议 帮助现任经理制定下一步的预算	6个月
根据业务需要，理解和权衡客户需求	具备	无法得知	无法得知

只有向工程师阐明核心能力和经理工作之间的关系，才能让其信服技能发展的重要性，同时，还需要向员工提供获得这些技能的途径。通过向最高管理层展现事业发展措施、核心能力和公司战略之间的直接联系，我们更能感觉到培训支出是物有所值的，因为这个工程师学到的技能能够帮助公司获得成功。

成功的职业发展要求包括以下几点：

①得到最高管理层的支持。

②培训课程和核心能力之间有清晰的联系。

③获得技能的过程易于进行，有助于员工适应期待岗位。

④员工主动性强。

⑤员工获得技能时能得到奖励和承认。

⑥不断更新培训目录，预期未来趋势。

（2）以技能提升的名义。

　　培训是一个企业获得成功的重要因素之一。公司需要员工掌握新技能以保持竞争力，或者提升技能以适应岗位需要。为了做到行之有效，培训要和公司的业务需求联系起来。许多公司将培训课程目录整合后，由员工根据自身需要来选择。但是，如果企业不向员工解释培训课程和企业战略之间的联系，员工即使参加了培训课程，也不会对他们的工作表现产生直接影响，更不能为企业的终极目标产生增值，或作用很小。

　　通过培训能提高员工的工作表现，使他们正确面对未来的商业环境或工作需要时，培训的价值是最大的。所以，培训费用应该集中用于培养员工帮助企业目前和将来获得成功的核心能力上。

　　为使培训计划成功，必须做到以下几点：

①提供的培训课程直接影响公司战略或生产力水平的终极目标。

②提供的培训项目不仅目前而且将来也需要。

③根据商业环境的变化不断更新培训内容。

④组织内所有级别的员工都应获得培训机会。

⑤对员工的学习和获得新技能的行为给予承认和奖励。

⑥提供练习新技能的机会，让他们没有"失败会受惩罚"的后顾之忧。

⑦根据新信息、新技术的发展情况，提供修改过及知识更新的课程。

（二）绩效改进结果评估

　　改进方案实施之后，并不意味着任务的完成。通过绩效改进评估对结果进行评价，以确定其是否实现了减少绩效差距的目标。评估结果将反馈到公司考核计划过程之中，从而开始新的绩效管理循环（表9-2）。

表9-2　绩效改进结果评价

其他员工对改进活动以及活动对他们的影响的反应如何？客户和供应商的反应怎样？
实施后，人们了解或掌握了哪些以前不会的知识或技能？
改进活动对工作方式是否产生了所希望的影响？
工作中是否开始运用新的技能、工具、程序？
改进活动对绩效差距的影响是什么？差距的缩小与经营行为具有正向关系吗？

第三节　绩效改进的工具

　　绩效改进评价人员需要各种绩效考核方法或工具，把握其优缺点，在实际工作中根据具体所需选择并使用适当的工具。下面介绍了广受业界推崇的集中绩效改进管理工具：平衡记分卡、标杆超越和六西格玛。

一、BSC 平衡计分卡

（一）平衡计分卡简介

平衡计分卡是美国哈佛大学商学院教授卡普兰（Kaplan）和 RSI 公司总裁诺顿（Norton）针对企业创建的组织绩效评价工具。卡普兰和诺顿在 1992 年 1—2 月的《哈佛商业评论》上发表了《平衡计分卡——驱动业绩的衡量体系》（*The Balanced Scorecard*：*Measures that Drive Performance*），这标志着最初用于衡量组织绩效的平衡计分卡正式问世。经过 20 余年的发展，平衡计分卡已经被广泛应用于企业、政府、军队、非营利机构等各类组织的管理实践。

对平衡计分卡的理解，有广义和狭义之分。广义的平衡计分卡是就理论体系而言的，其本质是通过以战略为管理核心实现组织整体协同，从而提升战略执行力的管理体系，包括战略地图和狭义的平衡计分卡；狭义的平衡计分卡是就管理工具而言的，它是与战略地图相并列的一种管理表格。本书从广义的视角出发，对平衡计分卡的内部构件及其组合原理进行全面的介绍，即通过对战略地图和狭义的平衡计分卡的逻辑结构进行全面解读，让大家系统地理解平衡计分卡化战略为行动的过程。

平衡计分卡作为一个以战略为核心的绩效管理工具，在绩效评价方面的应用已经可以覆盖组织中的每个层级和个体。绩效管理的绩效计划、绩效监控、绩效评价和绩效反馈环节都纳入了平衡计分卡理论范畴，平衡计分卡主要涉及绩效目标的设置和考核指标的选择、绩效沟通和辅导、绩效监测和评估、绩效结果的反馈和应用等内容。

（二）平衡计分卡的主要特点

作为一个新的绩效管理工具，平衡计分卡具有诸多优势。一方面，平衡计分卡克服了传统财务绩效衡量模式的片面性和滞后性。另一方面，与目标管理、关键绩效指标等绩效管理工具相比，平衡计分卡在目标制定、行为引导、绩效提升等方面具有明显的管理优势，能够为组织绩效目标的达成提供有力保证。平衡计分卡具有始终以战略为核心、重视协调一致和强调有效平衡三大特点。

1. 始终以战略为核心

卡普兰和诺顿指出，任何一个衡量系统，其目的都应该是激励所有管理者和员工成功执行战略。平衡计分卡以提升战略执行力为出发点，先后探讨了如何对战略进行衡量、管理、描述、协同以及如何实现战略管理与运营管理的有效结合等难题。战略地图和平衡计分卡为组织提供了一个能够从四个不同的层面来描述战略的管理框架，使组织的管理者能够站在全局的高度审视价值创造的绩效结果和驱动因素。

【拓展学习】

平衡计分卡的战略管理功能

随着理论体系自身的不断发展和完善，平衡计分卡由最初的绩效评价工具逐渐转变为战略管理工具，其应用领域也由企业组织逐步扩张至政府部门、非营利组织、准军事组织，乃至军事机关。平衡计分卡对于战略管理的突破性贡献主要有以下三点。

第一，通过绘制战略地图这一管理工具，实现对战略的可视化描述。卡普兰和诺顿说："战略地图创新的重要性丝毫不亚于最初的平衡计分卡本身。它使管理层找到了战略内在属性和外在力量的可视化表述方法。"可以说，对于战略的清晰描述填补了传统战略管理过程中战略制定和战略规划之间的缺憾。

第二，组织通过战略地图和平衡计分卡建立了战略协同机制。协同效应是战略构成要素之一，但是以往的管理工具未能很好地实现组织的战略协同。平衡计分卡将协同视为经济价值的来源，构建了一个逻辑严密、体系完整和机制健全的协同机制。

第三，尝试通过战略地图、平衡计分卡以及仪表盘等工具将战略和运营进行连接，这是平衡计分卡的最新理论成果。其尽管还存在有待完善之处，但却是将战略转化为员工日常行为，确保战略"落地"的必然选择。

2.重视协调一致

为了实现化战略为行动的目的，平衡计分卡将协调一致提升到了战略的高度，认为协同不仅是创造组织衍生价值的根本途径，也是实现客户价值主张的必要保障，因此有必要形成一套严谨的协同机制以确保战略"落地"。战略地图和平衡计分卡是协同的管理工具，也可以说是协同的操作平台，它们从财务、客户、内部业务流程、学习与成长四个层面界定了协同的内容，以及协同效果的衡量指标。

3.强调有效平衡

平衡计分卡所强调的平衡，不是平均主义，不是为平衡而平衡，而是一种有效平衡。这种有效平衡是指在战略的指导下，组织通过平衡计分卡各层面内部以及各层面之间的目标组合和目标因果关系链，合理设计和组合财务与非财务、长期与短期、外部群体与内部群体、客观与主观判断、前置与滞后等不同类型的目标和指标，以实现组织内外部各方力量和利益的有效平衡。

（1）财务指标与非财务指标的平衡。为了弥补传统业绩衡量模式单纯依赖财务绩效指标的局限性，平衡计分卡引入了客户、内部业务流程、人力资源、信息管理、组织发展等方面的非财务指标，对组织绩效进行综合考核。这是平衡计分卡的基本特征。

（2）长期目标与短期目标的平衡。组织的主要目标是创造持续增长的股东价值，它意味着一种长期承诺，但是组织必须同时创造出较高的短期业绩。当市场竞争加剧而组织可利用的资源相对短缺时，管理上的短视行为和"寅吃卯粮"的现象时有发生，也就是说，短期结果总是以牺牲长期投资为代价实现的。在平衡计分卡中，内部业务流程层面的每一类内部流程为组织带来益处的时间段都不同，管理者可以通过内部流程的组合，形成不同的战略主题，以确保组织的长、短期利益能够得以兼顾，从而实现可持续发展。

（3）外部群体评价指标与内部群体评价指标的平衡。首先，作为社会系统的构成单元，组织的经营管理决策和行为总是受到政府、供应商、辅助厂商、消费者、同业竞争者、行业协会等利益相关者的影响，它所生产和提供的产品或服务只有为目标客户认可，才能在市场上占有一席之地。其次，股东和董事会成员能够从根本上影响组织的发展方向。此外，组织内部也是一个由不同群体构成的社会子系统，生产、研发、营销、人力资源等不同单元之间的互动，员工之间的人际沟通和工作协调，以及员工个人的职业发展、公平感受和组织承诺等都会影响组织发展。平衡计分卡认识到了在实施战略的过程中有效平衡这些群体的利益的重要性。

（4）客观指标与主观判断指标的平衡。由于传统的业绩衡量模式偏重从财务数据上考察员工个人的工作成效和组织的整体经营成果，因此目标管理、关键绩效指标等以往的绩效管理工具在指标设计和权重分配上都强调可量化性，倾向于选择定量指标并给这些指标赋以较高权重，这样难免忽略一些十分重要的定性指标。而平衡计分卡所倡导的绩效评价指标体系，不仅包括能够即时获取客观数据的财务类指标，还纳入了客户、内部业务流程以及无形资产方面的指标。这些指标，尤其是关于无形资产的衡量指标，管理者常常难以根据单一数据对其作出准确判断，而要更多地依赖于亲身体验、主观感受和经验判断。

（5）前置指标与滞后指标的平衡。为了加强对绩效的预测、监测、评价和控制，平衡计分卡对财务、客户、内部业务流程和学习与成长四个层面进行了区分，其中财务和客户层面描述了组织预期达成的绩效结果，而内部业务流程和学习与成长层面则描述了组织如何达成战略的驱动因素。根据这一逻辑，平衡计分卡将前两个层面的指标界定为滞后指标，而将后两个层面的指标界定为前置指标。在此基础上，平衡计分卡依据动态管理的原则，将每一个层面的指标按照因果关系进一步划分为前置指标和滞后指标。一般来说，对工作过程或阶段性成果进行衡量的指标为前置指标，对工作的最终结果进行衡量的指标为滞后指标。

二、标杆超越

（一）标杆超越管理的含义

标杆超越管理（benchmarking）又称基准管理。它是指一个组织瞄准一个比其绩效更高的组织进行比较，以便取得更好的绩效，不断超越自己，超越标杆，追求卓越，组织创新和流程再造的过程。

1. 标杆超越管理法的来源与应用

标杆超越管理法在20世纪70年代末由美国施乐公司首创，后经美国生产力与质量中心（APQC）系统化和规范化。

20世纪70年代末期，美国施乐公司在复印机市场上失去其领导地位。在1979年，施乐公司开始对其制造成本进行调查，发现其竞争对手的产品是以施乐公司的制造成本为售价的，所以施乐公司开始针对制造活动进行产品质量及特性的改进计划，实施标杆超越。对制造活动采用标杆超越法成功以后，施乐公司逐步将标杆超越的方法运用于各企业单位、供应商及产品研究方面，此举使施乐公司在小型复印机市场上居于优势地位。之后，日本、加拿大、欧洲的企业也相继采用该方法并将其应用于一些新领域。时至今日，"标杆超越"已经成为一个流行于管理领域的热门词语。

2. 标杆超越管理的基本思想

标杆超越管理的基本思想是以最强的竞争企业或那些在行业中领先和最有名望的企业在产品、服务或流程方面的绩效及实践措施为基准，树立学习和追赶的目标。通过资料收集、比较分析、跟踪学习、重新设计并付诸实施等一系列规范化的程序，将本企业的实际情况与这些基准进行定量化的比较和评价，在此基础上选取改进本企业绩效的最佳策略，争取赶上或超过竞争对手。

（二）标杆超越管理的两个阶段

标杆超越管理由"标杆"和"超越"两个基本阶段构成。

1."标杆"阶段

"标杆"阶段就是要针对企业所要改进的领域或对象，首先确定"谁"在这一方面是最好的，以及它为什么做到了最好？我们为什么差？差在哪里？这意味着要确定学习和赶超的榜样，对之进行解剖和分析，同时也要解剖和分析自己，通过对比找出自身与榜样之间的差距及原因。这一阶段实际上是一个"知己知彼"的过程。

2."超越"阶段

实施标杆超越的目的并不在于对榜样的简单模仿，而是在于"超越"对手，使自己成为"领袖"。因此，必须在前一阶段"知己知彼"的基础上，寻找支撑企业可持续发展的关键绩效指标及绩效改进的最优方法，拟定超越对手的策略并加以实施，努力使自己成为同业最佳，这便是"超越"的阶段。图9-3所示为以标杆超越为基础设计绩效考核体系的步骤。

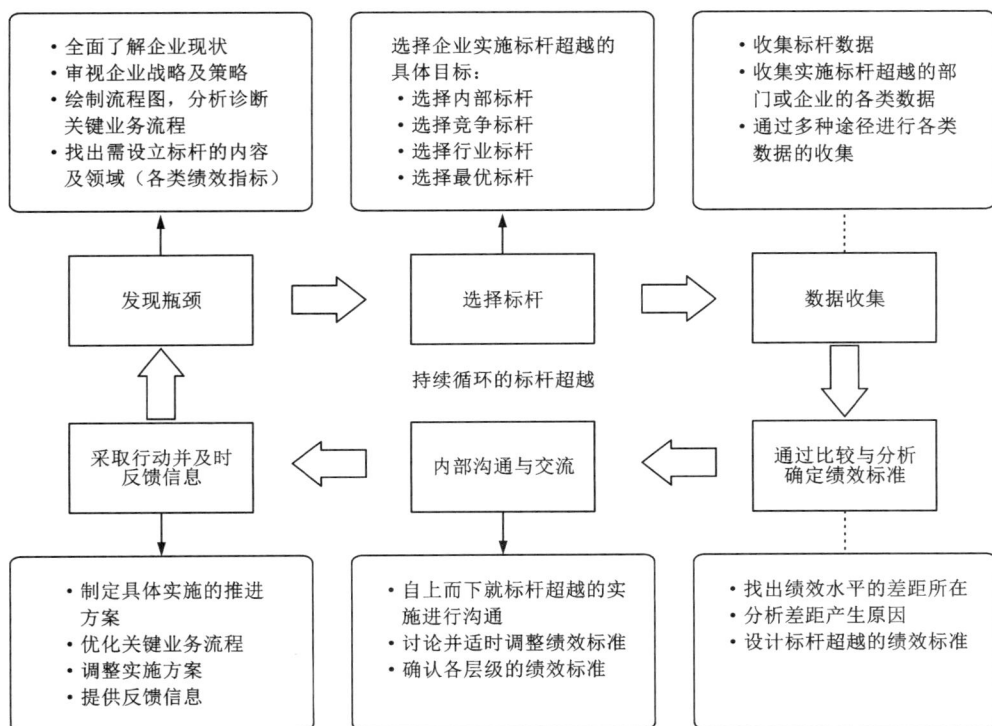

图9-3 以标杆超越为基础设计绩效考核体系的步骤

(三) 以标杆超越为基础设计绩效考核体系的步骤

1.发现瓶颈

设计者应详细了解企业关键业务流程与管理策略，从构成这些流程的关键节点切入，找出企业运营的瓶颈，从而确定企业需要确定的标杆的内容与领域。

标杆超越法主要通过调查、观察和内部数据分析，真正了解自己的现状。在这一步骤中，管理者通过绘制出详细的流程图将本企业在该领域中的当前状况描绘出来。这项工作对于标杆超越活动的成功是至关重要的，一张详细的流程图有助于企业就当前生产经营的运行方式、所需的时间和成本、存在的缺点和失误等达成共识。这一步工作如果做不好，即使同标杆企业的先进之处进行比较，也难以揭示出自身所存在的不足。对于所要确定的标杆的内容，尽管每个企业或部门都有自己的业绩产出，包括产品和服务等，但是标杆内容的确定首先应是从改进和提高绩效的角度出发，明确本企业或本部门的任务和产出是什么，因为它们是企业成功的关键因素，理所当然要成为标杆确定首要考虑的绩效指标。接着，应对这些任务和产出的具体内容进行分解，以便进行诸如成本、关键任务等问题的分析、量化和检查，从而最后确定标杆的具体内容。

2. 选择标杆

设计者应选择与研究行业中几家领先企业的业绩，剖析行业领先者的共性特征，构建行业标杆的基本框架。

（1）选择基准化"标杆"的标准。

①应具有卓越的业绩，尤其是在基准化的内容方面，即它们应是行业中具有最佳实践的企业。

②标杆企业的被瞄准领域应与本企业需进行标杆超越的部门有相似的特点。选择标杆的范围首先是竞争对手及其他有潜力的公司，也可以是同一行业或跨行业企业中一个相近的部门。

标杆的选择一定要具有可比性并且管理实践是可以模仿的。

（2）标杆基准对象的类型。

标杆基准对象可以根据标杆基准对象所处的领域将其划分为四种类型，即"内部标杆基准""竞争标杆基准""行业标杆基准"以及"最优标杆基准"（表9-4）。

表 9-4　标杆基准对象的类型

类型	说明
内部标杆基准	内部标杆基准是以企业内部某高效行为为标杆对象，这是最简单且最基本的标杆基准
竞争标杆基准	竞争标杆基准是以自己的竞争对手作为标杆对象，它将自身的业务过程与那些与自己有着同样市场，具有竞争性产品、服务和过程的优势企业相比较，从而学习竞争对手的优点。由于竞争的关系，这样一种标杆基准的获得相对而言是困难的
行业标杆基准	行业标杆基准是以本企业相关的行业中的优势企业为标杆对象，比如参照行业领袖或行业中的典型企业，以其绩效水平为参照来设计绩效考核及改进体系
最优标杆基准	在选择标杆对象时不在意标杆对象在业务、产品等方面的相同或相似，只要它在某一方面具有优势并且具有向其学习的可能性，就将其作为绩效改进的对象

（四）数据收集

收集资料和数据，深入分析标杆企业的经营模式，从系统的角度剖析与归纳其竞争优势的来源（包括个体行为标杆、职能标杆、流程标杆与系统标杆），总结其成功的关键要领。

1.资料和数据的分类

资料和数据可以分为以下两类。

(1)标杆企业的资料和数据。其中主要包括标杆企业的绩效数据以及最佳管理实践,即标杆企业达到优良绩效的方法、措施和诀窍。

(2)开展标杆瞄准活动的企业(或部门),反映它们自己目前的绩效及管理现状。

2.资料数据的来源

标杆的资料数据可以来自单个的标杆企业或部门,也可以来自行业、全国乃至全球的某些样本。全行业即全球样本反映了样本范围内的平均水平,通过与这类数据瞄准、比较,可以了解本企业(部门)在行业及国内外同行中所处的相对位置,明确努力方向。信息可以通过图书馆、互联网、行业协会、公共论坛、会议、讲座、贸易展示会等各种公开的渠道来收集,必要时可以直接同所选定的标杆超越榜样接触,甚至可以到对方所在地进行实地参观调研。

(五)通过比较与分析确定绩效标准

这一步是要将标杆企业的业绩和实践与本企业的业绩进行比较与分析,找出绩效水平上的差距,以及在管理实践上的差异,借鉴其成功经验,以确定适合本企业的能够赶上甚至超越标杆企业的关键业绩标准及其最佳实践。

在分析差距和确定绩效标准时应考虑以下因素。

(1)经营规模的差异以及规模经济成本的效率差异。

(2)企业发展阶段的管理实践与业绩差异。

(3)企业文化理念与管理模式的差异,如集分权、资源共享程度以及内控程度的特点。

(4)产品特性及生产过程的差异。

(5)经营环境与市场环境的差异。

(六)内部沟通与交流

管理者应将标杆超越法的推进与员工的沟通和交流同步,并让全体员工理解和支持标杆基准化的目的、目标与愿景,根据全体员工的建议,最终拟定各层级的绩效目标,并提出改进方案。

(七)采取行动并及时反馈信息

在详细分析内、外部资料的基础上,制定具体的行动方案,包括计划、安排、实施的方法和技术,以及阶段性的成绩考核,并在企业内部达成共识,推动方案的有效实施。在具体实施过程中,管理者对每一个实施阶段都要进行总结、提炼,以发现新的情况和问题并及时对其进行改进。

(八)持续推进

持续推进指将标杆超越作为一个持续的循环过程,最终将标杆基准融入企业日常管理工作之中,使之成为一项固定的绩效管理活动。标杆超越强调的是一种持续不断的递阶上升的绩效改进活动,最终它应该是一种经常性的制度化的工作。这一点它与所谓的流程再造并不相同，流程再造强调的是一种全面的、彻底的创新，流程再造的目标根据具体的规范性的研究规划而得，它的目标较之标杆超越的目标而言，更加抽象，操作性也要差很多。

【实战范本】

某集团公司标杆管理办法

第一章　总则

第1条　为全面落实集团公司开展对标、达标的工作部署和要求，切实加强公司标杆管理的组织和领导，确保公司建标、对标和达标工作取得实效，特制定本办法。

第2条　本办法所称标杆管理是指公司在内部标杆管理中，不断寻找和研究系统内的最优技术经济指标或最佳管理经验，并以此为基准，不断改进经营管理，创造优秀业绩的良性循环过程。其主要工作内容有建标、选标、对标、达标等，具体如下。

（1）建标：是指建立公司战略、符合自身业务流程和管理特点的技术经济指标体系或管理指标的过程。建标是标杆管理的基础性和关键性工作。

（2）选标：根据建立的技术经济指标体系或管理指标，选树标杆、最优值或标准值的过程。

（3）对标：指通过向标杆单位、最优值或标准值看齐，发现自身管理"短板"的过程。

（4）达标：即采取有效措施和手段从对比标杆到实现目标的全过程。

第3条　标杆管理将以科学发展观为统领，以公司战略目标为导向，以创新争优为平台，本着"努力超越，追求卓越"的精神，持续建立并达到行业内外先进企业的技术经济和管理标准，促进企业综合管理水平的全面提高，增强公司可持续发展能力和综合竞争能力。

第4条　标杆管理遵循"符合战略、过程创新、统筹兼顾、持续改进"的原则。

第5条　本办法适用于集团公司所属各地区（直属）公司、控股公司、分公司。

第二章　组织机构与职责

第6条　标杆管理按照"统一领导、分级管理、全面推进"的要求，实行分类分级动态管理。

第7条　集团公司设立标杆管理领导小组，主要职责如下。

（1）根据公司发展战略，确定标杆管理指导思想和基本原则。

（2）审批标杆管理年度工作计划、方案以及相关文件制度等。

（3）审批上报集团公司的各类业务单元标杆单位材料。

（4）决定集团公司开展标杆管理工作中的有关重大事项。

第8条　集团公司标杆管理领导小组办公室是标杆管理的日常办事机构，主要职责如下。

（1）负责制订标杆管理计划、方案、指标体系以及相关管理办法等。

（2）负责汇总、分析各类指标数据、表单及相关材料等。

（3）负责组织开展各类标杆管理调研或专题论证。

（4）负责标杆管理各类信息发布工作。

（5）负责建立并不断更新标杆管理经验资料库。

（6）负责组织对标标杆管理总结、经验交流、宣传及推广工作。

第9条 集团公司机关部门在标杆管理中的主要职责如下。

（1）按照达标指标体系要求，制定本部门标杆管理内容和目标。

（2）根据部门职责，审核各单位上报的指标数据。

（3）根据部门职能，对标杆管理执行情况进行跟踪分析。

（4）加强对本部门职能范围指标体系的过程控制和效果评价管理。

第10条 各下属公司标杆管理领导小组是标杆管理的领导机构，主要职责如下。

（1）根据公司发布各类标杆值，制定符合本单位特点的标杆学习和标杆管理方案。

（2）根据公司的统一部署，建立并遴选本单位辖区内的各类标杆单位。

（3）指导并督促下属单位或部门落实本单位标杆管理任务。

（4）加强标杆管理的跟踪督查及分析工作，并采取有效措施贯彻落实。

（5）根据对标结果，开展指标专项分析，制定并完善措施，做好持续改进工作。

第三章 指标体系和评价方法

第11条 根据公司战略发展要求和管理实践，标杆管理分为技术经济指标达标和管理指标达标。其中，技术经济指标达标包括分机场达标和大型设备装置达标。管理指标达标采取规范化管理达标的方式，分为供应站、分公司、地区（直属）公司等层级。

第12条 技术经济指标体系内容主要由达标单元类别（级别）划分标准、技术经济指标定义与权重、指标评分方法和达标过程评价方法等构成。

第13条 管理指标达标相关内容以目前公司所颁发的规范化管理中有关标准、制度及配套达标验收标准等为依据。

第14条 达标指标评价中，技术经济指标评价采用单项指标排序、平均值以及综合指标排序等进行评价。管理指标评价通过开展规范化管理达标工作确定最终评价结果，见表9-5。

表9-5 公司标杆管理评价方法

类别	评价方法
技术经济指标达标	单项指标标杆值：达标业务单元（机场、机构、装置）单项技术经济指标最优值，包括全系统最优值、同类别最优值
	综合最优值：指该类别各项指标得分合计最高的达标机场（装置）。其中：单项指标得分=[（基础分+加减分数）×权重]，其中，基础分为100分，达标指标每高于该项指标全国平均值1%加0.1分，每低于全国平均值1%减0.1分，最多加减基础分的20%（除安全管理指标）
管理指标达标	采取规范化管理达标的形式进行评价，具体指公司通过建立各类达标业务单元的规范化管理体系和验收标准，对其管理活动中包括制度、标准、规范及管理方法的执行情况和有效性等方面综合评价后确定得分，分为优秀达标、良好达标、基本达标、一般达标四个级别，具体评分标准及方法将以公司规范化管理有关制度为依据

第15条　根据公司标杆管理工作体系构成,公司各类标杆业务单元(机场、机构、装置)的选树应在技术经济指标达标评价最优值和管理指标优秀达标的业务单元中产生。如该层级业务单元未开展管理指标达标工作,可参考业绩考核结果或仅发布该类别达标业务单元的技术经济指标单项标杆值、综合最优值等。

第16条　公司每年对开展技术经济指标达标的各类业务单元采用"缩进率""标杆比率"以及"四分位"等统计方法,评价各达标业务单元的进步情况,并将评价结果计入该机场所在公司年度绩效考核成绩。

第17条　公司每三年对管理指标达标的各类业务单元进行一次达标验收工作,具体验收评分方法以各类别业务单元规范化管理达标验收标准为依据。

第四章　过程控制

第18条　标杆管理过程控制主要包括四个阶段:现状分析阶段、确定目标阶段、实施达标阶段和持续改进阶段,各单位根据各阶段工作要求,制定达标工作方案并报备集团公司。各单位要结合实际,加强领导,明确责任,科学制订本单位达标活动工作计划、实施措施及考评办法等,定期选树本单位层级的各类标杆,并报备公司标杆管理领导小组办公室。

第23条　建立信息发布制度。为及时掌握工作情况,保证对标工作顺利开展,公司建立达标数据定期发布制度和标杆单位管理经验上报制度,发布周期分为季度、半年、年度等。各公司应保证达标数据和管理信息的准确性、及时性和真实性。各部门、各单位的主要负责人对指标数据和管理信息的准确性、真实性负责。

第24条　建立经验交流制度。集团公司将提供学习交流的方法和渠道,推广先进管理经验和对标成果,持续改进企业管理水平。各单位应结合实际,制订学习交流计划,组织学习标杆单位管理经验,确定对标目标,开展经验积累推广活动,提升管理水平。

第25条　营造良好工作氛围。开展达标活动,应充分利用公司信息平台等媒体,实现生产、经营等主要指标实时信息化监管,推动公司的标杆管理长期深入开展。同时,应建立支持标杆管理的企业文化平台,充分发扬公司标杆管理"努力超越,追求卓越"的企业精神,形成标杆管理和企业文化建设相互促进的良好局面。

第26条　确保数据真实、准确,严守企业商业秘密。各单位报送的数据应保证准确性、实时性和唯一性,各单位法人对指标数据的真实性负责。同时,各级标杆管理组织或单位对数据库中含有公司主要商业秘密的内容,要严格执行公司有关保密规定,不得向社会和咨询机构提供指标信息。

三、六西格玛

(一)六西格玛概述

六西格玛是目前较为流行的管理方法之一,许多世界著名公司通过采用六西格玛管理法对其业务进行改进而收到了巨大效益。目前该方法在我国也越来越受到企业界的重视和推广。六西格玛管理通过设计、监督每一道生产工序和业务流程,以最少的投入和损耗赢得最大的客户满意度,从而提高企业利润。

六西格玛的优势之处首先在于它关注顾客，"从顾客出发，为顾客服务"。不仅是企业的产品符合行业标准，六西格玛还要了解顾客的期望。另外，六西格玛管理注重数据统计，它以数据为基础，通过数据揭示问题，并把揭示的问题引入统计概念中去，再运用统计方法提出解决问题的方案。这种解决问题的方法使得六西格玛关注企业的生产及服务的所有流程，而不是仅仅局限于企业内部的某一部门的职责范围。

(二)六西格玛改进过程

六西格玛过程即围绕 $Y=f(X)$ 的方程式进行展开，它分六西格玛改进(DMAIC)和六西格玛设计(DFSS)。DMAIC法是系统解决问题的方法和工具。

1. 确立目标

在对现有流程进行改进的一个六西格玛的项目中，在这一阶段首先确立目标：降低库存成本，节约资金。

2. 测量

测量阶段关注的是 $Y=F(X)$ 中的 X 因子，它有两个主要目的：收集数据，确认问题和机会并进行量化；梳理数据，为查找原因提供线索。该公司在这个阶段首先制定库存数据的收集计划，利用SAP数据库提取真实的历史数据，减少了巨大工作量。并利用排列图分析，取得库存种类的排序清单，帮助团队全面理解要解决问题的性质与严重程度。

3. 分析

分析阶段关注的是 $Y=F(X)$ 的 F 关系，此阶段要认真研究数据资料，增强对过程和问题的理解，在此基础上，通过分析找出问题的根源。DMAIC法解决问题的方式就是综合考虑各种类型的因素，包括方法、机器、材料、测量、人、环境等方面，采用循环分析方法对各方面原因进行探索，通过不断的数据分析和过程分析，直到识别问题真实的根源并被数据证实为止。使用头脑风暴、直方图、排列图及假设检验、方差分析和回归分析等方法确定项目的根本原因，提出和验证 $Y=F(X)$ 关系，为改进找到有效的方向。在这阶段，该公司根据库存数据，使用各种统计工具(直方图、散布图等)，对仓库库存存在的主要缺陷进行排序和分析。针对测量阶段取得的数据，通过Mimtab软件进行因素分析并进行排序。得出结果如下：从价值分析看，非正常库存过高是主要原因。造成非正常库存过高的主要原因又包括预测差、产品生命周期短和客户提货延迟。

4. 改进

改进阶段重点关注的是 Y 的最佳值以及 X 的最理想组合，它是DMAIC过程显示效果的关键步骤。通过该步骤要获得解决问题的方案。在这一阶段必须做到：确定关键的少数根本原因、测试解决方法、解决方案程序化、测量论证结果和工作修改方法并持续改进。

5. 控制

控制的含义包含了对实际情况的测量，并将其与期望实现的目标进行比较，然后根据二者之间的差异采取措施。控制阶段是六西格玛项目团队保持改进成果的重要步骤。控制阶段的主要目的是避免"突然"回到旧的习惯和程序上来。为防止问题再一次发生，就要对人们的工作方式形成长期的影响并持续下去。这一阶段该公司全新制定仓库业务流程，制定措施，以巩固成果。

本章小结

绩效改进是提高组织绩效的有效管理方法。本章介绍了绩效改进的定义，绩效改进的指导思想，影响绩效改进的因素，绩效改进的流程以及绩效改进的工具。

绩效改进的定义：是系统化的分析，是系统化的思考，是系统的世界观和方法论。

绩效改进的指导思想：一是以系统思想为指导，遵循系统方法。根据系统论与系统方法的原理，进行绩效改进。首先，要把组织看作一个有机的整体和系统；其次，绩效改进遵循系统化的工作流程来提高组织绩效。二是以结果为导向，强调"执果索因"与对症下药。追求最佳成本效益。绩效改进需要"经济"地解决绩效问题，要将获得的收益和解决绩效所需要付出的代价的比值，作为衡量干预措施的经济指标，为是否选择与采纳某种干预措施或方案的决策提供依据。

明确影响绩效改进的因素，才能有针对性地提出绩效改进的计划和方案，以便对绩效进行改进。影响绩效改进的因素有：能力，性格，态度，动机，价值观，压力，工作条件和工作环境。

绩效改进的流程分为绩效诊断与分析；设计绩效改进方案；绩效改进方案的实施。

绩效诊断与分析，是绩效改进过程的第一步，也是绩效改进最基本的环节。通过分析考核结果，找出关键绩效问题和不良绩效员工；针对绩效问题，考虑企业的现有资源和绩效责任主体；找出员工不好的原因。设计绩效改进方案应遵循四个原则：一要重审绩效不足的方面；二要从员工愿意改进之处着手改进；三要从易出成效的方面开始改进；四要以所花的时间、精力和金钱而言，选择最合适的方面进行改进。

绩效改进方案的实施需要细致的策划以及有组织的培训和指导，所以有效的绩效改进方法有两种：一是以职业发展的名义；二是以技能提升的名义。另外，改进方案实施之后，并不意味着任务的完成，还需要对改进结果进行评估。

绩效改进评价人员需要各种绩效评价方法或工具，把握其优缺点，在实际工作中根据具体所需选择并使用适当的工具。绩效改进的工具有平衡计分卡、标杆超越及六西格玛。

思考与讨论

1. 绩效改进的定义是什么？
2. 绩效改进的指导思想是什么？
3. 绩效改进的因素有哪些？
4. 绩效改进的流程是什么？
5. 绩效改进的四个原则是什么？
6. 绩效改进的工具有哪些？

案例分析 1

小王是公司的研发工程师，在公司工作 3 年了。由于公司最近几年发展比较顺利，小王的成长也比较快，研发总监决定晋升小王做研发主管，带领一个6人团队。

在与小王沟通的时候，小王表达了几点忧虑。自己是技术出身，一直很喜欢技术工作，也愿意在技术方向上继续发展，如果公司真的需要自己带团队，会服从安排。不过从工作到现在一直做技术工作，管理知识和技能不足，由于长期跟技术打交道，不太擅长跟人打交道；目前自己的项目工作比较多，经常加班加点，也还是会出现项目延交的情况；由于内部沟通不畅，实际上也分不清目前项目的轻重缓急；公司的新人普遍缺乏培训，自己比较担心影响他们的成长；公司的客户普遍比较难缠，自己将会直接面对他们，会有压力；公司目前处于高速发展期，如果自己脱离技术研发去做团队管理工作，不知道将来会不会能有好的发展；等等。

案例来源：《绩效管理的8节实战课》

思考题

1. 请用绩效改进诊断分析箱对小王的情况进行分析。

2. 请尝试为小王设计基于技能提升的绩效改进方案。

案例分析2

张明是东方医疗设备公司的一名销售代表，他到这家公司工作有一年的时间了。这一年中，上级主管给他设定的销售业绩指标是20万元，他完成了业绩指标，实际销售额为21.9万元。但是像他这样的销售代表平均的销售额为35万元，张明距离这一水平还有很大差距。而且，由于他以前不是在医疗设备的行业中工作，所以对一些专业知识不够熟悉。

通过分析得出：张明目前存在的有待改进的方面主要是在销售技巧方面，体现在与客户沟通时如何倾听客户的需求上；另外，对于一些专业领域的知识他还需要进一步学习；再有，他的销售报告写得也不是令主管很满意，在这方面需要学习提高。同事们普遍评价他善于与人合作，与同事们的关系相处得很好，也乐于帮助别人。主管认为他还是比较愿意学习的，在这一年中，他进步还是很快的。客户对他的工作态度反映较好，只是有时在对客户需求的理解方面会出现偏差。针对现状，张明在主管的帮助下制订了绩效改进计划。

案例来源：《绩效管理的8节实战课》

思考题

请为张明制作一张绩效改进计划表。

第三篇

怎么用？——绩效管理的应用

第十章　绩效与薪酬

绩效考核是绩效管理的重要环节，也是进行绩效评价的最终目的。如果绩效考核结果得不到合理的运用，那么员工的绩效水平就会受到影响，组织的预期目标可能也会无法实现。因此，处理好绩效与薪酬的关系，重视并且恰当地运用绩效考核结果是组织发展的基本手段。

本章在分析当前绩效考核结果应用的原则、存在的问题的同时，分别介绍了绩效考核与薪酬管理以及二者的管理方式等情况。

第一节　薪酬概述

对薪酬的定义，在国际上有许多不同的说法，以下是被大多数学者所接受和认同的一种定义：薪酬是指组织为认可员工的工作与服务而支付给员工的各种直接和间接的经济收入。

一、薪酬的含义

一般来说，员工的薪酬由三部分组成，即基本薪酬、可变薪酬和间接薪酬。

（一）基本薪酬

基本薪酬是指组织根据员工所承担的工作或者所具备的技能而支付给他们的较为稳定的经济收入。通常情况下，基本薪酬可分为职位薪酬体系与能力薪酬体系。职位薪酬体系指根据对每一职位价值的评价来确定其基本薪酬，是以职位为中心的薪酬体系；能力薪酬体系指根据每一位员工能力（或者技能、胜任特征）的评价来确定其基本薪酬，是以人为中心的薪酬体系。根据薪酬等级的数量及宽窄程度，可以分为窄带薪酬体系和宽带薪酬体系。前者指的是薪酬等级数量较多，每一等级的薪酬幅度较小；后者指的是薪酬等级数量较少，每一等级的薪酬幅度较大。

（二）可变薪酬

可变薪酬是指组织根据员工、部门或者组织自身的绩效而支付的具有变动性质的经济收入。根据支付的依据可以将其分为个人可变薪酬和群体可变薪酬。个人可变薪酬是指根据个人的绩效来确定其可变薪酬。群体可变薪酬是指根据部门或组织的绩效来确定个人的可变薪酬。根据支付周期的不同，可变薪酬可以分为短期可变薪酬和长期可变薪酬。短期可变薪酬指在一年内兑换的可变薪酬。长期可变薪酬兑换的时间一般会超过一年。

(三) 间接薪酬

间接薪酬是指给员工提供的各种福利。与基本薪酬和可变薪酬不同，间接薪酬的支付与员工个人的工作和绩效并没有直接的关系，往往具有普遍性，通俗地讲，就是人人都有份。

二、薪酬的功能

薪酬是组织为员工提供的经济性收入，也是组织的一项成本支出，代表组织与员工之间的经济交换。图 10-1 所示为薪酬的体系构成图。

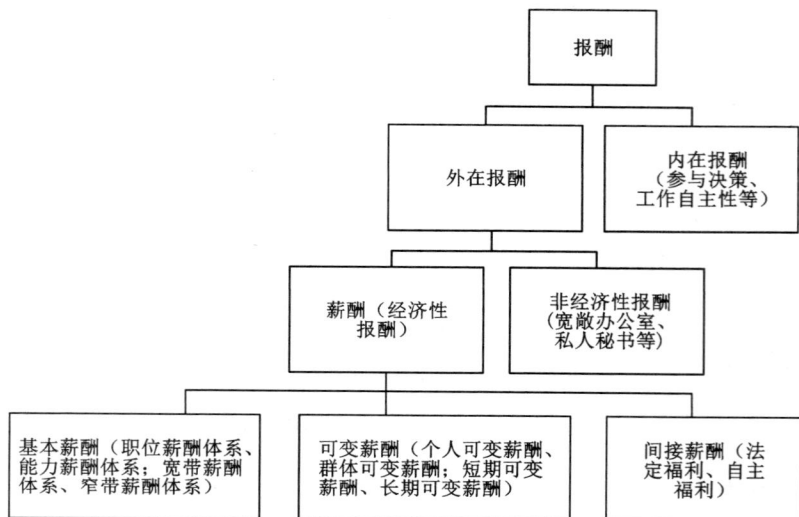

图 10-1　薪酬的体系构成图

薪酬对员工的功能主要包括补偿功能、吸引功能、激励功能。薪酬对组织的功能有获取和保存资源的功能、成本控制功能以及改善绩效功能。薪酬对社会的功能表现在社会导向功能、资源配置功能以及统计与监督功能这三方面。值得一提的是，影响薪酬水平的因素是多方面的。这些影响因素可以分为外部因素、组织因素和个人因素，其中，外部因素，如国家政策、社会经济环境、地区生活指数、劳动力价格水平等；组织因素，如组织竞争战略、组织支付能力、组织工作条件、组织生命周期等；个人因素，如员工的工作表现、员工的资历、员工的能力素质等。

第二节　绩效考核在薪酬管理的应用

绩效管理实施的成功与否关键在于对绩效考核结果的运用。绩效考核结果应用一般可以归纳为薪酬支付和员工发展改进计划两个方面。

一、薪酬制度中绩效考核结果的价值体现

绩效考核结果是参与者对运用该体系进行考核后生成结果的感受，反映了员工对该绩效考核结果实际效用以及公平与否的主观感受，是分析绩效考核存在的问题并予以针对性调整的重要依据。

绩效考核内容包含工作职责履行情况、员工的专业发展，以及工作绩效和核心素养的发展。其实施的前提是员工的岗位职责设定，并通过公平、针对性、适合单位发展的指标体系开展评价，将考核结果反馈给员工，并根据考核结果制定政策措施，以此来激励员工专业发展。

通过员工述职、自我评价、职能发挥、上级评估等方式获得分值，并设置"优秀""称职""不称职"三个等级。其中"优秀"比例在总人数10%以内，被评为"优秀"级员工要在全单位公开表扬，给予其一定的物质和精神奖励。如果两次获得"优秀"，则能够作为评职称以及晋升的依据。

二、薪酬管理中绩效考核结果的实际运用和有效分配

第一，以全面薪酬管理模式把员工绩效与个人职业生涯发展结合起来。一方面，强化了员工对组织价值取向的认同，使个人职业生涯得以有序发展；另一方面，通过价值分配的激励功能，使员工个人的职业生涯得以更快地发展，而且个人职业生涯的发展也会反过来促进组织的发展。第二，绩效与薪酬挂钩。绩效是实现组织战略目标的保证。绩效与薪酬挂钩即绩效的薪酬模式目前已得到了人力资源管理业界的认同。但是，绩效薪酬能否发挥作用与绩效指标设计管理和薪酬制度设计关系密切，需要人力资源管理者加以认真研究。

薪酬分配应遵循公平与效率两大原则，这就必须对每一名员工的劳动成果进行评定和计量，按劳付酬。绩效考核结果能够为报酬分配提供切实可靠的依据，因此，进行薪酬分配和薪资调整时，应当根据员工的绩效表现，建立考核结果与薪酬奖励挂钩制度，使不同的绩效对应不同的待遇。合理的薪酬不仅是对员工劳动成果的认可，而且可以产生激励作用，形成积极进取的组织氛围。

（一）绩效加薪

绩效加薪是指将基本薪酬的增加与员工所获得的评价等级联系在一起的绩效奖励计划。员工是否得到加薪以及加薪的比例通常取决于两个因素：第一个因素是员工在绩效评价中所获得的评价等级，第二个因素是员工的实际工资与市场工资的比例。当然，因为实际操作中很难得到真实的市场工资数据，所以大部分组织以员工现有的基本工资额作为加薪的基数。比如，在某组织人力资源部门的绩效管理体系中，把员工的评价结果分为S、A、B、C、D五个等级，相应的加薪比例是10%、8%、5%、0、-5%。假如一个员工的基本工资为2000元，年终的评价等级为S，则这个员工在下一年度的基本工资就变成了2200元（获得了200元的加薪）。然而，采取绩效加薪后，新增加的工资额就会变成员工下一时期的基本工资。因此，随着时间的推移，这种情况很可能会导致员工的基本工资额大幅度提高，甚至会超出组织所能够支付的极限。因此，为了弥补绩效加薪制度的缺陷，越来越

多的组织采取绩效奖金而不是绩效加薪的方式来激励优秀员工。

(二) 绩效奖金

绩效奖金是组织依据员工个人绩效考核结果来确定奖金的发放标准并支付奖金的做法。绩效奖金的类型有很多种，常用的公式是：

$$员工实际得到的奖金＝奖金总额×奖金系数$$

奖金总额的确定没有一个统一的标准，一般以基本工资为基数，并确定一个浮动的绩效奖金额度。奖金系数则是由员工的绩效考核结果决定的。绩效奖金和绩效加薪的不同之处在于，组织支付给员工的绩效奖金不会自动累加到员工的基本工资中，员工如果想再次获得同样的奖励，就必须像以前那样努力工作，从而获得较高的评价分数。由于绩效奖金制度和组织的绩效考核周期密切相关，所以，这种制度在奖励员工方面有一定的局限，缺乏灵活性。因此，当组织需要对那些在某方面特别优秀的员工进行奖励时，特殊绩效奖金认可计划就是一种较好的选择。

(三) 特殊绩效奖金认可计划

特殊绩效奖金认可计划是在员工努力的程度远远超过工作标准的要求，为组织做出了重大贡献时，组织给他们的一次性奖励。这种奖励可以是现金奖励，可以是物质奖励，也可以是荣誉称号等精神奖励。与绩效加薪和绩效奖金不同的是，特殊绩效奖金认可计划具有非常高的灵活性。

第三节　绩效考核与薪酬管理的常见问题与对策

绩效考核对于企业人力资源管理来说是一个全方位的工具，如果能够用好这个工具，就能够促进员工个人的成长和推动企业的发展，实现双赢。但是如何让绩效考核落到实处，与企业的其他制度融为一体，就需要专业的管理咨询团队进行整体设计、深度分析。

一、绩效考核与薪酬管理存在的问题

(一) 绩效薪酬设计不合理

组织作为一个综合体，面对社会上的需求和同行业的竞争，应不断地改善自身的各项业务、产品等，要确保员工能够在相应的工作岗位上不断地奉献自己，提高自己的工作能力。同时，薪酬与绩效考核是员工最为关注的内容。但是，某些组织在绩效薪酬的设计上存在严重的不合理现象。例如，大部分组织在绩效薪酬设计上，单纯地采用"底薪+提成"模式，虽然表面上可以促使员工拥有更多的干劲，可是底薪构成非常复杂，包括车补、饭补等，提成则偏向于低点位的提成，很难起到激励员工的作用，使组织的日常工作难以正常开展。

（二）薪酬设计与岗位脱钩

组织在经营发展的过程中对薪酬与绩效考核的关注度并不高，力图促使自身的效益最大化。在某种程度上，现在的组织和员工并不是领导和被领导的关系，而是合作的关系。因此，当员工的薪酬达不到标准时，或者是薪酬设计上出现问题时，员工会很快跳槽，这就是某些组织快速倒闭的原因。

分析认为，薪酬设计与岗位脱钩问题主要表现在以下几个层面。

第一，组织重要岗位的薪酬水平并不高，基础岗位反而很高。例如，组织当中的销售岗位应该是薪酬最高的岗位，因为销售业绩直接关系到组织的盈利状况。但是，某些组织设计的销售人员的薪酬存在庞大的任务量，与责任底薪挂钩，再加上日常的各项处罚十分严重，导致销售人员的薪酬不断下滑。

第二，当员工从一个岗位调到另一个岗位后，薪酬水平没有按照合理的原则来执行，促使很多员工感受到组织的不公，因而出现离职潮。

（三）经营者约束机制缺乏

就组织本身的建设、发展而言，经营者具有非常重要的地位。因此，经营者要想在薪酬与绩效考核方面得到满意的结果，就必须有合理的约束机制。有些经营者虽然有合理的约束机制，但是在执行过程中，总是以口头训诫为主，没有与薪酬挂钩。在约束机制缺乏的情况下，薪酬与绩效考核将无法正常开展。

（四）工资结构设计的存在缺陷

组织薪酬与绩效考核体系的制订和实施过程中，基本工资是最重要的组成部分，这直接关系到员工能够拿到多少报酬。一般而言，超高的工资结构是由很多部分组成的。但是，复杂的工资结构设计本身就存在很严重的缺陷，是难以让组织长久发展的。

（五）考评周期设置不合理

一方面，由于考核标准的不完善，有的组织在进行绩效考核时只进行年终考核，使得绩效考核工作不具有时效性，而且对被考核者平时的工作做得好坏没有清楚明晰的记录，只能凭借考核人员的主观感觉来进行绩效考核。另一方面，有的组织却恰好相反，考核周期甚至会短到每周一次。绩效考核次数过于频繁，不但组织者的工作负担很重，而且会造成人力资源的浪费。

（六）沟通反馈不及时

在实施绩效考核的过程中，沟通与反馈不及时的现象也普遍存在于现代组织的绩效考核体系之中，主要表现为组织应用绩效考核只是流于形式，对于考核结果不予重视或是只是为了考核而考核，从而造成虽然在绩效考核中投入的时间、人力、物力不少，但是效果并不理想。一方面，并没有对参与考核的员工进行应有的奖惩，使得考核成绩好的员工失去积极性，使得过且过的员工对工作更为懈怠；另一方面，对组织来说就埋下了一定的隐患，无法实现组织的淘汰制度，使组织失去核心竞争力。同时，一些组织在进行绩效考核时，部门间、上下级间缺少必要的沟通与反馈，考核过程基本由考核人员自主完成，被考核者并不了解组织目标与自身工作业绩的差距。

二、绩效考核与组织薪酬的博弈关系

绩效考核结果应与薪酬待遇密切挂钩，从而提升绩效考核的正向激励效用，增强员工对绩效考核的重视程度。在保障员工基础工资的前提下，扩大基于绩效考核的资金奖励比例。单位可以增加资金争取，划拨专项资金支持绩效考核，建立专项资金管理制度，为绩效考核提供相对充足的资金。若无法争取到资金，可以从员工工资总额中，按照基础工资差异，划拨一定比例的金额进行调剂使用，例如可以按照120%、100%、80%的不同比例进行兑现。根据绩效考核表现，设计相应的绩效工资体系，突出"多劳多得、优劳优得"的激励导向，建立量化分值与工资数额的关系，根据员工特定时间段的绩效表现，获得不同的工资奖励，从而与员工的切身利益实现挂钩，激发员工提高绩效的强大内在动力，为绩效考核的有效推进奠定物质基础，增强绩效考核体系的执行刚性和权威性。

绩效考核驱动着整个人力资源管理流程的运行，对人力资源管理的顺利进行有着重大意义。绩效考核对于招聘来说，可以帮助确定招聘类型和人数；对于职责使命来说，可以对人力和现有的职责任务进行评估，找出有潜力的员工；对于个人发展来说，可以使直线主管更好地对员工提供指导，还能使员工更好地挖掘自身的培训需求；对于企业的薪酬福利来说，可以依据考核结果，发放绩效工资；对于企业的组织设计来说，可以进行必要的职位重组以达到晋升或解聘的目标。

三、绩效考核与组织薪酬的管理对策

(一) 优化组织绩效与薪酬结构

目前，一些组织在发展过程中，能通过常规的薪酬与绩效考核来吸引求职者。可以说，组织要想得到很好的发展，就必须拿出自身的诚意，对绩效薪酬结构进行充分的优化处理，让组织和员工达到双赢的状态，这样才能在未来的发展中创造出更好的成绩。

结合以往的工作经验和当下的工作标准，组织绩效与薪酬结构的优化有如下几个方面：

第一，绩效层面的衡量必须设定明确的档位，且档位绝对不能过多，要在档位上尽量表现为均衡状态。在进行绩效奖励的过程中，如果员工非常接近较高档位，则可以适当地给予一定奖金，鼓励员工再接再厉。

第二，在薪酬结构的设计上，必须充分明确无责任底薪、有责任底薪的范畴，要让员工自主选择，而且组织必须严格执行。

第三，绩效与薪酬二者是互相独立的，当员工出现工作失误后，对绩效、薪酬的扣除等，组织必须提出明确的依据，要让员工信服。

(二) 采用岗位价值评估方法

薪酬与绩效考核的设定和执行与岗位本身的价值存在密切的关系，所以在薪酬、绩效考核过程中，建议运用岗位价值评估方法来完成。例如，行政岗位是组织当中比较基础的岗位，但是其与每一个部门都存在密切的联系。倘若某员工在日常工作中表现积极，能够为各部门发展及时提供相应的帮助，能够为领导的日常办公提供足够的支持，而且自身的工作效率较高，得到了其他员工的认可，那么该员工的薪酬可适当提高。

（三）建立经营者的约束机制

组织要想在未来得到一个较好的发展，经营者的约束机制建设是必不可少的内容。同时，它在各个层面所产生的影响也是非常显著的。

研究者认为，建立经营者的约束机制应注意如下几个方面：

第一，在各个部门的薪酬、绩效上，要按照"制衡"原则来开展，绝对不能出现某个部门独大的现象。

第二，在日常的工作当中，要确保所有的工作都得到了详细记录，包括业务办理、前台接待、工作配备申请等，这对于薪酬与绩效考核的改善而言，具有较大的参考价值。

（四）加大绩效考核实施力度

组织的绩效考核工作直接关系到员工的薪资水平，因此，必须在该方面加大力度，具体如下。

第一，日常的绩效考核需要纳入年终考核当中。

第二，在绩效考核过程中，应从员工自我评价、其他人员评价、客户评价三个方面来开展。

第三，要确保绩效考核本身具备较高的权威性。

第四，完成绩效考核后，应该将所有的结果予以公布，让员工互相监督，如果发现任何问题，员工可以随时上报，从而避免在绩效考核上出现严重的错误。

第五，绩效考核的所有资料都要备份。

本章小结

本章重点介绍了绩效与薪酬的关系、存在问题以及管理对策。

薪酬分配要遵循公平与效率两大原则，所以薪酬奖金的分配一定要公平、公正，按劳分配。绩效考核结果可以应用于绩效加薪和绩效奖金。绩效加薪可能会导致员工工资过高而使组织盈利下降甚至亏本，所以更多的组织采取绩效奖金的方式来激励优秀员工。绩效奖金常用的公式是：员工实际得到的奖金＝奖金总额×奖金系数。但是，这种制度在奖励员工方面有一定的局限，缺乏灵活性。当员工努力的程度远远超过工作标准的要求，为组织做出了重大贡献时，组织就可以根据特殊绩效奖金认可计划来奖励员工。当然，绩效考核结果在薪酬管理中的应用并不完善，主要存在的问题为绩效薪酬设计不合理、薪酬设计与岗位脱钩、经营者约束机制缺乏、工资结构设计存在缺陷、考评周期设置不合理以及沟通反馈不及时。针对这些问题，我们可以采取优化组织绩效与薪酬结构、采用岗位价值评估方法、建立经营者的约束机制和加大绩效考核实施力度这四种管理对策。

思考与讨论

1. 简述薪酬的内涵以及功能。
2. 将绩效考核结果运用在员工培训中有何好处？
3. 绩效考核与薪酬管理存在哪些问题？如何应对？

案例分析

　　某纺织有限公司是 2000 年成立的大型集团股份制企业，主要生产纯棉高支漂白纱线、pima 棉纱线和高支高密漂白布、弹力布等，是中国最大的专业股线生产基地，是色织、丝光棉用纱方案专业解决商，连续 4 年进入中国棉纺 20 强，2011 年被授予"中国纯棉高支纱线精品基地"称号。集团下属 5 家子公司，拥有资产总值 25 亿元，在国内外设立了密集的分支机构，形成了 5 大营销事业部统管之下的 17 个办事处的国内营销体系。近年来，公司发展迅速，其对企业管理水平也提出了新的要求，其中人力资源管理上的缺陷已经成为制约公司未来发展的重要因素之一，特别是绩效管理体系的不完善。公司领导对绩效管理体系的搭建非常重视，但是经过几年的努力，仍无法建立起科学、系统的绩效管理体系，因此，公司领导邀请人力资源专家帮助企业解决人力资源管理上存在的问题，进一步提升企业管理水平。该纺织有限公司虽然建立了绩效考核制度，但是并未搭建起科学、完善的绩效管理体系，其绩效考核也只是"为考而考"，没有真正实现绩效考核作用和价值。而如何让绩效考核落到实处，与企业的其他制度融为一体，已经成为大多数企业管理者和人力资源管理从业者的难题。总体来说，该公司欠缺科学、合理的绩效管理体系，其现行的绩效考核模式也存在诸多问题，其中，对科室人员基本上等于零考核，无法对科室人员的工作进行有效的约束和行为引导，经常出现履职不认真甚至不履职的现象，大部分员工反映科室人员服务意识不强，但是科室人员的绩效考核得分与其他部门的没有太大差异，绩效工资也基本不受影响，绩效考核没有起到应有的作用；对技术人员的评价依赖于技术负责人，受主观因素影响大，大多员工认为"干得好不如表现得好"，这就导致技术人员不会主动拿出精力或时间提升工作技能，反而把精力花费到"如何在领导面前表现"上，绩效考核对员工行为起到了"负面引导"的作用；对中层干部民主评议的评价并不能反映真实业绩，只能使老好人受益；对高层领导，评价指标主要是考核利润大小，没有长期指标的考核，无法有效约束高层管理者的行为，甚至有些高层管理者出现过度追求短期利润而不顾企业长期利益的行为，严重影响了企业的顺利运行。此外，员工绩效奖金与个人考核结果缺乏必然联系，考核结果没有得到有效利用，无法起到有效的激励效果。

案例来源：选自华恒智信系列书籍《HR 的大数据思维》经典案例：实行目标管理，完善绩效考核体系

思考题

请提供一个有效的解决方案。

第十一章 绩效与人事

绩效考核结果与员工培训密切相关,将绩效考核结果应用于员工培训可以使培训内容具有针对性,并且能够根据员工的不同差异制定不同的培训方案。除此之外,还能够将管理者的注意力集中在提升员工个人能力上。绩效结果为组织的人力资源开发与培训提供了有针对性的依据,不仅可以使员工更加清楚地认识自己,而且能使员工通过学习来提高自己,从而促进组织的发展。

第一节 绩效在人事管理中的作用

通过绩效考核,组织不仅可以对不同岗位的任职者的工作绩效进行考核,而且能够对招聘结果进行检验,还可以为改进招聘的有效性提供参考和依据。

一、绩效运用于招聘决策

通过分析员工的绩效考核结果,人力资源管理人员对组织各个职位的优秀人员所应该具备的优秀品质与绩效特征会有更深的理解,这将为招聘过程中的甄选环节提供十分有益的参考。同时,通过分析员工绩效考核的结果,如果发现员工在工作能力等方面存在欠缺,而又无法通过及时有效的培训得到解决,组织就要考虑制订或改进相应的招聘策略,以满足提升工作绩效的实际需要。因此,许多组织都把绩效考核结果与招聘决策有机地联系起来。通过这样一个过程,组织不仅可以尽可能地避免因所招人员的不合适而给组织带来损失的风险,而且会不断提高组织招聘的有效性,降低招聘成本。

二、绩效考核与人事处理

(一)纪律处分

纪律处分是对员工未能遵守已有的规章制度的一种处罚性措施。在绩效考核中,纪律处分必须记录在案,这对员工的绩效考核成绩会有消极影响。如果员工的绩效考核结果差到一定程度,组织可以采取纪律处分等措施。当然,纪律处分不像解雇那样需要以员工长期的不良行为为依据。有效的处分一般只针对员工的错误行为,而非针对员工本人。

内部员工关系中一个必要但经常很难处理的就是对纪律处分的应用。处分并非管理层的意愿,通常有更多积极的方法可以用来说服员工遵守那些旨在保证实现组织整体目标的规章制度,但对于违反组织制度的行为,则必须予以处分。

处分的目的主要是使员工的行为与组织的规章制度保持一致。建立规章制度就是为了约束员工,使员工朝实现组织目标的方向努力。

(二)降职

降职是指把组织人员调动到低职位水平的过程,工资也会相应降级。当一个人被降职时,通常会情绪激动,而且被降职的人会感到失去自尊,所以工作效率可能会进一步降低。因此,使用降职这一方法时应谨慎。一般来说,人事调动以绩效考核的结果为依据,如果绩效考核是公正、合理的,其结果也是可信的。当员工在绩效考核中的表现超过组织所容忍的限度时,组织有足够的理由采取相应措施。

(三)调动

调动可由组织提出,也可由员工申请。调动可以满足调整组织结构的需要。绩效考核可以反映出组织机构设置的情况,所以当组织机构设置不合理,影响整体运营效率时,就可以考虑对组织机构进行调整,相应地就需要有人员的调动。

三、创建人员晋升的通道

(一)以工作分析确定岗位考核能力

组织应对岗位进行深入的工作分析,做出相关的岗位考核,并制定各岗位的工作标准等。在此基础上,应有目的、有重点地对员工进行系统、客观的绩效考核和素质能力测评,建立与日常工作要求一致的晋升制度,并把员工的工作业绩、工作态度、工作能力的考核结果作为晋升的依据。

(二)建立科学合理的晋升制度

按工作标准、工作要求、工作所需要的能力建立晋升制度有利于组织发展。对那些工作业绩出色但没有获得晋升的人,组织应该寻找不同于晋升的其他途径来激励员工。一个办法就是双重组织制度,从而使技术水平高的人即使不进入管理层,也可以享受相应的工资、报酬;另一个办法是技能工资,即根据员工具备的工作技能的程度来确定工资。

(三)领导必须积极参与绩效考核

以晋升为目的的考核,只有在上级主管或者更高层管理者的积极参与下才行之有效。具体地说,作为考核者的上级主管应积极观察,了解被考核者的日常工作行为,然后根据考核标准与被考核者进行沟通。

第二节　绩效考核结果的其他应用

组织建立绩效管理体系,除了要区分出员工绩效的优劣之外,还有一个很重要的功能,即通过分析绩效考核的结果来帮助员工提升技能和能力。

一、加强能力提升

其实,当员工绩效不良或绩效低于标准时,也就是说,当员工的现有绩效考核结果和组织对他们的期望绩效之间存在差距时,管理者就要考虑是否可以通过培训来改善员工的绩效水平。这时就需要进行分析,如果员工仅仅是缺乏完成工作所必需的知识和技能,那么就需要对他们进行培训。绩效管理系统必须能够让员工了解自己存在的绩效问题,并向他们提供一些可以用来改善这些绩效问题的方法,使员工清楚地了解他们当前的绩效与期望绩效之间所存在的差距,帮助他们找到造成差距的原因,并制订改进绩效的计划。

目前,我国许多组织采用了国外流行的360°绩效考核方法。在360°绩效考核系统中,员工的行为或技能不仅要接受下属的评价,而且要接受同事、顾客、上级等方面的 评价。不过,国外的组织往往是将360°绩效考核用于员工培训与技能开发,而不是直接 与薪酬挂钩。因此,这一概念的准确说法是360°绩效反馈,而不是 360°绩效考核。360°绩效反馈体系的好处是它从不同的角度来搜集关于员工绩效的信息,可以使员工将自我评价与他人对自己的评价进行比较,帮助员工进行自我能力的评估。

二、提供评聘标准

奖为主,罚为辅,奖惩结合历来是组织管理中的激励原则。只有通过绩效考核,对那些忠于职守、踏实工作、成绩优异者给予物质或精神上的奖励,对那些不负责任、绩效低下者给予惩戒,才能真正鼓励员工向优秀者学习。当然,这种惩处并不意味着不许犯错误,也不是说凡是犯了错误的都要予以惩罚。实际上,对于有上进心的人来说,失败乃成功之母。因此,他们犯错误的次数越多,积累的经验就越丰富,而他们继续创新活动的成果就可能越大。由此可见,对不同的人所犯的错误要区别对待。相反,那些工作平庸、毫无上进心的人,即使不犯错误也要将其从较高的领导职位上调离。

对一个管理人员的评价,必须是全面的、系统的,不能草率地根据一两件事就对某个管理人员的品质、责任心和工作能力做出判断。要知道,正确而恰当的奖惩会营造出欣欣向荣、团结向上的氛围;错误的、不公平的奖惩,则可能会令一个人、一个部门甚至一个单位陷入涣散、颓废的泥潭。

三、促使绩效改进

绩效改进是绩效管理过程中的一个重要环节。传统绩效考核的目的是通过对员工的工作业绩进行评估,将评估结果作为确定员工薪酬、奖惩、晋升或降级的标准。但是,现代绩效管理的目的不仅仅如此,员工能力的不断提高以及绩效考核的持续改进才是其根本目的。所以,绩效改进工作的成功与否是绩效管理能否发挥效用的关键。要做好绩效改进工作就必须明确它的指导思想,其思想主要体现在以下三方面。

第一,绩效改进是绩效考核的后续工作,所以绩效改进的出发点是对员工现实工作的考核,不能将这两个环节的工作割裂开来考虑。由于绩效考核强调的是人与标准比,而非人与人比,因此,绩效改进的需求应当是在与绩效标准进行比较的基础上确定的,而绩效标准的确定应该是客观、公正的。只有找到标准绩效与实际绩效之间的差距(而非员工与员工之间的绩效的差距),才能明确绩效改进的需求。

第二，绩效改进必须自然地融入部门日常管理工作之中。绩效改进不是管理者的附加工作，不是组织在特殊情况下追加给管理者的特殊任务，它是管理者日常工作中的一部分，所以管理者不应该把它当成一种负担，而应该把它看作一项日常的管理任务。

第三，帮助下属改进绩效、提升能力等与完成管理任务一样，都是管理者义不容辞的责任。因此，管理者不应该以"没有时间和精力""绩效改进效果不明显"等为借口推托。

四、利于激活沉淀

随着对绩效考核结果应用研究的不断深入，依据绩效考核结果激活沉淀人力资源专家们总结出的应用绩效考核结果的新方法。绩效考核结果持续不佳的员工逐渐会成为组织的沉淀层，如果不能被激活，将成为组织提升整体绩效的障碍，终会被组织淘汰。要激活组织的沉淀层，组织需要通过建立与强化竞争机制，增加该部分员工的压力，迫使其强化改进绩效的意识，提高其改进绩效的能力。与此同时，组织要向员工提供专项训练机会，帮助员工改进绩效。但是，经过培训仍然不能胜任工作的员工将会被组织淘汰。

激活组织人力资源沉淀这样一个过程，可以给那些绩效不好的员工提供更多的机会，也加大他们自身的压力。因为对于那些在绩效考核中处于末端的少数员工来说，只有不断改进自身的工作绩效，追赶绩效先进的员工，才可能在竞争中反败为胜。因此，组织在这样一个激活沉淀的过程中是受益匪浅的。一方面，组织通过对员工绩效与能力的激活，可以为提高组织整体绩效奠定基础；另一方面，如果表现不好的员工的绩效不能得到很好的改善，那么组织就可以采取诸如淘汰等一系列措施，分流那些降低组织绩效的员工，组织的整体绩效也会大大提高。应用绩效考核结果激活组织人力沉淀的过程具有人性化的特点，所以组织在增加员工压力的同时，要向他们提供充分的培训机会。

本章小结

本章重点介绍了绩效考核结果的应用，分别从绩效考核结果应用的原则和出现的问题、绩效与培训、绩效与薪酬、绩效与人事和绩效考核结果的其他应用进行了详细介绍。

绩效考核结果应用要遵循三条原则：以人为本，促进员工的职业发展；将员工个体和组织紧密联系起来，促进员工与组织共同成长和发展；统筹兼顾，综合运用，为人事决策提供科学依据。绩效考核结果在应用过程中出现的问题体现在五个方面：一是绩效考核结果反馈不及时或没有反馈；二是绩效评价与员工的切身利益结合不紧密；三是员工绩效评价与员工培训及个人发展没有很好地结合起来；四是绩效考核结果应用方式单一，缺乏绩效管理的有效手段；五是绩效考核结果应用形式化倾向严重。

绩效与人事的关系体现在招聘决策、人事处理和人员晋升等方面。人事处理包括纪律处分、降职和调动。人员晋升方面需要注意以工作分析确定岗位考核能力，建立科学合理的晋升制度，同时，领导必须积极参与绩效考核。当员工的现有绩效考核结果和组织对他们的期望绩效之间存在差距时，管理者就要考虑是否可以通过培训来改善员工的绩效水平。奖惩结合历来是组织管理中的激励原则，对不同的人所犯的错误要区别对待。绩效考核结果可以应用于加强能力提升、提供评聘标准以及绩效改进这三个方面。要做好绩效改进工作就必须明确它的指导思想,其思想主要体现在以下三方面:第一,绩效改进是绩效考核的后续工作,所以绩效改进的出发点是对员工现实工作的考核,不能将这两个环节的工作割裂开来考虑。第二,绩效改进必须自然地融入部门日常管理工作之中。第三,帮助下属改进绩效、提升能力等与完成管理任务一样,都是管理者义不容辞的责任。因此,管理者不应该以"没有时间和精力""绩效改进效果不明显"等为借口推托。另外,绩效考核结果可以用来激活沉淀。

总的来说,绩效考核结果可以应用在培训、薪酬、人事等多个方面。虽然绩效考核结果在应用过程中出现了一些问题,但是绩效考核结果的应用已经越来越科学,越来越全面,越来越人性化。同时,它的应用形式也在不断发展创新中。

思考与讨论

1. 绩效在人事管理中的作用?
2. 绩效考核结果应用的原则包括哪些?
3. 简要阐述绩效考核结果还可以应用在哪些方面。

案例分析

某电子有限公司成立于 2002 年,现有员工近 400 人,是一家专业生产和销售塑封高压二极管、高压硅堆、高压整流器的企业,其生产的产品适用于微波炉、医疗器材、激光电源、负离子臭氧发生器、消毒电子、静电喷涂等领域。凭借先进的生产设备、精准的检测仪器以及强大的销售网络,公司获得了迅速的发展。该电子公司属于劳动密集型的中小型企业,其生存之道就在于相对较低的人力成本所带来的较低的产品生产成本。但是,与其他同类企业一样,该电子公司面临招不到合适的人才、留不住人才的难题,自然也加大了人力资源管理的成本。

1. 欠缺长远的人力资源规划。一方面,与很多创业型企业类似,该公司创业之初只关注"产量""业绩"等指标,对人力资源管理缺乏明确的概念,其所开展的人力资源管理活动也多为事务性工作。目前,该企业的人力资源管理活动多为应急性工作,存在着很大的随意性,处于缺人就招聘、社会上流行什么就培训什么的状态,并未开展必要的人力资源规划。人力资源规划的欠缺也使得企业的人力资源管理无法和企业的发展战略相结合,人力资源管理活动缺乏系统性,导致人力资源管理水平跟不上企业发展的步伐,最终影响企业发展。另一方面,"人事部"也只是执行领导的命令,或是忙于事务性工作,无暇顾及人力资源管理系统的搭建,甚至部分人力资源管理职能也未有效履行,比如员工入职培训、绩效考核等。

2. 一线操作工人文化素质低,人员结构不合理。一方面,生产一线操作工人文化素质低,导致企业缺乏自主创新的潜力,与企业要实现从"中国制造"到"中国创造"的转变这一目标要求相差甚远。另一方面,该公司生产一线操作工人的人员结构不合理,主要表现在以下几个方面。

（1）普通人力资源比重比较大，占到 40%；

（2）技能型人力资源短缺。

（3）创新型人力资源严重短缺。我国中小型电子元器件企业普遍存在高层人才匮乏的现象。

3. 人力资源管理流程缺乏规范性。在人员招聘方面，由于缺乏规范的招聘规程和详尽周密的招聘计划，呈现出"现用现招"的特点。一方面，招聘时，凭经验办事，重学历不重能力，重应聘者的言谈，不注重考查实绩，甚至以貌取人，使中小型电子元器件企业难以招到合适、满意的人才。另一方面，企业一线操作工人的招聘途径来源于人力资源市场、员工推荐和操作工人自己到企业求职，缺少规范的专业人员招聘基地。在人员培训方面，培训得不到企业领导的重视，往往流于形式，且为了减少培训费用，培训内容只是涉及具体的生产方面，培训需求分析、培训效果评估等工作并未开展，培训效果也大打折扣。

4. 激励有效性差，激励手段单一。一方面，该企业的激励手段只有薪酬激励，干得好就加薪，干不好就降薪。但是，由于缺乏合理的评价体系的支撑，其激励存在不公平的现象。另一方面，其激励措施并未抓住员工的真正需求，特别是对核心人才的激励，也因此产生了较高的人员流失率。

目前，大多中小型电子元器件企业的人力资源管理理念和操作方法处于初级阶段，即使设立了人力资源管理部门，其工作职责也仍停留在事务性工作的层次上，无法起到有效的人力资源管理作用。但是，随着企业的逐步发展和人力资源管理研究的逐渐深入，人力资源管理已经进入务实、操作、开发的阶段，主要职责从日常性人事关系协调转向为企业发展提供人力资源保障；由简单的事务管理转向全方位、深入的员工潜能开发；由事后管理转向过程管理乃至超前管理；规范化、标准化管理代替了经验管理。通过对该公司的深入调研、分析，结合同类标杆企业的管理经验，顾问专家团队认为，优化中小型电子元器件企业人力资源管理的首要任务是建立规范的人力资源管理制度和流程，提高管理效率。基于以上分析，结合该公司的管理现状和发展需要，提出可行的解决方案。

案例来源：选自华恒智信系列书籍《HR 的大数据思维》经典案例：电子企业人力资源管理制度中出现的问题及解决方案

第十二章 建立绩效管理系统

第一节 绩效管理系统概述

当前，中国企业既要迎接世界经济的全球化，又要适应我国经济的转型期。面对诸多的机遇和挑战，许多企业都在探索改善企业整体绩效、提高企业竞争力的有效方法。如何建立科学有效的绩效管理系统，成为人们普遍关注的热点问题。在引进和开发绩效管理系统的过程中，有些企业已经取得了一定的成功经验，但不同组织的发展状况、组织文化、组织气氛、组织结构和管理风格是不同的。在建立绩效管理系统时，不能想当然地认为适合其他组织的绩效管理系统也一定适合自己。

一、绩效管理系统的定义

绩效管理系统（performance management system）就是管理组织和员工绩效的系统。该系统就如同为企业的各种管理系统搭建了一个管理平台，它是各种管理系统的纽带，透过它来验证各管理系统的运作效果。

绩效考核与绩效管理是不同的，绩效考核是绩效管理这个大家庭中的一员；绩效管理的外延相对而言较宽，没有绩效考核的内涵丰富；绩效考核的结果来自被考核主体的直接工作上司，而非他处。绩效管理的结果来自与被管理的主体相关的四面八方，这时管理的不仅仅是被管理的主体而且评价了其工作上司教导下属的能力；绩效管理的目的在于提高企业、部门、小组和个人的绩效，完成企业最终设定目标，绩效考核的目的在于区分（distiruton）、奖励（reward）、发展（development）、反馈（feedback）。

二、绩效管理系统的发展

绩效管理系统的发展经历了一个历史演进的过程，在这一过程中绩效管理从最初侧重于结果管理逐步过渡到侧重于行为过程的管理，并最终将二者有机地结合起来与企业的长期发展战略融为一体。

在20世纪初，杜邦公司和通用汽车公司开发的投资回报模型（ROI）被应用于多部门公司的整合管理。到了20世纪中叶，多部门企业又把预算作为管理体系的核心。而到了20世纪90年代后，随着企业财务体系的不断扩大，绩效管理开始把与股东价值相关的财务测量方法包括进来，从而产生了基于价值和经济附加值（EVA）的管理模式。

但是，在知识竞争的环境中，许多企业开始意识到即使最好的财务体系也无法涵盖绩效的全部动态特点，无法对行为或过程进行控制和管理。于是，20世纪80年代和90年代便产生了全面质量管理（TQM）理论，该理论所强调的是应该对企业生产过程中的各个环节加以控制和管理。自全面质量管理理论产生以后，企业便逐渐将它作为宣传口号和组织原则。各企业之间也开始竞相追逐国家质量奖，如美国的马尔科姆·波多里奇国家质量奖（Malcolm Baldrige National Quality Award）、日本的戴明奖（Deming Prize）以及欧洲的 EFOM 奖。

可是仅仅依靠质量或仅仅依靠财务指标都不能够全面衡量企业的绩效，一些获得国家质量奖的企业很快发现它们在财务上陷入了困境。为了摆脱困境，企业除了采取财务措施和质量措施以外，开始关注一些影响企业生存和发展的非财务因素，并试图通过改进这些非财务因素来改善企业的业绩和财务状况。在这种背景下，哈佛商学院卡普兰和诺兰顿学院的执行总裁诺兰顿两位教授在总结了十二家大型企业（Advanced Micro Devices、美标、苹果电脑、南方贝尔、CIGNA、Conner Peripherals、Cray Research、杜邦、电子数据系统、通用电气、惠普以及加拿大壳牌公司）绩效管理系统的成功经验的基础上，于 1992 年共同提出了平衡计分卡。平衡计分卡是一套新型的绩效管理系统，它将静态的结果（财务指标）和动态的行为过程（非财务指标）二者有机地结合起来，目的是要克服以财务指标为核心的绩效管理系统的缺陷，帮助企业改善经营业绩，摆脱困境。随后，平衡计分卡不断发展、充实。《哈佛商业评论》将平衡计分卡评为近年来最具影响力的管理学说。据权威调查显示，在《财富》世界 1000 强的企业中，55% 以上已经实施了平衡计分卡。

三、绩效管理系统建立的基础

企业的管理系统包括三大核心系统，即市场系统（marketing system）、运营系统（operation system）、产品开发系统（products development system）。人力资源管理系统（human resource management system）、财务管理系统（financil management system）和信息技术系统（information technology system）等起到支持核心系统运行的作用。衡量一个管理系统的效果一般基于五个指标：质量（quality——正确做事）、速度（speed——做事较快）、灵活（flexibility——适时改变）、可靠（dependability——准时完成）、成本（cost——价格优势）。人力资源管理系统的管理对象是人，而绩效管理系统仅是人力资源管理系统的支持系统，如何设计绩效管理系统呢？它与人力资源管理系统的其他子系统的关系是怎样的呢？因此，了解人力资源管理系统的内容是必要的，宏观上讲包括组织结构（organizational structures），工作设计（task design），人力资源信息（human resource information），薪酬系统（reward system），人员的挑选、培训和发展（selection，training and development）等五个子系统，这些子系统的运作产生了个人和团队绩效（performance）。

从以上分析可得出，企业的绩效管理系统是建立在人力资源管理系统的基础之上的，将绩效管理体系单独拿出来视为一个独立系统，设计绩效管理体系时才能够更加容易结合企业的实际发展情况，也才能真正为企业的进一步发展而展现企业人力资源管理者的风采。

四、绩效管理系统的要素

绩效管理是依据主管与员工之间达成的协议来实施的一个动态的沟通过程。该协议对员工的工作职责、工作绩效的衡量、双方的协同、障碍的排除等问题作出了明确的要求和规定。

脱离绩效管理体系的考核之所以难以发挥其应有的功能，甚至被考核双方私下里说成是"浪费时间""走形式""做样子"，主要原因就在于缺少员工的参与，缺少考核双方的持续、动态的沟通。绩效管理的实质在于通过持续动态的沟通达到真正提高绩效、实现部门或企业目标的目的，同时促使员工发展。

绩效管理是一个完整的系统，该系统包括如下几部分。

（1）绩效计划：即主管经理与员工合作，就员工下一年应该履行的工作职责、各项任务的重要性等级和授权水平、绩效的衡量、经理提供的帮助、可能遇到的障碍及解决的方法等一系列问题进行探讨并达成共识的过程，是整个绩效管理体系中最重要的环节。许多人有这样的误解：绩效管理体系中最重要的环节在于绩效考核。实则不然——制订绩效计划才是最重要的。绩效计划的作用在于帮助员工找准路线，认清目标，具前瞻性，而孤立的绩效考核则是在绩效完成后进行评价和总结，具回顾性。

（2）动态、持续的绩效沟通：即经理与员工双方在计划实施的全年随时保持联系，全程追踪计划进展情况，及时排除遇到的障碍，必要时修订计划。这是绩效管理体系的灵魂与核心。

（3）绩效评价：纳入绩效管理体系的考核则可在融洽和谐的气氛中进行。原因有二：一是在充分参与绩效计划和绩效沟通的基础上，员工们能亲身感受和体验到绩效管理不是和他们作对，而是为了齐心协力提高绩效，他们因此会少些戒备，多些坦率；二是考核不会出乎意料，因为在平时动态、持续的沟通中，员工们已就自己的业绩情况和经理基本达成共识，此次绩效考核只是对平时讨论的一个复核和总结。此时，经理已从"考核者"转变为"帮助者"和"伙伴"。考核面谈的目的是鼓励员工自我评价，运用数据、事实来证明。经理同样也可用数据、事实来证明自己的观点。如果绩效计划和绩效沟通认真执行，则考核时产生严重分歧的可能性很小。需注意的是，若采用等级评定考核法，则应对各等级的含义定出操作性的解释后再开始评价，否则只能制造矛盾、浪费时间。另外，不必在数字上斤斤计较，因为真正有助于提高绩效的不是绩效考核，而是绩效管理过程中沟通的质量和水平！

（4）绩效诊断与辅导：一旦发现绩效低下，最重要的就是找出原因。绩效不佳的因素可以分成两类：一类是个体因素，如能力与努力不够等；一类是组织或系统因素，如工作流程不合理、官僚主义严重等。绩效诊断应当先考虑组织或系统因素，再考虑个体因素。员工是查找原因的重要渠道，但要努力创造一个以解决问题为中心的接纳环境，必须确保员工不会因为吐露实情而遭惩罚。一旦查出原因，经理和员工就需要齐心协力排除障碍，此时，经理充当了导师、帮助者的角色，称之为辅导。

（5）又回到起点——再计划：完成了上述过程之后，绩效管理的一轮工作就算结束了。

第二节　绩效管理系统的设计

绩效管理体系目的明确、公开、透明、公正。在绩效管理体系中，每个人都有自己的VTS（value thinking system），即思想价值体系，组织领导者亦不例外。绩效管理系统设计要反映组织领导者的主要思想，加以提炼后使其成为管理系统的灵魂，再运用相关的人力资源管理手法进行修正，使之成为科学的管理思想。

一、绩效管理系统设计的总体思路

绩效管理系统的设计强调系统和过程的设计。

绩效管理系统的设计既是在组织经营战略和目标的指导下进行的，又是在一定的组织制度和模式的基础上进行的。同时，绩效管理系统本身也是组织制度和模式的一部分。明确组织经营战略与目标既是设计绩效管理系统的基本前提，又是绩效管理的中心目标。分析与识别组织文化、价值观、利益相关者的构成、管理制度和政策等是设计绩效管理系统的前提工作，也就是说，要在一定的组织背景下设计绩效管理系统。绩效管理系统由一系列事件和实践活动构成，即由绩效管理过程、内容、行为和方法等构成。

二、绩效管理系统设计的主要步骤

在明确绩效管理系统设计的总体思路的基础上，进一步明确绩效管理系统设计过程的主要步骤。绩效管理是一个系统管理，所以设计绩效管理系统是一个较为复杂的过程。

(一) 明确关键作用者

设计绩效管理系统是一项复杂任务。其第一步是确定哪些人是参与该任务的关键人员，因为只有做事的人明确了，才可能确定接下来做什么。高层管理人员、人力资源管理专业人员、基层管理人员和员工是绩效管理系统中的关键人员。他们在绩效管理系统中分别起着不同的作用。

首先，高层管理人员是组织管理的决策者。在设计绩效管理系统时，他们更多的是从决策和总体层面调控绩效管理系统，规范绩效管理的基本标准和过程。

其次，人力资源管理专业人员是绩效管理系统的具体组织者和设计者，开发和设计绩效管理的具体程序和方法，为管理人员和员工提供绩效管理方面的咨询、指导和支持，组织和督促绩效管理活动有序、有效进行，并进行总结和提高。

再次，基层管理人员通常指直线管理人员，在绩效管理中担任考评者的角色，评估员工的绩效结果。另外，直线管理人员一般具有基本发言权。因此，设计绩效管理系统时，直线管理人员的作用不可忽视。

最后，员工，传统上被认为是绩效考核中的被考核者。在绩效管理中，员工既是被考核者，又是考核者。绩效管理强调未来导向，它不仅要了解员工过去工作做得怎样，更重要的是通过绩效考核，促使员工以后工作做得更好。因此，绩效考核活动可以让员工进行自我评估和自我反思，不论是正式的还是非正式的，都会对员工工作起不同程度的促进作用。在设计绩效管理系统时，让考核对象参与进来，让考核对象知道为什么要考核员工绩效以及如何考核等，并听取考核对象的意见，将有利于推进绩效管理的实施。

(二) 评估当前组织背景

绩效管理与薪酬管理是人力资源管理中的两个关键部分。绩效与报酬密切相关，绩效是主要报酬的依据，报酬能修正或强化绩效。由于员工绩效与组织绩效密切相关，因此，组织绩效、员工绩效和报酬三者之间存在一种内在联系。评价一定组织的特定背景，需要对这三者的关系做出分析。内容主要包括以下几方面：

（1）原因：分析什么原因导致对现有的绩效管理或报酬制度进行重新评价。

（2）目标：分析组织目标与绩效管理目标之间的关系，例如，什么是组织战略目标？什么是与组织目标相关的关键绩效？谁来实现这些关键绩效？组织想与员工达成什么样的绩效目标？

（3）环境：相关的环境分为外部环境和内部环境两种。外部环境要分析的内容：组织现在处于经营周期中的哪一阶段？组织所在的民族或社会文化对绩效和差异化的态度有什么影响？内部环境要分析的内容：相关员工群体的动机假设是什么？什么样的群体是内部员工参考群体？这种参考群体是如何影响员工工作态度的？

（4）制度：分析组织应该做哪些事情来影响经营目标或员工的绩效目标。

（5）设计：包括内容设计分析和过程设计分析。内容设计分析包括：组织如何定义报酬？如何定义奖励？哪些是合适的衡量标准？组织能否以员工希望的方式衡量绩效并设计相应的报酬制度？员工能否认识到绩效与报酬的关系？过程设计分析包括：整体报酬结构是相互关联还是彼此不相关？参与设计和管理绩效系统的其他管理人员是否承担起了职责？组织怎样沟通和反馈绩效？

（6）结果：分析绩效管理对行为有什么影响。

（7）监控：分析什么样的绩效考核过程是合适的或者需要开发的。

在对组织目标、绩效和报酬的关系进行分析和诊断的同时，还需要从绩效的三个不同层次（组织层次、过程层次、个人层次）和绩效变量的维度对现有绩效做出进一步诊断，判断是否存在可能引发的问题，具体如表 12-1 所示。

表 12-1　绩效诊断：可能存在的问题

绩效变量	绩效层次		
	组织层次	过程层次	个人层次
使命与目标	组织的使命与目标是否适合现实的经济、政治和文化制度	过程目标是否能实现组织和个人的使命与目标	个人的专长和目标是否与组织目标一致
制度设计	组织制度是否为预期绩效提供了结构和政策支持	按照这种方式设计的程序能否以系统方式运行	个人设计是否支持个人绩效
能力	组织是否有实现其任务和目标的基本结构	过程是否有能力实现预期绩效（数量、质量和时间）	个人是否在心理、体力和情感上有能力实现绩效
动机	政策、文化和报酬系统是否支持预期绩效	过程是否提供了维护自身需要的信息和人力因素	个人是否希望完成组织要求的一切工作
专长	组织是否有人事选拔、培训等相关举措	发展专长的过程是否满足不断变化的要求	个人是否有实现预期绩效的技能和经验

（三）建立绩效管理系统目标

在较充分的组织背景分析和评价的基础上，组织应建立起适合实际需要和具体环境的绩效管理系统。为此，需要明确提出绩效管理系统的目标。不同组织、组织的不同发展阶段、不同的经营战略目标都可能具有不同的绩效管理系统的目标。事实上，一个绩效管理系统可以服务于一个或多个目标。

研究绩效管理系统目标有必要先回顾对绩效评估目标的研究。从概念发展上看，绩效管理理论是绩效评估理论的发展。在以往的文献中，有很多是对绩效评估的研究。托马斯和勃涅兹在 20 世纪 90 年代初曾对 100 家组织的绩效评估进行了研究，发现绩效评估的信息主要用于 16 个方面，并按绩效评估信息应用的重要性进行了排列，具体内容如表 12-2 所示。

表 12-2　100 家组织的绩效评估信息应用的重要性排序

序号	绩效评估信息的应用方面
1	改进工作绩效
2	管理绩效工资
3	对员工的工作期望提出建议
4	评议员工
5	制定晋升决策
6	激励员工
7	评估员工潜力
8	识别培训需求
9	改善工作关系
10	帮助员工设立职业发展目标
11	更有效地分配工作
12	制定调动决策
13	制定辞退和解雇决策
14	协助人力资源进行长期规划
15	提高聘用程序的有效性
16	为其他管理行动提供证据

从表 12-2 中可知，许多组织所做的绩效评估服务于多种目标。概括来说，绩效评估的目的主要包括薪酬管理，员工晋升、调动和辞退的决策制定，员工的培训计划，奖惩的有效实施，帮助和促进员工成长与发展，改进管理人员与员工之间的工作关系等。绩效管理是绩效评估的延伸和发展，相应地，绩效管理系统目标的内涵也得到了发展。一般而言，绩效管理系统目标主要包括三个方面，即战略性目标、行政管理性目标和开发性目标。

战略性目标：指将员工的绩效目标与组织目标紧密相连，将员工绩效管理的实践活动与组织经营战略相结合。这一目标也是绩效管理区别于绩效评估的一个重要方面。

行政管理性目标：主要指绩效管理服务于与绩效相关的薪酬管理、晋升、调动、辞退、解雇、奖惩等人事管理决策的制定。这些方面与绩效评估的有关目标相似。

开发性目标：开发性目标服务于员工培训、员工职业发展咨询、员工绩效改进等，强调绩效管理的未来导向和开发功能。开发性目标作为绩效管理目标，是对绩效评估中的相关目标的强化。

总之，一个绩效管理系统服务的目标是一个还是多个，最终取决于组织的实际需要。

（四）设计绩效管理系统流程

绩效管理系统设计必须依据组织战略与目标、绩效管理目标展开，绩效计划、绩效促进、绩效考核是其中三个主要部分。在一个绩效管理周期即将结束，另一个绩效管理周期即将开始之前，需要对照组织战略和目标，对绩效管理目标、绩效促进、绩效考核等相关内容进行更新，并与员工讨论，然后取得新的共识。

（五）绩效管理系统的试点实施与评估

绩效管理系统设计好以后，通常不立即作为政策或制度在组织内正式实施，而是进行试点性实施。组织可以选择某个或几个部门试点，也可以选择在整个组织层面试点。最后，在试点的基础上评估和总结试点效果。

（六）评估绩效管理系统

在绩效管理系统试点及对试点评估的基础上，对照绩效管理系统目标和绩效管理系统内容进行总体评估。

第一，讨论绩效管理系统的有效性时应结合绩效管理的内涵，它不应该被错误地认为是绩效考核或者是一年一次的形式化填表工作。第二，明确绩效管理是一个系统的体系，从程序上主要可划分为绩效计划、绩效促进、绩效评估三个循环阶段。因此，评价绩效管理系统也应侧重评价绩效计划、绩效促进、绩效评估。总之，绩效管理系统的设计是一项严谨和复杂的任务。绩效管理系统设计得是否科学，直接关系到绩效管理的实践效果，从而最终影响组织战略目标能否有效实现。

第三节　建立绩效管理系统应注意的问题

部门绩效管理是组织绩效管理的子系统，因此，要顺利地实施部门绩效管理，必须处理好以下几个方面的问题。

一、合理确定绩效管理的考核办法

对考核方法的选择是绩效管理体系中一个关键而又敏感的问题。在一些成熟的组织中，由于已经形成了良好的绩效考评文化，诸如纵向考评、横向考评、自我考评等方法，可从容地进行绩效考核。但是，机械地套用上述办法，很容易使考核过程成为考核者与被考核者的博弈游戏，或者成为填表游戏，并不能真正发挥提高绩效水平的作用。因此，绩效考核办法的设计应根据组织的文化、管理者的素质等因素慎重考虑，并保证与部门人员之间的充分沟通。这样做的好处是，部门人员在沟通中就已经感受到实施绩效管理不是与个人作对，而是大家齐心协力地提高工作业绩。

二、主管人员需要一系列技能

当一套新的绩效管理系统付诸实施时，往往需要了解这一系统的技术专家深入到各个部门中帮助主管人员与员工使用该系统。因为新的绩效管理系统的实施需要切合企业文化，而且管理者和员工都需要在界定那些难以衡量的工作上得到指导，同时也需要在如何进行绩效沟通方面的指导，所以现场的指导将有助于解决这些问题。

尽管主管人员可以请绩效管理的技术专家帮助进行绩效计划、设计评估和建立反馈体系，但由于他们需要直接与下属员工进行沟通，因此至少需要一系列与人际有关的技能，例子如教导、激励、解释、倾听、提问、说服等。如果不具备这些基本的人际沟通技能，绩效管理就无法进行。

三、确保部门绩效管理与组织的整体战略挂钩

战略是组织发展的指南针，是组织加强核心竞争力的关键。组织战略的有效实施依赖于组织绩效目标的稳步实现，因此，如果部门绩效管理没有坚持战略导向，就很难保证组织整体绩效和组织战略的实现。在实践中，很多组织在部门绩效考核中并没有坚持战略导向。例如，虽然确定了高质量、低成本的重要战略性目标，然而，财务部门以无法分解为由对其不予以考核，这就违背了制订战略目标的初衷。因此，可以采用平衡计分卡法进行绩效考核指标的设计，从而确保组织战略在组织、部门以及个人三个层面的绩效分解，有效解决绩效管理和组织战略脱节的问题

四、协调好部门之间的绩效管理

目前，组织发展有两个趋势，一是组织结构的扁平化与网络化，二是客户需求的日趋个性化和多样化。在这两个趋势的影响下，组织运营的跨职能现象日益普遍。同时，市场也要求组织不断提高快速响应等方面的水平。可见，单个部门的成功必须依赖于其他部门的成功。因此，这就要求管理人员一定要从组织运营的角度去考虑和实施本部门的绩效管理工作，协调好部门之间的部门绩效管理活动。在组织的运行过程中，各部门是相互依存的，具有内在的统一性与利益的相关性。为了保证组织运行的顺畅，绩效考核就必须保证各个部门之间能有效协作。

五、组织内部的透明和公开化有助于绩效管理系统的实施

在实施绩效管理时，员工最大的担心就是自己被蒙在鼓里。因此，通过各种各样的方式向员工公开有关绩效管理的事宜十分必要。这种沟通既可以通过主管人员与员工的直接交流，也可以通过信件、内部网页、会议等各种媒体。通过这样的沟通，使员工了解将要进行的是怎样的一件事情、为什么要做这件事情、做这件事情对自己会有什么样的影响等。

六、处理好人力资源管理部门人员和部门管理人员在绩效管理中的职责关系

在很多人心目中，绩效管理是人力资源管理部门的工作，应由人力资源管理部门负责。实际上，这种想法带来很多实践中的问题，它使部门被考核主体认为绩效管理就是人力资源部门对本部门的考核和监督。因此，它很容易使考核流于形式，会造成部门经理厌烦、员工害怕的局面，进而引起对绩效考核的应付甚至反抗心理。这样，不仅使绩效管理得不到有效开展，还可能会在部门之间、员工之间产生很多矛盾。要避免此类现象的发生，就要在部门绩效管理实施之初对部门全体人员进行相关培训，要让他们明白绩效考核仅是绩效管理的一个部分，明确部门和员工的工作任务及绩效目标。人力资源管理部门为业务部门提供支持性服务，是组织人力资源管理政策的提供者和管理者。显然，绩效管理的功能超出了人力资源管理部门的职能范围，其真正的责任人应当是业务部门的各级管理人员，而人力资源管理部门在绩效管理过程中起的是组织和协调的作用

七、建立支持绩效管理的信息系统

组织的管理信息系统对绩效管理起支持作用。例如，按照平衡计分卡的绩效管理模型建立的指标体系，需要处理大量的财务、市场资料等信息，并使信息在组织内部得以快速传达。只有这样做，绩效指标才能及时地反映组织的经营状况，进而提高绩效反馈和调整的效率，缩短组织应对市场变化的时间。因而，具备条件但没有建立信息系统的组织，应在实行绩效管理的时候建立相应的信息系统，使绩效管理与信息系统相辅相成，相互促进。

八、平衡制度与经理人的责任

管理者往往对绩效管理制度有一种不够现实的期望，希望通过指标体系的设计，将所有的工作过程和任务进行量化，以此减少管理人员在考核过程中的主观因素，使绩效考核更加公正和公平。事实上，绩效管理的指标体系很难全部实现量化。例如，对于销售部，尽管可以直接用销售额去衡量其业绩，但是考虑到组织的长期战略目标，对销售部开发新客户的能力、与客户沟通的效果、服务客户的态度及水平的定性考核也很重要。而且，对于一些依靠知识、经验及技能从事创造性工作的部门，如研发部门，定性的考核比定量的考核更重要。因此，一个良好的绩效管理制度的设计，一定要将定量的考核与定性的考核有机结合起来。此外，任何一个好的管理制度都不能起到替代优秀的经理人的作用，所以管理者应当承担起绩效管理的责任，要对部门的绩效做出客观公正的、定性与定量相结合的考核

九、进行阶段性的绩效回顾和沟通

如果说一年进行一次绩效回顾和沟通，并对被评估者的绩效进行评估，那么有相当一部分被评估者会对评估的结果感到诧异和生气，他们可能会抱怨管理者为什么不早一点将自己的绩效问题告知本人。因为在一年的过程当中，员工可能会存在绩效问题，同时也会有租金改进绩效的机会，所以应该让他们及时地了解自己的绩效并改进自己的绩效。也许有的经理人员会抱怨，一年之中自己哪有那么多时间与下属员工进行几次沟

通，但正是因为缺少及时的沟通，他们可能每年会花费大量的时间来解决由于下属员工的绩效问题所带来的问题，而且花在这些事情上的时间可能比与员工进行几次绩效沟通的时间多得多。

本章小结

绩效管理目标是设计绩效管理系统的首要环节。它是组织目标与绩效管理实践之间的纽带，在具体的绩效管理实践中得以贯彻和体现。绩效管理目标为考核者和被考核者提供基本的评价标准，便于讨论和衡量。在绩效考核中，员工从事不同的工作，其绩效管理目标也因此而有所不同。尽管现实的绩效管理目标多种多样，但一般来说，绩效管理目标可分为短期绩效管理目标与长期绩效管理目标、组织绩效管理目标与个体绩效管理目标、常规绩效管理目标与创新绩效管理目标。在绩效管理系统中，绩效管理目标一旦确立，则成为正式的文件，需要书面化。正式确立的绩效管理目标需要符合 SMART CAKE 原则。SMART CAKE 原则指的是 strategic（战略性的，与组织战略相适应的）、measurable（可衡量的，可测定的）、ambitious（富有挑战性和激励意义的）、realistic（现实的，可实现的）、time-bounded（有时间限定的）、consistent（一致性的，一贯性的）、agreed（共同讨论的，协商一致的）、key（关键的，重要的）以及 each（个人的，个体的）。

绩效管理是一个系统管理，设计绩效管理系统是一个较为复杂的过程。其过程主要包括明确关键作用者、评估当前组织背景、建立绩效管理系统目标、设计绩效管理系统流程、绩效管理系统的试点实施与评估、评估绩效管理系统。

思考与讨论

1. 什么是绩效管理目标？绩效管理目标有什么意义？
2. 简述绩效管理目标的分类。
3. 简述绩效管理目标的建立过程。
4. 简述绩效管理目标制定与分解的关键点。
5. 简述绩效管理系统设计的总体思路。
6. 简述绩效管理系统设计的主要步骤。

案例分析

华为公司绩效管理实践

一、公司背景

华为公司是一家民营科技公司，成立于 20 世纪 80 年代末。经过 30 多年的发展，华为公司取得了巨大成果，并且成为国内民营企业的一面旗帜，可以说华为的一举一动皆受到国内许多企业的关注。那么又是什么支撑着企业的发展呢？其 HR 副总说："华为公司在向世界级企业迈进的过程中，卓有成效的人力资源管理体系，是缔造华为一个个神话最有力的发动机和保障器。尤其是作为人力资源管理体系三大基石之一的绩效管理（另外两个是任职资格和股权激励），更为企业的发展注入了强大动力。现在我们就来看看华为公司是怎样将卓越的绩效管理转化成生产力的，而这也正是最值得许多企业学习和借鉴的。

二、中国华为公司企业文化

华为文化本质上是"蓝血绩效文化"，带有军事化与校园文化的组织文化特征，强调业绩导向与执行效果，将外部竞争力转为内部竞争力，不断激活沉淀层，从而形成了华为"三高"的文化氛围——高压力、高绩效、高回报。在传递这种绩效压力的同时，做到绩效管理面前人人平等，企业完全通过绩效来进行人才的选拔与任用。

三、华为的绩效管理

（一）抓绩效重考核

（1）华为公司认为，员工工作不主动、不积极，是让管理者最为头疼的事情。正是因为基层员工缺乏积极主动的精神，态度消极、行动怠慢，难出业绩。只有科学的绩效管理才能调动员工的工作主动性和积极性，所以管理者一定要抓好绩效、重视考核。按照西方经济学和管理学的观点，绩效管理是对人性的深刻理解和认同，顺应人性，是绩效管理的最终目的。

（2）绩效考核的目的是改善绩效，而不是分清责任。当绩效出现问题的时候，着力点应放在如何改善绩效而不是划清责任上。

（3）注意机制的建立，同时绩效管理要坚持引导和激励。通过有效的激励，将人性光亮的一面放大，并真正地展现出来，体现在行动上就是积极性和主动性。关于这点，华为公司强调资本主义：①认为知识是高科技企业的核心和价值创造的主导要素；②主张给创造价值的知识劳动合理的回报；③主张通过知识的资本化来实现知识的价值（如全员持股）。

（4）关注绩效的牵引和导向作用。华为公司认为牵引员工不是文化中宣传的东西，而是在绩效评价中体现的东西。与此同时，他们认为绩效考核的导向很重要，其决定员工的行为方式。比如，敢说真话就是使观点有待商榷的能得到客观的认可，武断打压的作风能够得到有效控制，一言堂和明哲保身就会淡出历史，信息的质量就可以得到有效保障；又比如，企业如果认为绩效管理是惩罚员工的工具，那么员工的行为就是避免犯错，而忽视创造性。

（5）考核设定的范围要合理，需要在员工的能力的范围之内，员工跳一跳可以够得着。如果员工一直跳，却永远也够不着，那么员工的信心就丧失了，考核指标也失去了本来的意义。

（6）员工考核来自三个维度：一是来自公司目标、公司战略；二是基于岗位职责；三是基于流程和客户。

（二）系统的考核导向体系

（1）商业价值导向，主要体现在以贡献为导向和重视转化为现实的能力。

①强调要学习做工程商人，主要体现在：要有服务意识、要研究市场的需求；要学会整合资源，要会整合资源，同时需要把市场和技术有机融合，审时度势，把握市场节奏。

②强调以贡献为导向，为员工提供成为奋斗者的机会：签订奋斗者协议（13级以上员

工,包括去一些艰苦的地方)和目标责任书(完成任务可以领取预定的奖金)。当然,华为公司除了强调绩效和贡献外也重视关键事件过程的行为,更好地处理短期效益和长期效益的关系;此外,在待遇给付上相比学历,更看重贡献。

③公司认为没起作用的只是一种可能,起作用的才是一种现实的能力,强调转化为现实的能力;当然对于有潜能的人,华为公司主张多给这些人机会。

(2)责任结果导向(责任加结果)。

①华为公司对绩效的定义是绩效不仅仅看销售额,而是看在本岗位的有效产出和结果。归根到底,评价时要看结果,以结果为导向。与之对应,华为构建了任职资格体系,使得以事为中心转向更为关注人的管理模式。

②《2003—2005年华为公司管理工作要点》强调:"公司高、中、基层干部的考核都要贯彻责任结果导向的方针。同时,对高、中级干部,尤其是高级干部要逐步试行关键行为过程考核,以提高高、中级干部的领导能力和影响力,充分发挥组织的力量。"层级越高,所做工作的影响越长远,短期考评宜重点考查关键过程行为,长期考评则应重点放在结果上。对于显效周期长的工作可以分成阶段,阶段成果就有可能适用结果导向,但要防止简单分解的机械做法。中间还有广阔的灰色地带,需要根据具体情况实事求是地对待,但遵循的原则是相同的。

(3)不以考核为中心。

华为公司认为考核的目的是促进业务的成功,为考核而考核不值得,考核侧重于激发员工的工作动机,也就是说,用各种有效的方法去调动员工的工作积极性,使得员工努力完成任务,完成企业的目标,并给予一定的精神和物质奖励。与此同时,华为公司同样强调,不能僵化地去评价员工价值。华为《管理优化报》中提出:"作为管理者,要在公司价值观和导向的指引下,基于政策和制度实事求是地去评价一个人,而不能僵化地去执行公司的规章制度。在价值分配方面要敢于为有缺点的奋斗者说话,要抓住贡献这个主要矛盾,不求全责备。"

(4)考核机制倒过来。

把决策权根据授权的原则给员工,后方起保障作用。流程的梳理和优化要倒过来做,以需求为目的驱使保证,一切为前线着想,共同有效地控制着流程的设置,从而精简不必要的人员,调高运行效率,为生存打好基础。2012年,华为尝试着将考核机制倒过来,按照成功获取利益和分享利益,而不是从上到下来授予利益;2013年,华为进一步简化管理,敢于让优秀的干部和团队担负更大的责任,为他们提供更多的机会,让他们获得更多的报酬,同时华为将继续降低内部运作率,努力将运营效率再提升。

(三)有目标就有绩效管理。

美国马里兰大学管理学兼心理学教授爱德温·洛克(Edwin A. Locke)于1968年提出外来的刺激都是通过目标来影响动机的,目标本身就具有激励作用,目标能引导人们的行为,使人们根据难度的大小来调整努力的程度,并影响行为的持久性。目标本身就具有激励作用,目标能够把人的小转变成为动机,使人们的行为朝着一定的方向努力,并将自己的行为结果与既定的目标对照,及时调整和修正,从而实现目标。这种使需求转化为动机,再由动机支配行动以达成目标的过程就是目标激励。目标激励受本身的性质和周围变量的影响。

（1）目标协调一致。

从总目标到部门目标的分解，从部门目标到员工目标的分解，对于员工个人来说，员工个人目标应服从组织整体目标并和组织的战略规划、各个阶段的目标保持一致；对于企业来说，需要使主要目标和分目标，各个部分目标之间相互配合，方向一致。总目标分解的过程需要解决四个问题：分目标的层面、分目标数量、确定分目标权重、确定量化标准。

（2）目标要明确。

我们知道，明确的目标可以使人们清楚要怎么做，便于用来考核员工，同时具体的目标本身就有激励作用。具体来说，包括以下四个方面：目标执行者要明确、标准要明确、时间限定要明确和保障实现目标的措施要明确。具体的方法如5W2H。

（3）量化考核还是主观评价。

一般情况下，能量化的尽量量化，但不能唯量化。华为在实施绩效考核的过程中，考虑三个关键的量化指标：时间、数量和质量。对于不能量化的，诸如素质和管理能力的考核，可以考虑采用全方位的考核。

目标分解

华为的绩效计划，采取PBC（personal business commitment），即个人业务承诺的方式，在全集团范围内通过自上而下地将集团、部门的工作逐级分解到每一个员工的方式，由直线经理与员工签订PBC协议，以实现组织绩效和个人绩效的联结。PBC制定由部门与员工进行沟通确认。华为2009年推行的绩效管理模式的特点：①主管的PBC更多地体现其投入的工作；②个人PBC开始更多地关注价值和认同成长。重点工作列出了不可接受、达标、挑战三个目标，更多地牵引员工主动地思考、挑战自我。

PBC聚焦的是结果和要求，而不是动作与指标；关注的是激发与牵引，而不是考评沟通。PBC的制定过程比PBC本身更重要，制定PBC及绩效管理过程，比PBC更重要。PBC制定的过程，就是传递华为的期望和要求的过程，就是为了实现上下对齐：事情、思路和深层次的对齐，最终达到价值观的对齐。另外，对于主管而言，个人绩效不等于组织绩效——个人绩效是组织中最重要的、能够体现个人价值独特的绩效；组织绩效是通过组织的日常运作就能够完成的绩效。PBC应包含这两部分，并重点突出个人绩效，这样才能牵引被辅导向独特绩效聚焦。

PBC的流程上包括（可实现上下对齐、为下属赋能、各岗位各得其所，团队高效运作）：①了解现状与问题；②澄清目标；③聚焦独特价值；④强调结果导向；⑤回顾目标与问题。

另外，不同的层级的员工采用不同的考核周期、考核方式、考核内容和考核结果应用。具体来说，对于基层的管理者和员工，基本上还是用华为十几年一直使用的比较成熟的体系，通过PBC管理，一般会有半年度和年度的考核，年度的结果主要用于各种激励，半年度的结果直接激励，用于各种辅导改进。对于高层管理者，更加着重于中长期目标的关注，比如大客户的管理等。基层员工不再使用PBC，就是用一些要素考核表。

（5）目标的后续追踪。

目标追踪的目的在于发现目标执行过程中的偏差即时纠正，以考核的手段来激发员工责任意识，同时加强沟通。追踪步骤包括：搜索信息、给予评价、及时反馈。需注意的是，工作追踪应着重于客观的标准——工作成果,同时也要兼顾主观性标准——工作方法和个人品质。

(四)绩效目标的沟通

(1)战略沟通支撑战略实现。

绩效目标管理法第一个步骤是战略沟通。战略沟通的结果是让员工知道自己做什么才能支撑公司的战略实现。第二个步骤是组织协同。通过组织协同,员工要知道自己的行为如何横向支持需要自己产出的部门或者成员。通过两个步骤中横向和纵向的聚焦,员工才能开始制定一个明确合理的目标。目标确定后才是目标实施和后续评估。

(2)战略沟通工具,包括平衡计分卡和战略地图。

(3)企业文化目标的指引作用。

可以指引员工目标的,还有一个工具,那就是企业文化。很多时候,企业文化是一种无形的力量,在制度和流程约束不到的地方,文化将指点员工的行为和方向。所以,企业文化对于员工目标的制定非常重要。由核心价值观所组成的企业文化可以指引员工的行为,同时,行为又会强化企业的核心价值观,最终强化企业文化。所以,提炼并推行企业文化,对于员工的工作目标的确定有关键作用。《华为基本法》的出台对中国企业界产生了不少震动,备受业界推崇。

(五)绩效评估

华为绩效考评流程

项目	内容
评估周期	(1)年以前,主要按照季度进行,每年年初根据员工季度 PBC 完成情况对员工进行季度考核,并制定下一季度 PBC 计划。 (2)2008 年底 2009 年初,华为进行全面的绩效周期改革,根据族群及职级采取不同绩效考核周期。一般为:普通员工(二级部门主管以下)从原来的按照季度进行评估,调整为按照半年,以及以上按照年度。操作族的文员、秘书等岗位人员和生产技术人员一般采取季度和月度考核相结合的方式
评估方式	(1)二级以上部门主管:BSC 考核,纸质文件;普通员工:关键事件法,电子表格。当然方法不一定孤立使用。 (2)考核主要是自下而上进行
评估内容	(1)主要根据 PBC 和 KPI 完成情况进行评估,以客观绩效为依据。 (2)对于各级主管,格外重视在人员管理方面的情况,将各项采用积分的方式,一般管理人员要达到 32 积分,否则年度绩效只能评定为 C
评估的流程	员工自评、主管评价、人力资源部门审核、一级部门经理人团队评议
绩效反馈	结果出来以后,第一时间进行沟通,对结果进行说明,帮助员工制定绩效考核方案,并签订下半年的 PBC 计划。员工有异议可向人力资源部或 AT 团队投诉

(六)绩效结果反馈和应用

绩效考核结果出来之后,各级主管必须第一时间与员工进行沟通,对绩效结果评定的原因进行说明,帮助员工制定绩效考核方案,并签订下半年PBC计划。员工对绩效结果存有异议,可以向人力资源部或经理人团队进行投诉。华为重视绩效管理结果应用,将绩效结果作为员工晋升、调薪等的客观和主要依据。

(1)半年度绩效。

目前,华为绩效评定等级分为"A""B+""B""C""D"五个等级,半年度绩效各等级比例如表12-4所示。

12-4 华为绩效等级及其比例

绩效管理	比例范围		备注
A	≤50%	≤10%	潜在规定
B+		无	
B	未作限制		
C	≥5%,≤15%		强制比例限制,具体"C""D"等级比例未限制
D			

半年度绩效评定结果不与工资挂钩,主要作为人员培训、任命、调薪、评优和岗位匹配等参考评价依据。但对员工进行评估时,要综合地对其一年内绩效情况进行考查。

(2)年度绩效。

华为公司人员年度绩效评定主要是把四个季度绩效按照各等级对应绩效分数("A"为6分、"B+"为5分、"B"为4分、"C"为3分、"D"为1分)进行加权计算后得出该员工年度绩效分数,然后根据预先设定的分数区间对应绩效等级拟定该员工年度绩效等级。年度绩效主要与年终奖挂钩,年终奖具体标准由各一级部门根据奖金包的大小及各等级比例人数情况进行分配,集团总部不作限制。一般情况下,员工年终奖金额为其2~6个月的工资。绩效等级为D的人员无年终奖。奖金包的大小根据各一级部门年度PBC完成情况及绩效评定情况进行设置,一般由华为IRD(投资管理委员会)根据公司年度工作重点和战略规划,结合各一级部门承担工作重要性进行评价,最终确定各一级部门奖金包大小。

华为公司对于年度绩效评分排名靠后的5%的人员进行末位淘汰。淘汰员工时会进行末位淘汰沟通、访谈,由各一级部门对员工年度绩效等级情况进行梳理,并报一级部门经理人团队进行最终的讨论决定。

华为公司的绩效反馈和结果应用主要体现了以下几个特点:

①重视员工对绩效结果的反馈意见;

②绩效考核结果应用具体和规范;

③体现优胜劣汰的竞争环境和原则。

从以上华为绩效管理体系来看,其内容很清晰全面,流程顺畅,已经形成了一个有机结合的良好绩效管理体系。华为的绩效管理重视PBC制定,逐层目标分解;成立一级部门经理人团队，对部门绩效管理工作进行督导；监控机制灵活，采取第三方监控形式——这些都是值得我们学习和借鉴之处。

案例来源：张继辰《华为的绩效管理》

思考题

1.华为公司的绩效反馈和结果应用主要体现了哪几个特点？

2.华为公司的绩效管理体系有哪些是值得我们学习和借鉴之处？

第十三章　绩效管理的发展趋势

随着时代的发展，绩效管理已经为越来越多的人所关注。本章将主要介绍战略性绩效管理、团队绩效管理、高绩效团队的创建等相关内容。

第一节　战略性绩效管理

一、战略性绩效管理的定义

战略性绩效管理是战略性人力资源管理的职能之一，是一个由绩效计划、绩效监控、绩效考核和绩效反馈四个环节构成的闭循环管理过程。通过这四个环节的良性循环，管理人员能确保员工的工作行为和产出与组织的战略目标保持一致，并通过不断改进员工和组织的绩效水平促进组织战略的达成。

二、战略性绩效管理系统模型

研究及实践表明，不论采用何种形式，一个科学、有效的战略性绩效管理系统应该包括三个目的、四个环节和五项关键决策。对于一个完整的战略性绩效管理系统而言，三个目的至关重要，并且需要同时实现，因为只有这样才能够确保组织绩效管理活动的有效性和战略导向性。管理者在进行绩效管理时，需要严格按照绩效管理的四个环节来开展工作，而且四个环节缺一不可。五项关键决策主要是指设计绩效管理系统时需要重点关注的五个问题。

(一) 绩效管理的三个目的

1. 战略目的

组织战略的实施离不开绩效管理系统，而绩效管理系统必须与组织的战略目标密切联系起来才具有实际意义。在运用战略性绩效管理系统实现战略目标时，应首先明晰组织战略，并通过战略目标的承接与分解，将组织的战略目标逐层落实到部门和员工个人。同时，还应在此基础上制订相应的绩效评价指标体系，设计相应的绩效评价和反馈系统。

2. 管理目的

绩效管理的管理目的主要是指通过评价员工的绩效表现并给予相应的奖惩，激励和引导员工不断提高自身的工作绩效，从而最大限度地实现组织目标。它要求管理者为战略目标的分解和实施确定具体可行的行动方案，并对战略目标的实施过程进行有效的监督和控制，从而确保组织资源的合理利用和配置。更为重要的是，设计科学、规范的绩效评价系统可以保证绩效考核结果的公平性和有效性，可以不断地提高员工的工作绩效和组织的管理水平，进而确保绩效管理目标的达成。

3.开发目的

绩效管理的开发目的主要是指管理者通过绩效管理过程来发现员工存在的不足，以便对其进行有针对性的培训，从而使员工能够更加有效地完成工作。在现实中，为了实现绩效管理的开发目的，当员工没有达到预期的绩效目标时，管理者就需要与员工进行面谈。通过绩效反馈环节，管理者不仅要指出下属在哪些方面绩效不佳，还要帮助他们找出导致绩效不佳的原因，比如技能缺陷、动力不足或某些外在的障碍等，继而针对问题采取措施，制订相应的绩效改进计划。这样做能够更有效地帮助员工提高知识、技能和素质，促进员工个人的发展，进而实现组织绩效管理开发的目的。

（二）绩效管理的四个环节

1.计划绩效

计划绩效作为战略性绩效管理系统闭循环中的第一个环节，是指在新的绩效周期开始时，管理者和员工一起就员工在新的绩效周期将要做什么、为什么做、做到什么程度、何时做完以及怎么做等问题进行讨论，最终双方同意并正式签订绩效目标协议书。

2.监控绩效

监控绩效作为连接计划绩效和评价绩效的中间环节，对绩效计划的顺利实施和员工绩效的公平评价有着极其重要的作用。它要求管理者在整个绩效管理循环的实施过程中与员工进行持续有效的绩效沟通，了解员工的工作状况，预防并解决绩效管理过程中可能发生的各种问题，帮助员工更好地完成绩效计划。

3.评价绩效

作为绩效管理过程的第三个环节，评价绩效特指在绩效周期结束时，由不同的评价主体使用有效的评价方法和衡量技术，对员工的工作绩效进行判断的过程。需要注意的是，应当把绩效评价放到绩效管理过程中考察，将其看作绩效管理过程中的一个环节。因此，绩效评价不能与其他环节相脱离。

4.反馈绩效

反馈绩效是指在绩效周期结束时，管理者与员工就绩效评价进行面谈，使员工充分了解和接受绩效评价的结果，并由管理者对员工在下一周期该如何改进绩效进行指导，最终形成正式的绩效改进计划书的过程。绩效反馈贯穿于整个绩效管理的始终，在绩效周期结束时进行的绩效反馈是一个正式的绩效沟通过程。通过绩效反馈，员工可以知道管理者对他的评价和期望，从而不断地提高自己的能力。同时，管理者也可以通过绩效反馈指出员工存在的问题。

（三）绩效管理的五项关键决策

1.评价内容

所谓"评价内容"，即"评价什么"，就是指如何确定绩效评价所需的评价指标、指标权重及其目标值。为了确保组织战略目标的实现，组织需要在绩效管理过程中将战略目标转化为可以衡量的绩效评价指标，从而将组织战略目标的实现具体落实到部门以及个人。

2.评价主体

所谓"评价主体"，即"谁来评价"，就是指对评价对象做出评价的人。通常，评价主体可分为组织内部的评价者和组织外部的评价者。内部评价者包括上级、同级、下级，而外部评价者则包括客户、供应商、分销商等利益相关者。在设计绩效评价体系时，选择正确的评价主体，确保评价主体与评价内容相匹配是一个非常重要的原则，即根据所要衡量的绩效目标以及具体的评价指标来选择评价主体。根据这一原则，评价主体应当及时、准确地掌握信息，对评价对象的工作职责、绩效目标、工作行为以及实际产出有比较充分的了解，这样才能确保评价结果的合理性和有效性。

3. 评价周期

评价周期要回答的问题是"多长时间评价一次"。评价周期的设置应尽量合理，既不宜过长，又不能过短。在实际工作中，评价周期与评价指标、组织所在行业特征、职位类别以及绩效实施的时间等诸多因素有关，采用年度、季度、月度甚至工作日作为评价周期的情况都有。因此，选择绩效评价周期时不宜一概而论，而应根据管理的实际情况和工作的需要，综合考虑各种相关影响因素，合理选择适当的绩效评价周期。

4. 评价方法

所谓"评价方法"，就是指判断员工个人工作绩效时所使用的具体方法。通常，评价方法可以划分为四大类，即比较法、量表法、目标管理法和描述法。同时，每类又细分为若干具体的评价方法。比较法包括排序法、配对比较法、人物比较法和强制分配法等。量表法包括图尺量表法、行为锚定量表法、综合尺度量表法和行为观察量表法等。描述法包括工作业绩记录法、态度记录法、关键事件法和指导记录法等。每种方法都各具特点，并无绝对的优劣之分，组织应根据具体情况进行选择，但总的原则是根据所要评价的指标特点选择合适的评价方法。

5. 结果应用

在管理实践中，绩效考核结果主要用于两个方面：一是通过分析绩效考核结果，了解员工存在的绩效差距，找出产生绩效差距的原因，制订相应的绩效改进计划，从而提高员工的工作绩效；二是将绩效考核结果作为人力资源管理决策的依据，如培训开发、职位晋升和薪酬福利等。实际上，绩效考核结果具体应用于哪些方面是与评价指标的性质相联系的。

三、战略性绩效管理发展新趋势

(一) 弹性化的战略性绩效管理

战略性绩效管理是战略性人力资源管理的一部分，而它在运作中的基本要求之一是战略弹性。战略弹性是指适应竞争环境变化的战略灵活性。弹性化的战略性绩效管理反映的是绩效管理在运作过程中对竞争环境变化的反应和适应能力。实际上，绩效管理要为员工提供引导，使员工能够为组织的发展做出贡献，这就要求绩效管理体系具有充分的弹性，从而适应组织战略形势的变化。

(二) 差异化的战略性绩效管理

关于绩效，同一组织的不同发展阶段存在差异，不同地区的行业发展存在差异，员工之间也存在差异，因而使用一种绩效管理模式肯定不行，要实行差异化的战略性绩效管理。采取差异化的战略性绩效管理,只是在绩效管理流程中的部分环节针对差异性的个体进行差异化管理,并不是所有环节都要采取差异化的管理措施,否则会影响绩效管理的效度和信度。

(三)多样化的战略性绩效管理

不同的组织有不同的组织文化和管理特点,所以一种绩效管理方法很难与组织战略相匹配。因此,绩效管理必须结合多种模式和方法。整合多种绩效管理工具,可以避免只使用某一种方法的劣势。同时,多种绩效管理工具整合的优势远远大于单纯地将每一种绩效管理工具的优势累加在一起。将多样化的绩效管理工具整合在一起,可以使得战略性绩效管理更加科学、规范。在此需要指出的是,多样化的战略性绩效管理并不是将绩效管理工具累加起来,而是将多种绩效管理工具进行整合。

(四)人本化的战略性绩效管理

目前,一些组织使用的绩效管理工具虽然符合先进的管理理念,但工具效能的充分发挥依靠使用者自身的掌握程度。在影响绩效管理行为的管理要素中,"人"在管理活动中处于主导地位。管理者的能力,对保证组织目标的实现和管理效能的提高等具有决定性的作用。战略性绩效管理归根到底是对人的管理,要做好战略性绩效管理就必须以人为本,这也是一种辩证的管理思想。而且,绩效管理三大目的之一的"开发目的",强调的也是将"以人为本"的思想贯穿于绩效管理系统的全过程中。因此,战略性绩效管理的发展趋势必然是沿着"人本化"的方向发展。

(五)超前化的战略性绩效管理

战略性绩效管理强调关注组织未来的绩效,绩效管理由评价性向发展性转变已经是一种趋势,而且这种发展性绩效管理确切地说是一种超前化的绩效管理。

战略性绩效管理强调动态性,因此,在绩效管理中要用动态发展的眼光看待员工。管理者要认识到每个员工都有发展和改进的可能性,并有效地引导员工向高绩效发展,使绩效考核的重心从评估转移到员工的发展上来。另外,将组织绩效考核的结果用于员工个人职业生涯发展,使员工在实现组织目标的同时,也实现了个人的职业目标,而且员工的发展也能够促进组织的发展。例如,战略性绩效管理工具中的平衡计分卡就关注员工的发展。关注员工的发展,并将这种关注再向前推进,就是一种绩效管理超前化发展。总之,超前化的战略性绩效管理是绩效管理发展的新趋势。

第二节 团队绩效管理

随着信息化的发展和市场竞争的日益激烈,组织扁平化逐渐成为趋势。在这样的背景下,越来越多的组织以团队组织形式替代部门形式。这样,通过团队绩效管理促进团队成员以及团队整体的效率提升就成为一个非常有意义的课题。团队绩效管理就是通过有效的绩效指标体系的实施来改进、提高团队的绩效。

团队绩效管理可分为团队绩效指标体系的开发和实施两大部分。

一、团队绩效的定义

团队绩效是由团队成员相互协作决定的基于组织整体的绩效。基于组织整体的绩效是为了确保团队的绩效与组织绩效的一致性，确保团队绩效能为组织绩效做贡献，各团队之间不能各自为政，不能脱离组织目标。

二、团队绩效管理的目标

当然，仅明确组织绩效和团队绩效之间的关系是不够的，问题的关键在于要建立一个合理的团队绩效考核指标体系，并用这一指标体系不断纠正错误，使其沿着正确的方向不断前进。

如何建立团队绩效管理指标体系将在后面详细阐述，这里主要借此延伸出团队绩效管理的目标。

（一）团队目标与组织整体目标的一致

建立团队就是为了完成某个项目或实现某种功能，必须是为组织服务的。因此，团队绩效管理不可能孤立地进行，团队目标必须与组织目标高度一致。

（二）确保完成团队任务

这要求我们在进行团队绩效测评的时候要以问题的解决为导向，要求绩效考核要有助于问题的解决。

（三）提高团队工作绩效

任何一个绩效管理系统都必须为提高绩效服务，如何提高绩效是绩效管理和绩效考核的一个重要区别。团队在完成工作任务后，必须对这次工作任务的完成做一个回顾，找出成功或失败的原因，并提出建议，为团队下次高质量地完成工作任务提供宝贵经验。

（四）得到各方面的理解和支持

团队绩效管理首先是对团队成员以及整个团队绩效的管理，必须得到团队成员的理解和支持，否则再好的绩效管理都难以实施。除此之外，还必须得到组织高层的认可，如有顾客，还需倾听顾客的声音。

三、工作团队绩效考核指标设计应注意的问题

工作团队绩效考核的指标设计是工作团队绩效管理的重点和难点，这一工作质量的好坏将直接影响团队绩效考核，进而影响整个绩效管理系统。

第一，工作团队绩效管理指标设计必须遵循通用的指标设计原则，如客观性原则、明确性原则、可比性原则、可操作性原则等。

第二，不同类型的工作团队由于工作内容或性质不同，其指标体系也应不同。很多组织采用平衡计分卡法来确定指标体系，然后将这一体系运用于所有的工作团队，认为平衡

计分卡的指标体系较为全面，但是实践告诉我们，结果并不理想。不理想的根本原因在于团队的工作内容存在差异，所以我们设计绩效考核指标体系时必须以具体的工作内容为依据并根据团队目标设置指标权重。

第三，不可忽略团队工作计划指标。团队工作计划的制订需要大量的人力和时间，计划的好坏也将直接影响团队的工作业绩，所以将团队工作计划纳入团队绩效管理指标体系并赋予一定的权重已经成为一种新的趋势。

第四，权重的分配必须兼顾团队的业绩和个人业绩。一般来说，如果该团队更多地强调成员的协作，则应提高团队业绩比例，降低个人业绩比例；反之，则应降低团队业绩比例，提高个人业绩比例。根据经验，一般的团队业绩和个人业绩的比例分别为60%和40%。

四、工作团队绩效管理指标设计的方法与考核流程

(一)确定考评维度的方法

确定团队业绩的考评维度的方法有很多种。团队业绩维度没有统一的标准，也不可能只运用一种方法，因为各种方法没有对错，只有适用与否的区别。

1.销售团队考评维度的提取

销售团队主要是为了销售某种产品而成立的。对于此类团队可以采用客户关系图法来提取团队绩效考评维度。

客户关系图是指通过画出销售团队与组织内外部相关部门和客户的关系，进而提取团队考评维度的一种方法。它分为以下四个步骤。

第一步，运用客户关系图确定团队客户及其需从团队获取的产品或服务。

第二步，确保列出的每一个项目都是客户所需要的，同时应去掉那些不值得测评的项目。

第三步，从组织的角度考虑哪些成果是组织希望从团队这里获得的，用来回答该问题的关键词就是团队给组织创造的价值。

第四步，把列出的业绩成果重新规范命名，用简练、准确的词语来描述团队应完成的工作。

2.问题解决型团队考评维度的提取

问题解决型团队主要是为了提高产品质量与生产效率、改善工作环境和帮助组织解决某类问题而建立的。对于此类团队可以采用KPI指标体系来提取团队绩效考评维度。

团队KPI体系提取绩效考评维度的步骤如下。

第一步，根据组织绩效考评维度，由事先组建的考评维度拟定小组初步拟定团队绩效考评维度。

第二步，将初步拟定的考评维度交由团队成员讨论并提出建议，考评维度拟定小组将这些建议加以记录。

第三步，考评维度拟定小组在听取高层管理人员意见的基础上对团队考评维度进行修订。

第四步，形成绩效考评维度。

3.其他类型团队考评维度的提取

上面两种团队是团队的主要类型，而对于组织内部组建的其他团队则可以参照职能部门的绩效考评维度来设定。

在团队测评维度的基础上必须对团队成员的个人绩效进行测评，必须形成团队成员的测评维度。为此，我们可以采用团队、个人绩效维度矩阵图。运用该图我们可以轻松获得团队成员的个人绩效测评维度，具体如表 13-1 所示。

表 13-1　团队、个人绩效维度矩阵

个人	团队		
	A	B	C
a	√		
b			√
c		√	
d			√
……			

A、B、C 代表团队的绩效维度，a、b、c、d 代表团队中的成员，图中画"√"的单元格所对应的团队的绩效维度为该成员所对应的团队成员的测评维度。当然，团队的测评维度不能直接用在成员身上，必须加以转化。转化后的词要贴近团队成员的工作，要能反映出团队成员对团队绩效的贡献。

（二）分配权重

首先，当团队测评维度和团队成员测评维度出来之后，在给维度赋予权重的时候，必须先确定团队和个人业绩所占的比例，一般团队业绩占 60%，个人业绩占 40%。其次，分别给团队和个人的各项测评维度赋予权重。由于维度相对较少，分配相对较容易。当然，在实际分配过程中还是可以使用一些小技巧节省分配时间的。例如，最先确定最重要和最不重要的维度，然后从剩下的维度中选出最重要的和最不重要的，依此类推，逐步确定维度的权重。以 5 个维度为例，如果团队的比例为 50%，其他的比例则依次为 20%、15%、10%、5%，再根据实际情况加以调整即可。为了计算的方便，一般将维度的权重确定为 5% 的倍数。

（三）确定考评要素

对于团队来说，如何确定考评要素？比较容易的方法是直接从团队中提取考评要素，因为团队成员对团队的工作内容最为了解。利用这种方法提取出来的要素受团队成员自身素质和对要素理解程度的影响。另一种方法是先提取考核指标，然后将指标归类，形成要素，再从团队角度思考要素是否全面，进而由要素再去思考指标是否充分。这两种方法适用于不同环境，当我们对团队工作内容比较熟悉，能够形成大部分的考核指标的时候，可采用第二种方法。

(四)形成绩效考核指标体系

在确定考评要素后,指标的设定就相对容易了,可以采用学术界的研究结果,也可以创造性地设定目标。例如,市场拓展能力考评要素可以分解为客户新增数量和新业务营业增长率两个指标。

绩效考核指标体系是包括考评维度、考评要素、考评指标和它们各自权重的一个完善的体系,其结果可以有多种形式,可以是表格式,也可以是类似于组织结构图的形式,但应用较多的是鱼骨图。

(五)知识型团队和跨部门团队

知识型团队的绩效考核指标一般还要在效益和效率指标的基础上加上风险型指标和递延型指标。跨部门团队的考核指标则主要体现在业绩指标和行为指标上,但业绩指标的权重应大于行为指标。

根据以上团队绩效管理指标设计的方法,我们可以大致将工作团队绩效考核流程分为以下八个步骤:

第一步,认真分析组织战略与组织绩效。

第二步,确定团队考评维度。

第三步,确定团队成员考评维度。

第四步,分配权重。

第五步,确定考评要素。

第六步,建立团队考评指标体系。

第七步,实施团队考核。

第八步,应用绩效结果。

五、工作团队绩效管理的流程

(1)由人力资源部门下发通知,启动团队绩效考核。

(2)对团队进行考核,确定团队工作业绩。

(3)团队负责人与团队成员沟通,沟通内容为团队考核指标、指标权重等。

(4)团队成员自评和绩效考评委员会考评。

(5)团队负责人将考核意见和考核结果提交人力资源部。

(6)根据本期的绩效结果,对下阶段的绩效目标进行调整。

六、工作团队绩效考核结果的应用

在完成对工作团队的绩效考评后,我们必须明确如何有效地将其应用在实际生活中的各个方面。一般来讲,工作团队的绩效管理是绩效管理的一个重要方面,所以工作团队的绩效考核结果的应用和组织绩效考核结果的应用是大同小异的。工作团队的绩效管理可以应用在团队绩效沟通、团队绩效改进、团队绩效汇报、团队内部人员职务调整、团队人员奖金分配、员工职业发展规划等方面,具体情况分析可以参照第五章和第九章的相关内容。要特别注意的是,工作团队绩效考核结果在团队绩效汇报中的应用是绩效考核结果应用中没有的。并且，团队阶段性绩效要向团队成员汇报，而团队最终绩效必须向组织领导汇报。需要汇报的内容包括团队阶段性工作绩效、团队成员的学习成长情况、团队绩效反馈情况、团队绩效改进计划以及团队需要从外部得到何种支持等。

第三节　高绩效团队的创建

对于一个组织的领导者而言，真正意义上的成功必然是团队的成功。脱离团队，即使个人取得了成功，往往也是变味和苦涩的，长久下去对组织的发展是有害的。因此，领导者应该带领员工共同前进，靠团队的力量来实现自己对事业的追求。

高绩效团队都是为了实现共同目标而进行分工合作的。在那些成功的团队中，每一位成员都承担着不同的工作。所有的成员，包括团队领导在内，都要以具体方式为团队贡献力量，而这是推动团队取得成功的一个非常重要的因素。只有设定了适当的目标以及实现目标的方式，同时使各成员可以接受并一起承担责任之后，才能成为高绩效团队。

一、高绩效团队的六个特征

作为部门或是某个组织的领导者，他们关心的问题是如何才能打造出一支高绩效的团队。要想打造出一支高绩效团队，首先要了解高绩效团队的特征和高绩效团队成员的主要特征。高绩效团队具备以下六个特征。

（一）效率至上

高绩效团队将精力集中在寻求更加有效、更为快捷的方法去解决问题上。如果不能够提高效率，便意味着即将被淘汰。

（二）结果导向

一切都应以结果为导向，无论取得了多么杰出的成绩，但是如果与最初的目标不一致，那么就是失败的。高绩效团队中的每一位成员每时每刻思考的都是如何实现当初的目标，他们知道结果决定一切，因为结果象征着团队所创造的价值。

（三）各司其职

只有团队中的每一位成员都能够充分发挥自身的特长和技能，并且高度协作，才能够取得真正的高绩效。杰克·韦尔奇始终强调管理的根本就是人的问题，认为应该把适合的人放到适合的位置上去，然后给他们充分的自主权。

（四）目标一致

一支高绩效团队必定拥有一个共同的目标。目标是否一致是评价一个团队是否有凝聚力的核心标准。因此，只有团队中的每一位成员都清楚团队的目标，并且深刻理解自身在实现这一目标的过程中所承担的责任，组织才能够取得高绩效。

（五）高度协同

高度协同是一支团队实现目标的基本要求之一。实际上，很多团队虽然最终也实现了目标，但依然是失败的，原因不外乎两种：一是超出了预定的时间，错过了良好的市场机会，最终处于被动地位；二是消耗的成本和资源过多，尽管实现了目标，但是使组织陷入了严重的财务危机。

（六）快速反应

成功的组织通常有一个重要的特征，那就是在市场环境发生变化时能够迅速采取措施，把握市场机会，成为市场中的领先者。组成组织的各个部门决定着一个组织的快速反应能力，而一个具备快速反应能力的团队往往有以下一些特点：对自身所处的环境异常敏感，能够及时把握行业的变化，并结合组织的实际情况采取行动；在确定了新的任务和目标之后，能够迅速使团队中的每一位成员都全身心地投入其中；在面对困难时，团队中的所有成员群策群力，共同寻求解决方案。

二、高绩效团队成员的八种表现

（一）诚实与正直

高绩效建立在团队成员高度协同的基础上，协同的根本在于大家能够相互信任和理解，而信任则是建立在诚实和正直基础之上的。可以说，诚实和正直不仅是打造高绩效团队的基础，还是我们为人处世的根本。

（二）团队成员之间始终保持积极沟通

很多团队因为沟通不畅，导致内部争执不休，最终错过良好的市场机遇。另外，也有一些团队因为成员之间始终没能取得一致的方向和目标而碌碌无为。

沟通主要包括两个方面：积极主动地表达和耐心细致地倾听。在高绩效团队中，成员们总是能够做到这两点。他们在获得一个实施目标的方法之后，总是会主动与团队中的其他成员进行沟通，而其他人则会以一种耐心而客观的态度倾听，一旦发现这是一种有益的方式时，所有的人都会全力投入其中。

（三）人人都勇担责任

团队的绩效取决于所有成员的责任意识。有时，一个人的疏忽可能会导致整个团队的失败。因此，要取得高绩效，团队中的每一个人都必须保持高度的责任心。优秀的经理人不但要明确传达团队的目标，还要清楚地告诉每一位成员所应该承担的具体工作。同时，他们应以身作则，带头行动，成为团队中的榜样。一支人人勇担责任的团队必定会实现高效率，而一支无人愿意承担责任的团队只能以失败而告终。

（四）时刻充满了激情和自信

一般来说，团队成员是否充满激情和自信决定着团队的成败。很多管理者往往只知道一味地追求结果，却忽略了对团队激情的培育和激发。一些团队的气氛异常沉闷，团队成员在工作中获取不到任何乐趣。这样的团队通常无法取得预期的效果，更别说取得高绩效了。成功的管理者将激发员工的工作激情等视为自己的重要任务之一。在团队遭遇失败时，他们会引导团队成员换一个视角，将失败视为通向成功的一个过程，并与大家一起探讨走向成功的策略和方法。

（五）人人都积极主动地完成自身的任务

每一位管理者都在向员工们灌输积极主动的重要性，因为他们知道团队的绩效取决于团队成员的绩效。要使员工保持积极主动的心态，就必须拥有一套完善的激励机制。高绩效团队通常拥有完善的激励措施，管理者将每一次成功都视为团队协作的结果，并使团队中的每一位成员都能够感受到成功的喜悦。同时，团队中的佼佼者则会成为无可争议的榜样。一旦如此，每一位成员都会期望自己能够成为最受尊重的那个人。因此，团队成员在工作中将更加积极主动。

（六）人人都乐于分享

无论经验是来自成功，还是来自失败，成功的团队都反复强调一个共同点：分享。分享可以使团队节省大量的摸索时间和成本，无论分享者分享的是失败的还是成功的经验，你都会发现他的经验对你来说尤其重要。

（七）在面对困难和挫折时，意志坚定，决不轻易放弃既定目标和方向

高绩效团队的成员们总是勇敢地面对失败和挫折，而且决不轻言放弃。实际上，任何问题都会有解决的办法，只不过一些团队因为缺乏出色的意志力而过早地选择放弃，而成功总是属于那些坚持到底的团队和个人。

（八）团队成员互相尊重，团结互助

优秀的管理者深刻地体会到尊重是合作的基础，因此，他们在团队内部始终强调尊重的重要性。在高绩效团队之中，人与人之间始终是互相尊重的，而且在某一位成员遭遇挫折和困难时，其他人会主动地伸出援助之手。

三、如何打造高绩效团队

（一）优秀团队所必需的八种人才

一个团队必须拥有完成任务所需要的不同技能，还需要有一群性格不同、具有不同爱好的人。有学者认为，一个优秀的团队必须具有八种人才。

第一，总裁。与其说他们是专家或者是具有创新精神的人，不如说他们纪律严明，有能力。他们的职责是挑选人才、激励员工等。

第二，造型师。他们是项目领导者，性格外向，能有力地推动任务的进展。

第三，生产者。他们是原创思想和建议的来源，是团队中最富于创造性和最聪明的成员，但可能对细节不是很关心 因此他们需要激励和引导才能充分发挥能力。

第四，监测评估者。他们是检查工作运行并指出其中缺陷之处的人，擅长分析。

第五，资源调查者。他们是让团队与外界保持联系的联络人。这类人性格外向，并且很受人欢迎。

第六，组织工作人员。他们是把思想具体转化为行动的实践组织者和管理者。

第七，团队工作人员。他们受人欢迎，通过鼓励等方法使每个人保持前进的方向。

第八，工作者。如果没有他们的话，团队就可能永远都不会按时完成任务。

团队是由个体聚集在一起组成的一个集合，在执行任务或者解决问题时需要发挥每位成员的才能。团队赢了，则团队中的每个人都赢；团队输了，则每个人都输。因此，团队成员要与集体目标一致。任何团队都有一个从诞生、成长到成熟的过程。对很多团队来说，"青春期"之后是动荡的时期，团队成员开始挑战最初的组织形式。动荡期之后是规范期，这个时期团队开始在新的工作方式中稳定下来。最后，团队走向真正的成熟。因此，要想高效率地工作，团队成员之间就要互相信任。可以说，团队成员需要时间来建立起这种信任的关系，也需要时间来成长。

（二）选择合适的团队成员

不管是组织的决策者还是经营管理者，都会面临这样的问题：怎样才能让员工充分发挥作用，做出更大的贡献呢？这里就涉及一个非常关键的环节——团队成员的选择。那么，管理者该如何选择团队成员呢？

第一，经验并不代表一切。经验仅仅能够说明此人在过去的工作年限中有一定积累。随着市场的快速变化和行业竞争水平的不断提升，经验有时候可能不是一件好事，反而可能让人因循守旧。

第二，关注优势而不是抓住弱点。我们需要明确：人并不能改变太多，因此不要在他并不擅长的方面浪费时间。正确的做法：尽量发挥员工已有的优点，并将他安排到最适合自己优点的工作岗位上去。

第三，团队成员不是越多越好。成功的团队规模并不大，一般为 2~25 人。规模超过 50 人从理论上讲也可以组成团队，但是这种规模的团队更容易分裂为较小的团体。

除了选择最佳的规模之外，团队必须寻找最佳的特长组合，也就是说，为了工作的需要而选择技能互补的成员。

团队的技能要求一般可分为以下三类：

第一，技术和专业知识。例如，让一位医生在法庭上处理案件显然是荒唐的，但是由医生和律师组成的团队往往能一起处理医疗事故和人身伤害案件。

第二，解决问题和确定决策的技巧。团队必须能够发现潜在的问题和机遇，斟酌各种可选方案，并且在权衡利弊之后做出决定。

第三，人际关系技巧。如果缺乏有效的交流沟通和建设性的碰撞，那么共同目标和相互理解便是一句空谈。团队的高效性并不一定与团队成员的人数成正比，而是需要团队成员彼此间能够做到技能上的相互补充。

（三）营造良好的组织氛围

有人曾提出如下说法：关爱你的客户，关爱你的员工，那么市场就会对你倍加关爱。

可见，只有内外兼顾，不顾此失彼，组织才能获得最终的成功。同时，员工是组织利润的创造者，如果员工对组织满意度高，他们就会努力工作，为组织创造更多价值，以组织为家。

提高员工的满意度，改善组织氛围可以从以下几个方面入手：

第一，创造公平竞争的组织环境。公平体现在组织管理的各个方面，如招聘、绩效考评、晋升等。公平是员工对组织的最基本要求。公平可以使员工踏实地工作，使员工相信付出多少就会有多少回报。

第二，营造追求进步的组织氛围。组织不断追求进步表现为：重视培训，重视员工的职业发展。随着社会发展速度的加快，员工在工作中所需的技能和知识更新的速度也加快了。因此，培训已成为组织提高员工工作效率、增强竞争力的重要方法。

第三，营造自由开放的组织氛围。现代社会中，人们对于自由的渴望越来越强烈。因此，员工普遍希望组织是一个自由开放的系统，能给予员工足够的支持与信任，使员工能在组织里自由、平等地沟通。

本章小结

本章主要介绍了绩效管理的发展趋势，分别从战略性绩效管理、团队绩效管理、高绩效团队的创建这三个方面进行了详细介绍。

战略性绩效管理包括计划绩效、监控绩效、评价绩效和反馈绩效这四个环节，并构成了一个闭循环。科学的战略性绩效管理系统包括三个目的、四个环节和五项关键决策三个方面的内容。要确保绩效管理活动的有效性就需要同时实现战略目的、管理目的、开发目的。在计划开始时需要对整个绩效管理做一个详细的计划，即确定做什么、如何做等问题，这是绩效管理成功的基础。在绩效管理实施过程中要与员工进行良好的沟通，监控整个绩效管理过程，以便更好地完成绩效计划。在绩效周期结束时应采取不同的方法进行相关评价，同时将评价结果反馈给员工，确保员工能够接受绩效考核结果，并指导员工进行下一阶段的绩效改进。在进行绩效管理时，计划绩效、监控绩效、评价绩效、反馈绩效这四个环节是不可或缺的。此外，评价内容、评价主体、评价周期、评价方法、结果应用这五项关键决策也需要综合考虑。

在进行绩效管理的过程中要有对竞争环境变化的反应和适应能力，能根据组织发展差异、地区差异、员工个人差异等进行管理，同时将关注点放在对人的管理上。战略性绩效管理呈现的是一种弹性化、差异化、多样化、人本化和超前化的发展趋势。

团队目标要与组织整体目标保持一致，通过得到来自团队成员、客户等方面的理解和支持来确保团队完成任务，进而提高团队的工作绩效。在进行工作团队绩效考核指标设计时应注意遵循指标设计原则，根据不同类型的工作团队的工作内容和性质，采取不同的指标体系。同时，不能忽略团队工作计划指标，权重的分配也必须兼顾团队业绩和个人业绩。工作团队绩效管理指标设计的方法有确定考评维度、分配权重、确定考评要素、形成绩效考核指标体系以及知识型团队和跨部门团队。根据团队绩效管理指标设计的方法，我们可以大致将工作团队绩效考核流程分为以下步骤：第一步，认真分析组织战略与组织绩效；第二步，确定团队考评维度；第三步，确定团队成员考评维度；第四步，分配权重；第五步，确定考评要素；第六步，建立团队考评指标体系；第七步，实施团队考核；第八步，应用绩效结果。

工作团队的绩效考核结果的应用和组织绩效考核结果的应用是大同小异的。工作团队的绩效管理可以应用在团队绩效沟通、团队绩效改进、团队绩效汇报、团队内部人员职务调整、团队人员奖金分配、员工职业发展规划等方面。

高绩效的团队必定具备效率至上、结果导向、各司其职、目标一致、高度协同、快速反应这六个特征。高绩效团队成员的八种表现：①诚实与正直；②团队成员之间始终保持积极沟通；③人人都勇担责任；④时刻充满了激情和自信；⑤人人都积极主动地完成自身的任务；⑥人人都乐于分享；⑦在面对困难和挫折时，意志坚定，决不轻易放弃既定目标和方向；⑧团队成员互相尊重，团结互助。要想打造一支高绩效团队，首先就要有优秀团队所必需的总裁、造型师、生产者、监测评估者、资源调查者、组织工作人员、团队工作人员、工作者等人才。其次，在选择团队成员时要注意不能完全看经验，要关注员工的优势，根据能力安排合适的工作岗位。当然，团队成员也不是越多越好。最后，要营造一种公平竞争、追求进步、自由开放的组织氛围。

总之，无论是为了确保战略性绩效管理的发展、团队绩效管理的发展，还是为了确保高绩效团队的发展，我们都要综合各个方面的因素进行精心设计，考虑每一阶段、每一环节可能出现的问题，提前想好解决措施，在确保员工的归属感和成就感的基础上实现绩效管理目标，促进组织的发展。

思考与讨论

1. 战略性绩效管理包括哪些环节？
2. 绩效管理的三个目的是什么？
3. 绩效管理包括哪些环节？
4. 绩效管理的五项关键决策是什么？
5. 工作团队绩效考核指标设计应注意哪些问题？
6. 根据团队绩效管理指标设计的方法，工作团队绩效考核流程步骤是什么？
7. 高绩效团队成员的八种表现有哪些？

案例分析

这样的表扬错了吗？——成功的战略绩效管理离不开领导力

镜头一：市场部门做了一份客户市场分析报告，市场部经理将报告提交给主管市场的副总经理，副总经理高度评估了这份报告。市场部经理说："这个是我们部门员工连续一个星期加班加点做出来的。"副总经理说："是吗？那你可得好好表扬一下他们！"

镜头二：市场部经理在本部门的例会上说："刚才副总经理表扬了咱们部门，大家上个星期连夜赶做的市场分析报告，领导看了很满意。大家辛苦了！希望大家今后再接再厉，多干点这样的漂亮活！"

（一个月后）

镜头三：市场部经理被副总经理叫到了办公室，副总经理将一沓纸摔到了桌子上，生气地说："这次的新产品促销活动是今年的重头戏，可是你们的促销方案怎么就写成了这个样子？我很不满意！"

镜头四：市场部经理心情沮丧地回到自己的办公室，怎么也想不通：为什么上次刚刚表扬了他们，这次的工作结果就有这么大的差别？

这是怎么回事呢？原来，上次做客户市场分析报告时，每天加班加点到深夜的只有小张和小李两个人，其他人虽然也跟着加班，但是只不过到晚上八点多就回去了。而在表扬的时候，市场部经理却没能突出强调小张和小李的特别贡献，而是将所有人的表现混为一谈。这样小张和小李会怎么想呢？他们可能会想："原来干多干少一个样，那以后我也不那么傻了。"他们两人的热情受到了很大的打击。其他人会怎么想呢？他们想的是："原来不用太辛苦也能受到表扬，那以后还这样做就够了。"经过了这样的表扬后，工作热情非但没有提升，反倒有所下降。

在这种情况下，经理人员应该怎样进行表扬呢？其实在市场部经理眼中，他一定看得很清楚谁的表现怎么样，那么在表扬的时候就应该有所区别。例如，他在那天的部门会议上可以这么说："我们的报告受到了副总经理的表扬，这和大家一个星期以来的辛苦工作是分不开的。尤其要表扬的是小张和小李，他们两个每天加班到深夜，为这项工作做出了突出的贡献。希望大家今后向他们两人学习，再接再厉，多出漂亮活！"这样的表扬既肯定了大家的努力，又鼓励了有突出贡献的员工，而且给大家树立了今后努力的榜样。

离开了优秀的领导力，绩效管理根本没法落实到位！

思考题

1. 在这种情况下，经理应该如何有效地表扬才能激起大家的工作热情？

2. 结合案例，谈谈高绩效团队的特征。

参考文献

[1] 顾琴轩.绩效管理[M].2 版.上海:上海交通大学出版社,2009.

[2] 涂台良.现代人力资源管理手册[M].北京:清华大学出版社,2000.

[3] 黄维德,董临萍.人力资源管理[M].北京:高等教育出版社,2000.

[4] 曹红月,叶文楼,李世光,等.人力资源管理理论和实务[M].北京:对外经济贸易大学出版社,2005.

[5] 汪玉弟.企业战略与 HR 规划[M].上海:华东理工大学出版社,2008.

[6] 叶向峰,黄杰,张玲,等.员工考核与薪酬管理[M].北京:企业管理出版社,1999.

[7] 孙海法.领导策略与团队管理[M].广州:中山大学出版社,2003.

[8] 付亚和,许玉林.绩效考核与绩效管理[M].北京:电子工业出版社,2003.

[9] 孔玉生,童珍.绩效考核指标与组织目标一致性研究[J].财会通讯,2011(11):47-49.

[10] 林新奇.绩效管理[M].2 版.大连:东北财经大学出版社,2013.

[11] 许金晶.摩托罗拉的绩效管理:实现公司与员工的共同成功[J].培训,2008(11).

[12] 林新奇.绩效考核与绩效管理[M].北京:清华大学出版社,2015.

[13] 天外伺郎.绩效主义毁了索尼[J].中国企业家,2007(3-4):38-40.

[14] 加里·德斯勒,曾湘泉.人力资源管理[M].10 版.中国版.北京:中国人民大学出版社,2007.

[15] 肖阳.绩效考核的起源[J].企业管理,2010(6):59.

[16] 赵国军.薪酬设计与绩效考核全案[M].3 版.北京:化学工业出版社,2020.

[17] 莫皓.RAISE:绩效改进五步法[M].北京:清华大学出版社,2015.

[18] 国际绩效改进协会.ISPI 绩效改进指南[M].南京:江苏人民出版社,2017.

[19] 达琳·提姆,詹姆斯·莫斯利,琼·迪辛格.绩效改进基础——人员、流程和组织的优化[M].3 版.易虹,姚苏阳,译.北京:中信出版社,2013.

[20] 朱迪·赫尔.绩效改进咨询实务手册——提升组织与人力资源的工具和技术[M].2 版.易虹,王寰,译.北京:中信出版社,2014.

[21] 哈罗德·斯托洛维奇,艾丽卡·吉普斯.从培训专家到绩效顾问[M].杨震,颜磊,谷明樾,译.南京:江苏人民出版社,2014.

[22] 张祖忻.绩效技术概论[M].上海:上海外语教育出版社,2005.

[23] 梁林梅.教育技术学视野中的绩效技术研究[D].广州:华南师范大学教育信息技术学院,2004.

[24] 王志刚.绩效改进商业画布[M].北京:电子工业出版社,2021.

[25] 方振邦,刘琪.绩效管理——理论、方法与案例[M].北京:人民邮电出版社,2018.

[26] 邓玉金.绩效管理的8节实战课[M].北京:中信出版集团股份有限公司,2019.

[27] 马林.六西格玛管理[M].北京:中国人民大学出版社,2004.

[28] 龚毅芳.浅析六西格玛管理与精益生产的比较和结合[J].管理科学,2007.

[29] 钟伦燕,韩俊,刘红.统计过程控制(SPC)技术原理和应用[M].北京:电子工业出版社,2001.

[30] 易新.企业流程再造与六西格玛之异同[J].现代企业,2008(2):29-30.

[31] 李文静.绩效管理[M].2 版.辽宁:东北财经大学出版社,2012.

[32] 方振邦,陈曦.绩效管理[M].北京:中国人民大学出版社,2015.

[33] 袁彩虹.当代企业管理和发展趋势研究[J].中小企业管理与科技,2017:11-12.

[34] 刘刃.绩效考核与绩效管理[J].现代企业文化,2013.

[35] 坚鹏.绩效管理存在的八大问题[J].饲料博览,2010:62-63.

[36] 威廉姆·罗斯维尔,卡洛琳·K.赫尼,斯蒂芬·B.金.员工绩效改进——培养从业人员的胜任能力[M].杨静,肖映译.北京:北京大学出版社,2007.

[37] 李建军.世界500强企业绩效考核管理工具.北京:人民邮电出版社,2013.

[38] 刘美凤,方圆媛.绩效改进.北京:北京大学出版社,2011.

[39] 崔连斌,胡丽,罗胜飞.人工智能时代下组织绩效改进.北京:经济管理出版社,2019.

[40] 徐渤.绩效管理全能一本通.北京:人民邮电出版社,2019.

[41] 马西斯.人力资源管理精要——Human Resource management Essential perspectives[M].北京:机械工业出版社,2004(2).

[42] 王春.试论提高绩效考核的途径[J].财经界,2006(9):32-35.

[43] 唐林炜,麻兴斌.人力资源绩效考核中的分析模型与意义[J].运筹与管理,2003(10):110-114.

[44] 邵婧.深化收入分配制度改革,发挥薪酬动态激励作用[J].经贸实践,2019(07).

[45] 康士勇,路赵华.SDGH咨询公司薪酬改革方案设计研究[J].北京市计划劳动管理干部学院学报,2006,14(2).